Datenanalyse mit SPSS

Bachelorstudium Psychologie

Datenanalyse mit SPSS

von Dr. Rainer Leonhart

Herausgeber der Reihe:
Prof. Dr. Eva Bamberg, Prof. Dr. Hans-Werner Bierhoff,
Prof. Dr. Alexander Grob, Prof. Dr. Franz Petermann

Datenanalyse mit SPSS

von
Rainer Leonhart

HOGREFE GÖTTINGEN · BERN · WIEN · PARIS · OXFORD · PRAG · TORONTO
CAMBRIDGE, MA · AMSTERDAM · KOPENHAGEN · STOCKHOLM

Dr. phil. Rainer Leonhart, geb. 1970. 1991–2001 Studium der Mathematik, Psychologie und Philosophie in Freiburg. 2001 Promotion. Seit 2008 Akademischer Rat in der Abteilung Sozialpsychologie und Methodenlehre am Institut für Psychologie der Albert-Ludwigs-Universität Freiburg. Arbeitsschwerpunkte: Statistik, Versuchsplanung, Testkonstruktion, Wissenschaftstheorie, multivariate Verfahren.

 Informationen und Zusatzmaterialien zu diesem Buch finden Sie unter www.hogrefe.de/buecher/lehrbuecher/psychlehrbuchplus

Wichtiger Hinweis: Der Verlag hat für die Wiedergabe aller in diesem Buch enthaltenen Informationen (Programme, Verfahren, Mengen, Dosierungen, Applikationen etc.) mit Autoren bzw. Herausgebern große Mühe darauf verwandt, diese Angaben genau entsprechend dem Wissensstand bei Fertigstellung des Werkes abzudrucken. Trotz sorgfältiger Manuskripterstellung und Korrektur des Satzes können Fehler nicht ganz ausgeschlossen werden. Autoren bzw. Herausgeber und Verlag übernehmen infolgedessen keine Verantwortung und keine daraus folgende oder sonstige Haftung, die auf irgendeine Art aus der Benutzung der in dem Werk enthaltenen Informationen oder Teilen davon entsteht. Geschützte Warennamen (Warenzeichen) werden nicht besonders kenntlich gemacht. Aus dem Fehlen eines solchen Hinweises kann also nicht geschlossen werden, dass es sich um einen freien Warennamen handelt.

> **Bibliografische Information der Deutschen Nationalbibliothek**
> Die Deutsche Nationalbibliothek verzeichnet diese Publikation in der Deutschen Nationalbibliografie; detaillierte bibliografische Daten sind im Internet über http://dnb.d-nb.de abrufbar.

© 2010 Hogrefe Verlag GmbH & Co. KG
Göttingen · Bern · Wien · Paris · Oxford · Prag · Toronto
Cambridge, MA · Amsterdam · Kopenhagen · Stockholm

http://www.hogrefe.de
Aktuelle Informationen · Weitere Titel zum Thema · Ergänzende Materialien

 Das Werk einschließlich aller seiner Teile ist urheberrechtlich geschützt. Jede Verwertung außerhalb der engen Grenzen des Urheberrechtsgesetzes ist ohne Zustimmung des Verlags unzulässig und strafbar. Das gilt insbesondere für Vervielfältigungen, Übersetzungen, Mikroverfilmungen und die Einspeicherung und Verarbeitung in elektronischen Systemen.

Umschlagabbildung: © Jan Matoška – fotolia.com
Satz: ARThür Grafik-Design & Kunst, Weimar
Druck: AZ Druck und Datentechnik GmbH, Kempten
Printed in Germany
Auf säurefreiem Papier gedruckt

ISBN 978-3-8017-2164-0

Inhaltsverzeichnis

Vorwort 9

1 Allgemeines zur Statistiksoftware und zum Umgang mit dem Programm 13

1.1 Warum computergestützte Datenanalyse? 14
1.2 Systemvoraussetzungen und Programmerwerb 19
1.3 Die Oberfläche des Programms 20
1.4 Alternativen und Angebote im Internet 22

Zusammenfassung 25
Übungsaufgaben 26

2 Erstellung einer Datendatei 27

2.1 Vorüberlegungen zur Dateneingabe 28
2.2 Dateneingabe und Datenbearbeitung 32
2.3 Sortieren eines Datensatzes 34
2.4 Dateien zusammenfügen 35
2.5 Überlegungen zur Datenhaltung 38

Zusammenfassung 39
Übungsaufgaben 39

3 Einfache Berechnungen 41

3.1 Generierung und Transformation von Daten 42
3.2 Berechnungen mit Funktionen 43
3.3 Umkodieren von Variablen 50
3.4 Standardvorgaben im Umgang mit fehlenden Werten 53
3.4.1 Listwise Deletion 55
3.4.2 Pairwise Deletion 55
3.4.3 Mittelwertsersetzung 56

Zusammenfassung 56
Übungsaufgaben 57

4	**Explorative Datenanalyse und Erstellung von Grafiken**	59
4.1	Explorative Datenanalyse	61
4.2	Hilfestellung bei der Validierung von Daten	68
4.2.1	Doppelte Fälle	68
4.2.2	Plausibilität der Veränderung	73
4.2.3	Unmögliche Veränderungen	73
4.2.4	Unmögliche Ereignisse	74
4.3	Analyse von fehlenden Werten und Ausreißern	74
4.4	Grafiken	81
4.4.1	Polygon	85
4.4.2	Histogramm	87
4.4.3	Balken- und Kreisdiagramm	88
4.4.4	Box-Plot	89
4.4.5	Scatter-Plot	90
4.4.6	Scatter-Plot über mehr als zwei Variablen	91
	Zusammenfassung	93
	Übungsaufgaben	93
5	**Arbeiten mit einem Datensatz**	95
5.1	Datenimport und Datenexport	96
5.2	Ausgabe drucken und exportieren	103
5.3	Berichterstellung für Präsentationen und Internet	106
	Zusammenfassung	107
	Übungsaufgaben	107
6	**Deskriptive Statistik**	109
6.1	Häufigkeitsverteilungen einer Variablen	110
6.2	Häufigkeitsberechnung über zwei Variablen	113
6.3	Mittelwerte und mehr	117
6.3.1	Mittelwerte von Untergruppen	121
6.3.2	Unterteilung nach mehreren Dimensionen	123
6.4	Korrelationen	125
6.4.1	Produkt-Moment-Korrelation	126

6.4.2	Spearman'sche Rangkorrelation und weitere Korrelationskoeffizienten für ordinalskalierte Merkmale	128
6.4.3	Weitere Korrelationskoeffizienten für nominalskalierte Merkmale	130
6.4.4	Partialkorrelation	131

Zusammenfassung 133
Übungsaufgaben 133

7 Inferenzstatistik 135

7.1	Verfahren für eine Stichprobe	137
7.1.1	Verfahren für Häufigkeitsverteilungen	137
7.1.2	Verfahren für intervallskalierte Daten	140
7.1.3	Verfahren zur Überprüfung der Verteilungsform	142
7.2	Verfahren für unabhängige Stichproben	143
7.2.1	Zwei unabhängige Stichproben	144
7.2.2	Verfahren für mehr als zwei Stichproben	153
7.3	Verfahren für abhängige Stichproben	168
7.3.1	Zwei abhängige Stichproben	169
7.3.2	Verfahren für mehr als zwei abhängige Stichproben	176
7.4	Verfahren zur Analyse von Zusammenhängen	191
7.4.1	Einfache Regression	192
7.4.2	Multiple Regression	195
7.4.3	Kreuzvalidierung	204

Zusammenfassung 206
Übungsaufgaben 206

8 Testkonstruktion 207

8.1	Testkonstruktion	208
8.2	Beurteilerübereinstimmung/Interraterreliabilität	213

Zusammenfassung 216
Übungsaufgaben 217

9 Faktorenanalyse ... 219

9.1 Hauptkomponentenanalyse ... 220
9.2 Hauptachsenanalyse ... 228

Zusammenfassung ... 231
Übungsaufgaben ... 232

Anhang ... 233

Literatur ... 235
Glossar ... 236
Sachregister ... 251

Vorwort

„Trennen und Zählen lag nicht in meiner Natur."
(Johann Wolfgang von Goethe)

Dieses Zitat von Johann Wolfgang von Goethe spricht gegen die Datenauswertung „von Hand" und für die Anwendung von elektronischer Datenverarbeitung und spezieller Software zur Beantwortung von statistischen Fragestellungen bei sozialwissenschaftlichen Forschungsprojekten. Computerprogramme erleichtern den Umgang mit und die Analyse von Daten ungemein. Zwar kann heute nur hypothetisch überlegt werden, wie Johann Wolfgang von Goethe auf einen Computer im Allgemeinen und auf ein Softwareprogramm wie SPSS im Besonderen reagiert hätte, für angehende und tätige Psychologen und andere Sozialwissenschaftler ist die Arbeit am Computer, insbesondere die Auswertung von Daten, ein fester Bestandteil des Arbeitsalltages.

Kenntnisse über die korrekte Anwendung von Statistiksoftware sowie die richtige Interpretation der Ergebnisse sind damit für Studierende von großer Bedeutung. Hierbei nimmt das Programm/der Rechner dem Anwender allerdings nur die mühselige Berechnung „von Hand" ab, wobei die Korrektheit der angewandten statistischen Vorgehensweisen vom Anwender selbst bewertet werden muss. Die Gültigkeit des statistischen Vorgehens (statistische Validität) ist ein wichtiges Bewertungskriterium für eine Studie. Dies gilt für selbstständig durchgeführte Studien genauso wie für die Bewertung von Studien anderer. Die statistische Basiskompetenz wird beim Leser dieses Buches vorausgesetzt, da dieses Buch primär den Umgang mit dem Statistikprogramm SPSS vermitteln will.

Zielgruppe und Handhabung

Dieses Buch ist für Studienanfänger im Bereich Psychologie (Bachelorstudium), aber auch für Studierende in anderen sozialwissenschaftlichen Studiengängen geschrieben worden. Es soll den Einstieg in den Umgang mit SPSS erleichtern und Kenntnisse und Tricks bezüglich dieses Werkzeugs vermitteln. Zur Vertiefung des statistischen Hintergrunds wird Basisliteratur in diesem Bereich empfohlen (z. B. Leonhart, 2009). Die Kapitel werden jeweils mit einer Zusammenfassung und Übungsaufgaben bzw. Fragen abgeschlossen. Die Lösungen zu den Aufgaben und die hierzu benötigten Dateien sind auf der Website zu diesem Lehrbuch (www.hogrefe.de/buecher/lehrbuecher/psychlehrbuchplus) zu finden.

Der Aufbau des Buches erlaubt auch, dass nur einzelne Kapitel gelesen werden. Das erste Kapitel stellt den allgemeinen Umgang mit dem Programm, die Programmoberfläche und die Voraussetzungen für das Programm vor. Das zweite Kapitel erläutert die Erstellung einer Datendatei und die Eingabe von Daten, während im dritten Kapitel einfache Berechnungen innerhalb des Datensatzes vorgestellt werden. Das vierte Kapitel behandelt dann die explorative Datenanalyse vor Validierung der Daten und die Ausgabe von Grafiken. Das fünfte Kapitel erklärt dann den Im- und Export von Daten sowie die Ausgabe der Daten. Das sechste Kapitel behandelt die deskriptive Statistik, während das siebte Kapitel auf die Inferenzstatistik eingeht. Die klassische Testkonstruktion mit SPSS wird im achten Kapitel beschrieben und das neute Kapitel behandelt schließlich die Faktorenanalyse. Abgerundet wird der Band mit einem Glossar, welches die wichtigsten Fachbegriffe erläutert.

Als Hintergrundliteratur für die Statistik bietet sich eine Vielzahl von Büchern an. An dieser Stelle möchte ich Holling und Gediga (in Vorb. a, in Vorb. b, in Vorb. c) aus dieser Buchreihe empfehlen und auch andere Statistikbücher in alphabetischer Reihenfolge nennen. Zu den bekannten Büchern gehören Bortz (2005), Clauß, Finze und Partzsch (1995), Sachs und Hedderich (2006) sowie Wirtz und Nachtigall (2009). Zu guter Letzt ist auch noch mein Lehrbuch Statistik zu nennen (Leonhart, 2009).

Sofern bei den gewählten Begrifflichkeiten das Geschlecht keine Rolle spielt, wurden Begriffe wie Proband oder Leser immer geschlechtsneutral verwendet. Damit der Text besser verständlich bleibt, wurde auf die Verwendung des großen „I" oder auf Doppelnennungen verzichtet. Hierbei ist eine Benachteiligung eines der beiden Geschlechter auf keinen Fall gewünscht oder beabsichtigt.

Danksagung

Bei der Erstellung dieses Buches waren viele Menschen direkt oder indirekt beteiligt. Dieses Buch baut auf einem Skript auf, welches zu meinen Veranstaltungen zu SPSS entstanden ist. Deshalb soll an erster Stelle den Studentinnen und Studenten gedankt werden, welche durch ihre Rückmeldungen zu dem Skript dieses Buches verbessert haben. Die Skriptvorlage wurde auch von fachlichen Diskussionen mit Dr. Matthias Gondan geprägt, welchem ich an dieser Stelle herzlich danken will.

Für die gute Betreuung bei diesem Buchprojekt möchte ich mich bei Prof. Dr. Hans-Werner Bierhoff und Dipl.-Psych. Susanne Weidinger herzlich bedanken. Prof. Dr. Karl Christoph Klauer danke ich für die zeitlichen Freiräume, welche er mir zur Erstellung dieses Buches gegeben hat. Cand. phil. Fabian Hölzenbein möchte ich auch bei diesem Buchprojekt für die Unterstützung bei der Erstellung der Grafiken danken. Besonderer Dank gilt Cand. phil. Katharina Wilm und Cand. phil. Lisa Hüther, welche durch ihre inhaltlichen Rückmeldungen die Verständlichkeit dieses Buches verbessert haben.

Dieses Buch möchte ich meiner Familie widmen, insbesondere meinen beiden Söhnen Georg und Ruben. Kathrin danke ich für ihr Verständnis für meine Arbeit, obwohl sie deshalb einige Abende und Wochenenden auf mich verzichten musste.

Freiburg, Januar 2010 *Rainer Leonhart*

Kapitel 1
Allgemeines zur Statistiksoftware und zum Umgang mit dem Programm

Inhaltsübersicht

1.1	Warum computergestützte Datenanalyse?	14
1.2	Systemvoraussetzungen und Programmerwerb	19
1.3	Die Oberfläche des Programms	20
1.4	Alternativen und Angebote im Internet	22
	Zusammenfassung	25
	Übungsaufgaben	26

Schlüsselbegriffe

- Dateiformate
- Menüsteuerung
- Syntax
- Systemvoraussetzungen

Am Beginn des Kapitels werden jeweils die zum Verständnis des Kapitels benötigten Begriffe genannt. Falls die – insbesondere statistischen – Begriffe dem Leser nicht bekannt sind, kann er sie im Glossar am Ende des Buches nachlesen.

1.1 Warum computergestützte Datenanalyse?

Stellen Sie sich vor, Sie planen eine Umfrage oder ein Experiment. Beispielsweise wollen Sie die Zufriedenheit der Studierenden mit den einzelnen Lehrveranstaltungen Ihres Studienganges erheben (Lehrevaluation). Hierzu entwickeln Sie einen Fragebogen, welcher mit Hilfe von jeweils mehreren Fragen (Items) Bewertungen über den Dozenten, die Lehrinhalte, das Lehrmaterial und den Arbeitsaufwand erhebt. Neben diesen Daten erfassen Sie auch die sogenannten soziodemografischen Variablen wie Alter, Fachsemester, Geschlecht etc. Studierende beantworten den Fragebogen für unterschiedliche Veranstaltungen.

Analyse großer Datenmengen nur mit PC möglich

Nachdem Sie die Daten erhoben haben, möchten Sie diese Daten auswerten und die Ergebnisse zur besseren Interpretation auch in Form von Grafiken und Tabellen darstellen. Da Ihr Fragebogen mehr als 50 Fragen beinhaltet und Sie diese bei über 200 Studierenden erhoben haben, sind Sie mit einer Auswertung per Hand und Taschenrechner schnell überfordert und Sie würden dabei wahrscheinlich etliche Fehler machen.

Deshalb hat sich in den letzten Jahrzehnten die sogenannte computergestützte Datenanalyse entwickelt, bei der die Auswertung durch den Computer unterstützt wird.

Grundlegendes zum Programm und zu den verschiedenen Versionen

Dieses Buch befasst sich somit mit der statistischen Analyse von Daten mittels elektronischer Datenverarbeitung (EDV). Hierbei werden beispielsweise im Bereich der Sozialwissenschaften erhobene Daten am Computer eingegeben, ausgewertet und die Ergebnisse tabellarisch oder grafisch dargestellt. Unter der Vielzahl von Statistik-Programmen wird hier das Software-Paket vorgestellt, welches an deutschsprachigen Hochschulen am häufigsten zum Einsatz kommt.

SPSS momentan Marktführer

Dieses Statistik-Programm ist von der Firma SPSS® und umfasst ein ganzes Programm-Paket von mehreren Statistik-Programmen. Das Kürzel SPSS steht für „Statistical Package for the Social Sciences". Zu Beginn war das Einsatzgebiet dieser Programme „nur" die Sozialwissenschaft. In letzter Zeit wird SPSS allerdings auch verstärkt in Unternehmen (z. B. Marktforschung) und in anderen Bereichen verwendet. Vor diesem historischen Hintergrund hat sich der Programmname kontinuierlich verändert. Bei der ursprünglichen Version auf Lochkarte im Jahre 1968 stand die Abkürzung, wie schon beschrieben, für „Statistical Package for the Social Sciences". Im Jahre 1983 erschien die erste MS-DOS-Version, später eine Programmversion für die Windows-Oberfläche. Heute ist SPSS einfach nur noch eine Programm-Bezeichnung. Da sich die Anwendungsgebiete des Programms in den letzten Jahren stark erweitert haben, stellen die „Social Sciences" nicht mehr den primären Adressatenkreis dar. Die Programmversion 17 hatte den Namen SPSS nun zuerst noch um die Bezeichnung STATISTICS erweitert, während das Programm jetzt unter der Bezeichnung PASW Statistics 17 (Predictive Analytic Software) verkauft wird. Im Jahr 2009 wurde die Firma SPSS® von IBM aufgekauft, was die Vermutung nahe legt, dass sich die zukünftigen Anwendungen verstärkt an den Bedürfnissen von Unternehmen ausrichten. Der Name wurde nochmals geändert und das Produkt wird jetzt unter der Bezeichnung IBM® SPSS® Statistics vertrieben. Mit dem Sprung auf Version 18 wurden primär die Menüsymbole verändert. Im Moment ist die Firmenpolitik, dass jedes Jahr einen neue Version publiziert wird, auch wenn es kaum oder keine Veränderungen im Programm gibt, welche den Standardanwender betreffen. Ob das Programm seine Marktführung behalten kann, wird die Zukunft zeigen (siehe dazu auch Kapitel 1.4 zu alternativen Programmen).

Hinweis: Da zum Zeitpunkt der Erstellung dieses Buches die Version 18 von IBM® SPSS® Statistics noch nicht verfügbar war, sind die im Folgenden abgebildeten Screenshots der Version 17 entnommen. Allerdings gibt es nur Veränderungen bei den Icons, die grundlegenden Funktionen des Programms, welche in diesem Buch vorgestellt werden, sind identisch.

SPSS kann in Modulen erworben werden

Die Software von SPSS umfasst verschiedene Teilmodule und kann als Gesamtpaket oder auch nur in Teilen erworben werden. Notwendig für alle Erweiterungsmodule ist das Basismodul, welches die Dateneingabe und Datenverwaltung sowie grundlegende statistische und grafische Analysen erlaubt (deskriptive Statistik und grundlegende Inferenzstatistik). Die Erweiterungsmodule ermöglichen eine Vielzahl von höheren statistischen Berechnungen (z. B. Zeitreihenanalyse, Entscheidungsbäume, Analyse von fehlenden Daten etc.).

Menüsteuerung oder Syntax möglich

Die meisten Nutzer verwenden die Menüsteuerung, wobei das Programm auch über die Syntax, eine Art „Programmiersprache" bedient werden kann. Die Menüsteuerung ermöglicht die Benutzung des Programms im vollen Leistungsumfang mit wenigen Einschränkungen.

> **Anmerkung**
>
> Gerade bei Studienanfängern ist die Menüsteuerung sehr beliebt, weil die Studierenden diesen Umgang mit Computerprogrammen gewohnt sind und dieses Vorgehen suggeriert, dass „man" mit dem Programm „einfach" umgehen kann. Die vom Autor empfohlene Anwendung der Syntax bietet jedoch mehrere Vorteile:
>
> - Der Nutzer erstellt über die Syntax gleichzeitig für sich ein Protokoll der durchgeführten Berechnungen, weil für jede Berechnung ein Befehl eingegeben wird und die Reihenfolge erkennbar bleibt, welche Daten in welcher Reihenfolge wie analysiert worden sind.
> - Erhöht sich beispielsweise durch eine Nacherhebung die Stichprobengröße, können alle Berechnungen durch das simple „Abspulen" des Syntax-Skriptes schnell wiederholt werden.
> - Müssen ähnliche Berechnungen immer wieder durchgeführt werden, so können diese durch leichte Veränderungen des Syntax-Skriptes schnell erstellt werden. Dies ist zum Beispiel bei der Auswertung desselben Fragebogens in verschiedenen Projekten möglich.

Syntax hat viele Vorteile

- Das Erstellen eines Skriptes sorgt dafür, dass der Anwender sich zuerst Gedanken über die Ziele der Analyse machen muss, bevor durch wildes „Herumklicken" irgendein Test „statistisch bedeutsam" wird.

In diesem Buch wird deshalb bei den Erläuterungen „zweigleisig" vorgegangen. Einerseits wird der Aufruf von Befehlen über das Menü dargestellt, während andererseits die Befehle auch als Syntax erscheinen. Somit sind beide Vorgehensweisen nachvollziehbar. In der Praxis zeigt sich, dass im Allgemeinen Anfänger das Programm über das Menü bedienen, während „Profis" mit der Syntax die statistischen Ergebnisse erarbeiten.

Informationen zur Verwendung der Syntax
- Alle Befehle von SPSS folgen einem ähnlichen Aufbau. Es gibt immer zuerst einen Befehlsnamen (Befehlsaufruf), dann folgt die Auflistung der Variable in der Analyse. Abschließend folgen weitere Optionen, beispielsweise zum Aufruf bestimmter Kennwerte oder zur Erweiterung der Ausgabe. Diese Optionen können je nach Komplexität des Befehls ebenfalls sehr vielfältig sein.
BEFEHLSNAME variablenliste
    /OPTIONEN (optional)
- Dieses Buch konzentriert sich im Wesentlichen auf die Erläuterung von „Standard-Befehlen". Somit werden die für den Anfänger notwendigen Schlüsselwörter exemplarisch dargestellt. Für einen vertiefenden Einblick die die Vielzahl der weiteren Optionen sei der Studierende auf das Hilfemenü des Programms verwiesen.
- Dies hat zur Folge, dass es sich bei den Syntaxausschnitten in diesem Buch nur um relativ kurze Beispiele handelt. Einige der gezeigten Optionen sind optional, teilweise kann auf diese verzichtet werden, beziehungsweise können auch andere als die dargestellten Optionen verwendet werden.
- SPSS ist bei der Syntax der Befehle teilweise sehr liberal. Sobald der Befehl eindeutig ist, werden auch Fehler bei der Rechtschreibung akzeptiert oder es können Abkürzungen verwendet werden. So kann beispielsweise statt dem EXAMINE-Befehl auch ein Aufruf über EXA oder EXAMIT erfolgen.

Anwendung der Syntax

- Bei den gezeigten Syntaxbeispielen wird immer anschließend die Ausgabe im Buch dargestellt und besprochen. Parallel erfolgt die Darstellung des Ablaufs im Menü über mehrere Abbildungen. Der Leser kann die Berechnungen zudem über die zum Download angebotenen Dateien selbst nachvollziehen (vgl. www.hogrefe.de/buecher/lehrbuecher/psychlehrbuchplus).
- Zum besseren Verständnis werden in diesem Buch die Syntax-Befehle immer großgeschrieben. Optionale Befehlsinhalte wie Variablennamen werden hingegen immer klein dargestellt. Dies soll dem Verständnis dienen, wobei alle Befehle auch kleingeschrieben werden könnten. Auch dann würde die Syntax funktionieren.
- Ebenso werden hier die zu einem Befehl gehörenden Unterbefehle eingerückt dargestellt werden. Dies dient nur der Übersicht. Die Syntax würde aber auch ohne diese Einrückungen funktionieren. Beispielsweise haben Leerzeichen vor und nach einem Gleichheitszeichen (=) keine Wirkung, auch ist die Anzahl der Leerzeichen (eins, zwei oder drei) ohne Wirkung.
- Wichtig hingegen ist, dass jeder (Gesamt-)Befehl immer mit einem Punkt abgeschlossen werden muss, wobei dieser Abschluss nur bei dem gesamten Befehl mit allen Unterbefehlen erfolgen muss und bei Unterbefehlen (optionalen Punkten) KEIN Punkt folgen darf. Auch darf es innerhalb eines Befehls keine Leerzeile geben.
- Optionen und Unterbefehle werden im Allgemeinen mit einem / eingeleitet.
- Auch sollte sich der Anwender darüber im Klaren sein, dass bei einer SPSS-Syntax immer die amerikanische Darstellung von Zahlen Verwendung findet. Somit gibt es keine Kommata, sondern nur Punkte. Die 2,3 muss in der Syntax also als 2.3 angegeben werden.
- Hilfreich für ein besseres Verständnis eigener Syntax-Programme, welche im Laufe der Zeit immer größer werden, ist die Möglichkeit, Kommentare in die Syntax zu schreiben. Wird innerhalb der Syntax ein * verwendet, ignoriert das Programm alles, was hinter diesem Zeichen steht. Dies kann zum Festhalten von Kommentaren (* Kommentar 1) oder auch zum Aussetzen von Programmteilen für eine Programmtestung verwendet werden.
- Im Glossar dieses Buches stehen optionale Anweisungen nach den dort aufgeführten Unterbefehlen in geschweiften Klam-

> mern ({}). Diese Befehle sind dann optional und können weggelassen werden. Im Allgemeinen gibt es hier einen voreingestellten Wert (Default-Wert), welchen dann das Programm verwendet.

1.2 Systemvoraussetzungen und Programmerwerb

Mit der Entwicklung von SPSS 16 wurde der Quelle-Code des Programms in JAVA geschrieben. Einen Blick auf die Systemvoraussetzungen nach Herstellerangaben zeigt, dass kein zu alter Rechner verwendet werden sollte. Es wird vom Hersteller für alle unterstützten Plattformen (Windows, Linux, Mac) ein Speicher von mindestens einem Gigabyte empfohlen. Das Programm braucht mindestens 450 Megabyte Festplattenplatz. Insbesondere in der Kombination mit Windows Vista ist es sinnvoll, das Programm auf einer aktuellen Hardware mit ausreichendem Speicher zu installieren.

SPSS läuft auf allen üblichen Betriebssystemen

Die meisten eingeschriebenen Studierenden haben – in Abhängigkeit vom Bundesland der Hochschule – die Möglichkeit über das jeweilige Rechenzentrum der Universität eine zeitlich begrenzte Studierendenlizenz zu erwerben. Diese ist dann für ein Jahr lauffähig.

Neben dieser Version gibt es im Handel auch eine sogenannte Studierendenversion käuflich zu erwerben, welche ebenfalls nur zeitlich eingeschränkt lauffähig ist. Allerdings beträgt die Laufzeit dieses Programms mehrere Jahre. Bei dieser Version gibt es aber mehrere Nachteile:

Studierendenversion ist nur eingeschränkt nutzbar

- Die erstellbaren Daten-Dateien sind in ihrer Größe eingeschränkt (maximal 50 Variablen und 1 500 Datenzeilen).
- Weitere Module können nicht nachträglich hinzugekauft werden.
- Die Syntax kann nicht aufgerufen werden.
- Einige der in diesem Buch vorgestellten grundlegenden Prozeduren (z. B. Varianzanalyse mit Messwiederholung) können mit dieser Version nicht durchgeführt werden. Damit sind die in der Studierendenversion integrierten Module für die Ausbildung an vielen Hochschulen nicht ausreichend. Deshalb ist für Studierende die Anschaffung über die Rechenzentren der jeweiligen Universitäten zu empfehlen.

Personen, welche nicht an einer Landeseinrichtung arbeiten, steht der übliche Weg der Beschaffung über Jahreslizenzen oder Kauf offen. Der Erwerb kann beispielsweise über die deutsche Seite der Firma SPSS® erfolgen (http://www.spss.com/de/). Dort werden von der Firma auch Updates und Online-Hilfen zur Verfügung gestellt.

1.3 Die Oberfläche des Programms

Start des Programms

Zwei grundlegende Darstellungen

Wie bei anderen Programmen auch, erfolgt der Start des Programms über die Programmleiste des jeweiligen Betriebssystems. Sobald das Programm läuft, erscheint die Programmoberfläche mit zwei Fenstern/Blättern (Datenfenster und Fenster zur Variablendefinition). Diese beiden Fenster werden bezüglich der Variablendefinition im nächsten Kapitel ausführlich behandelt. In Abbildung 1 ist das Datenblatt sichtbar. Mit Hilfe von Abbildung 2 soll die Menüleiste besprochen werden.

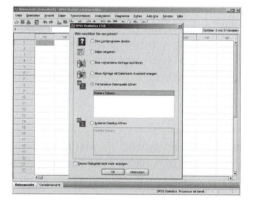

Abbildung 1:
Datenblatt zur Dateienverwaltung

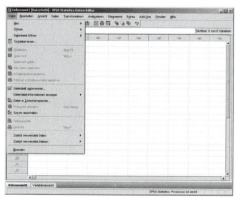

Abbildung 2:
Menüleiste zum Befehlsaufruf

Datei: An dieser Stelle befinden sich alle Befehle, welche sich direkt auf die gesamte Datei beziehen (z. B. Speichern, Drucken, Importieren und Exportieren).

SPSS unterscheidet hierbei drei verschiedene Dateientypen: *Drei unterschiedliche Dateitypen*
- *Datendatei.sav:* In dieser Datei werden die sogenannten Rohdaten gespeichert. Hierbei handelt es sich um eine große Tabelle (spreadsheet), in welcher normalerweise für jeden Probanden die Daten in einer Zeile dargestellt werden.
- *Ausgabedatei.spv* (bis inklusive Version 15 Ausgabedatei.spo): In dieser Datei werden die Ergebnisse der Berechnungen (Tabellen und Grafiken) gespeichert. In der Version 17 von SPSS wird zusätzlich der jeweils verwendete Befehl vor der Ausgabe abgebildet.
- *Syntaxdateien.sps:* Hier können Befehle (Syntax) zur Datenauswertung gespeichert werden.

Bearbeiten: Mit Hilfe dieses Menüs können neue Fälle oder Variablen eingefügt werden. Auch sind hier Befehle wie Ausschneiden, Löschen, Kopieren und Ersetzen aufgelistet.

Ansicht: Hier kann zwischen Daten- und Variablenansicht gewechselt werden. Wichtig ist auch der Menüpunkt Wertelabels, unter dem gewählt werden kann, ob die eingegebenen Zahlen direkt oder die den Zahlen zugewiesene Bezeichnungen (sogenannte Labels, beispielsweise 1 = männlich) angezeigt werden.

Daten: Hier befindet sich der Datenmanager, der eine Vielzahl von Vorbereitungsmöglichkeiten erlaubt. So können beispielsweise einzelne Dateien zu einer Gesamtdatei zusammengefügt oder aus einer Gesamtdatei Teilstichproben gezogen werden.

Transformieren: Unter diesem Menüpunkt können grundlegende Veränderungen an den Daten durchgeführt werden. So können über diese Funktion beispielsweise für einen Fragebogen Skalenwerte ermittelt oder die Polung einzelner Fragen verändert werden.

Analysieren: Hier können die statistischen Analysen (z. B. deskriptive Statistik, Mittelwertsvergleiche, Korrelations- und Regressionsberechnungen) aufgerufen werden. Die Anzahl der Menüpunkte ist von der Menge der bei der Lizenzierung erworbenen Module abhängig.

Diagramme: An dieser Stelle ist der Assistent zur Erstellung von Diagrammen und Grafiken zu finden. SPSS verfügt über eine Vielzahl von grafischen Darstellungsmöglichkeiten. Neben dem Assistenten gibt es alternativ die Möglichkeit, über „veraltete Dialogfelder" in dem von früheren Programmversionen her gewohnten Menü zu arbeiten.

Extras: Unter diesem Programmpunkt können spezielle Menüpunkte aufgerufen werden, über welche beispielsweise Variablensets (= Gruppierung von mehreren Antwortmöglichkeiten bei einem Fragebogen) definiert oder Skripte (= Folge von Befehlen bei einer statistischen Auswertung) ausgeführt werden können.

Fenster: Dieser Menüpunkt hilft beim Umschalten zwischen den Fenstern und erlaubt es auch, das Datenfenster aufzuteilen.

| Ausführliche Hilfe durch das Programm

Hilfe: An dieser Stelle bietet SPSS dem Anwender Unterstützung in vielfältiger Weise an. Neben der „normalen" Hilfe im Umgang mit dem Programm gibt es ein ausführliches Lernprogramm, eine Hilfe zur Syntax, eine Entscheidungshilfe zur Auswahl von statistischen Verfahren und vieles mehr.

Was sich hinter diesen Menüpunkten und Befehlen verbirgt, wird in den folgenden Kapiteln schrittweise erläutert.

1.4 Alternativen und Angebote im Internet

| Weitere Programme sind auf dem Markt erhältlich

In diesem Buch wird der Umgang mit dem im sozialwissenschaftlichen Bereich am häufigsten verwendeten Statistikprogramm dargestellt. Alternativen zu SPSS sind vorhanden und sollen im Folgenden ohne Anspruch auf Vollständigkeit kurz vorgestellt werden. Dem Leser wird empfohlen, die einzelnen Programme zu testen. Hierzu wird von den meisten kommerziellen Anbietern eine Testversion zur Verfügung gestellt; andere Programme sind frei im Netz erhältlich.

SAS

| SAS in der Biometrie

Das Programm SAS (Statistical Analysis System) wird primär in der medizinischen Statistik, im Bankwesen und in der Industrie eingesetzt. Bei der Bedienung des Programms steht der Umgang mit der Syntax im Vordergrund. Zwar ist ein einfaches Bedienen über das

Menü oft möglich, aber von den Autoren eigentlich nicht gewünscht. Ein großer Vorteil dieses Programms ist seine sehr aktive Benutzergruppe, die für viele statistische Fragestellungen spezielle Programmroutinen anbietet. Als Literatur zur Einarbeitung sind die Seiten von Carina Ortseifen, Universität Heidelberg, zu empfehlen (http://www.urz.uni-heidelberg.de/statistik/sas-ah/). Der Anbieter des Programms ist im Internet unter http://www.sas.com/ zu finden.

SYSTAT

Eine weitere Programmalternative ist das Programmpaket SYSTAT, das vollständig mit allen Modulen geliefert wird. Dadurch ist kein Nachkauf von Zusatzmodulen, wie beispielsweise bei SPSS, notwendig. Didaktisch schön ist der Aufbau der Oberfläche. Insbesondere die Vielzahl von grafischen Ausgabemöglichkeiten erlauben eine gute Darstellung von statistischen Ergebnissen. Ansonsten hat SYSTAT gegenüber den hier verglichenen Statistikprogrammen keine fundamentalen Vorteile. Die englischsprachige Internetseite des Herstellers hat die Adresse http://www.systat.com.

Systat als komplettes Programmpaket

Statistica

Noch besser sind die grafischen Darstellungsmöglichkeiten bei Statistica. Das Programm ist in Programmpakete für die deskriptive Statistik, lineare und nicht lineare Modelle, multivariate explorative Berechnungen, Power-Analysen, neuronale Netzwerke, Prozess-Analysen und Data-Mining untergliedert, welche einzeln erworben werden können. Ein großer Pluspunkt ist das sehr gute, kontinuierlich erweiterte Online-Handbuch, welches neben der Programmbedienung auch die statistischen Hintergründe der Verfahren erläutert. Bemerkbar ist hier der enge Kontakt des Herstellers zum wissenschaftlichen Benutzer. Für weitere Information siehe http://www.statsoft.com/. Das englischsprachige Statistiktutorial ist unter http://www.statsoft.com/textbook/stathome.html zu finden.

Statistica mit guten Grafiken

S, S Plus und R

Hierbei handelt es sich um syntaxbasierte Programme, welche teilweise kommerziell vertrieben werden. Das Programmpaket R ist Freeware und auf vielen Plattformen verfügbar (Linux, MacOS, Unix, Windows; Der Download ist unter http://www.r-project.org/ möglich). Das Programm benötigt eine längere Einarbeitungszeit

R als Freeware erhältlich

und fundierte Kenntnisse in Statistik, hat aber im Vergleich zu menügesteuerten Programmen mehr Freiheiten und Auswertungsmöglichkeiten. Ein weiterer Pluspunkt ist das Computerprogramm Statistiklabor, welches einen interaktiven Werkzeugkasten für das Statistikprogramm R zur statistischen Analyse und Visualisierung von Daten darstellt (http://www.statistiklabor.de/).

Stata

Stata für den erfahrenen Anwender

Das Programm Stata findet in der sozialwissenschaftlichen Forschung zunehmend Anhänger. Es bietet viele moderne statistische Verfahren an und kann durch eigene Programmmodule erweitert werden. Insbesondere für den Anwender, welcher mehr als die „Standardstatistik" durchführt, ist das Programm sehr empfehlenswert. Die Website des Herstellers ist unter http://www.stata.com/ zu finden.

Excel und OpenCalc

Standardstatistik mit Standardprogrammen möglich

Das Programmpaket Excel ist Bestandteil des Office-Pakets der Firma Microsoft, während Opencalc von OpenOffice angeboten wird. Mit beiden Tabellenkalkulationsprogrammen können quasi mit „einem Klick" verschiedene vorgegebene statistische Formeln berechnet werden. Darüber hinaus erlaubt die eigene Eingabe algebraischer Gleichungen die Berechnung statistischer Kennwerte. Auch höhere statistische Berechnungen (Varianz- oder Regressionsanalysen) sind in den Programmen implementiert. Als großer Pluspunkt ist ein gutes und übersichtliches Datenhandling über mehrere Tabellenseiten zu nennen. Excel ist primär für die deskriptive Statistik geeignet. Mehr hierzu im Internet unter http://www.microsoft.com/, beziehungsweise für die freien Office-Pakete unter http://www.staroffice.org/ oder alternativ http://www.openoffice.org/. Ein empfehlenswertes Buch hierzu wurde von Monka, Schöneck und Voß (2008) geschrieben.

G-Power

Poweranalysen mit G-Power

G-Power ist das Freeware-Programm zur Berechnung von optimalen Stichprobenumfängen für abhängige und unabhängige t-Tests, F-Tests für Varianz- und Regressionsanalysen und Chi-Quadrat-Tests. Das gut validierte Programm ist eine Alternative zum relativ teuren Zusatzmodul von SPSS. SYSTAT oder Statistica enthalten hingegen

Module für diesen Zweck. Der Download von G-Power wird unter http://www.psycho.uni-duesseldorf.de/abteilungen/aap/gpower3/ angeboten.

Angebote im Internet

Neben diesen Programmen gibt es auch Online-Dienste, welche die statistische Auswertung unterstützen. Eine umfassende Auflistung ist unter http://statpages.org zu finden. Dort gibt es auch eine Übersicht zu weiteren Software-Paketen sowie das Angebot von statistischen Auswertungen eigener Daten durch kostenlose Java-Dienste. Diese Programme sind nicht immer validiert, sodass der Gebrauch von „vorgefertigten" Auswertungsmodulen im Internet von Fall zu Fall kritisch abgewogen/beurteilt werden sollte.

Vorsicht bei freien Programmen im Internet

Literatur im Internet

Neben verschiedenen Softwareangeboten gibt es auch eine Reihe von Online-Publikationen, welche dem Studierenden die Statistik näher bringen wollen. Beispiele für solche Informations-Seiten sind:
- http://www.statsoft.com/textbook/stathome.html
- www.onlinestatbook.com
- www.statisticalpractice.com
- http://www.spss.com/downloads/papers.cfm

Freie Literatur im Internet

Neben diesen Online-Angeboten sind dem Leser zur Vertiefung des statistischen Hintergrunds auch die Bücher von Holling und Gediga (in Vorb. a, in Vorb. b, in Vorb. c) und Leonhart (2009) zu empfehlen.

Zusammenfassung

Bei dem Programm-Paket der Firma SPSS® handelt es sich um eine im wissenschaftlichen Kontext oft eingesetzte Statistik-Software, welche auf einem „Standard-PC" problemlos einsetzbar ist. Der Anwender kann hierbei empirisch erhobene Daten in eine tabellenförmige Struktur umwandeln, wobei den möglichen Merkmalsausprägungen im Allgemeinen Zahlen zugeordnet werden. Das Programm erlaubt neben der Eingabe und Verwaltung von Daten auch ihre Analyse sowie eine Ausgabe der Ergebnisse und vieles mehr, was in den folgenden Kapiteln ausführlich erläutert wird.

Übungsaufgaben

1. Falls Ihnen ein Rechner mit SPSS zur Verfügung steht, starten Sie bitte das Programm.
2. Führen Sie einen Download der benötigten Übungsdateien durch. Die benötigten Dateien sind unter www.hogrefe.de/buecher/lehrbuecher/psychlehrbuchplus abrufbar.
3. Öffnen Sie die Datei Daten1.sav (vgl. www.hogrefe.de/buecher/lehrbuecher/psychlehrbuchplus).
4. Wechseln Sie zwischen der Variablen- und der Datenansicht.
5. Speichern Sie die Datei unter dem Namen Test.sav (über den Befehl DATEI – SPEICHERN UNTER).

Kapitel 2
Erstellung einer Datendatei

Inhaltsübersicht

2.1	Vorüberlegungen zur Dateneingabe	28
2.2	Dateneingabe und Datenbearbeitung	32
2.3	Sortieren eines Datensatzes	34
2.4	Dateien zusammenfügen	35
2.5	Überlegungen zur Datenhaltung	38
Zusammenfassung		39
Übungsaufgaben		39

Schlüsselbegriffe

- Dateien sortieren
- Dateien zusammenfügen
- Datenansicht
- fehlende Werte
- Labeling
- Merkmale
- Skalenniveau
- SUMMARIZE
- Variablenansicht

2.1 Vorüberlegungen zur Dateneingabe

Dateneingabe muss gut dokumentiert werden

Vor der Dateneingabe erfolgt die Definition der einzugebenden Variablen in der sogenannten Variablenansicht. Es ist sinnvoll, die Variablen vor der Eingabe zu definieren. Hierbei werden die Variablen benannt und die jeweils zugehörige Kodierung definiert. Bei der Kodierung handelt es sich um eine Umwandlung von Merkmalen in Zahlen. Wenn Sie beispielsweise die Angaben von befragten Studierenden auf die Frage nach ihrem Geschlecht eingeben wollen, muss die Geschlechtszugehörigkeit „männlich" und „weiblich" wie im gegebenen Datensatz Daten1.sav (vgl. www.hogrefe.de/buecher/lehrbuecher/psychlehrbuchplus) in die Zahlen 1 und 2 umkodiert werden. Es erfolgt somit die Transformation von erhobenen Daten in ein Zahlenformat, mit welchem der Computer umgehen kann. Dies erleichtert auch die Eingabe der Daten, welche im nächsten Schritt folgt. Es müssen dann nicht die Merkmale „weiblich", „männlich",

Daten werden immer als Zahlen eingegeben

„weiblich" etc. eingetippt werden, sondern nur noch die Zahlen 2, 1, 2 etc. Die Definition der Variablen erfolgt, wie schon beschrieben, über die Variablenansicht, während die anschließende Variableneingabe über die Datenansicht erfolgt (vgl. Abb. 3).

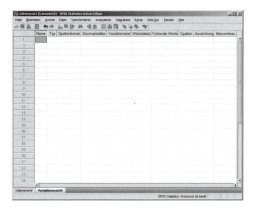

Abbildung 3: Variablenansicht

Für jede Variable ist hier eine Zeile reserviert. Um Variablen zu definieren und zu kodieren, sind Angaben zu den folgenden vier Unterpunkten wichtig: „Name", „Variablenlabel", „Wertelabels" und „Fehlende Werte".

Seit der Version 12 von SPSS darf der Variablenname länger als acht Zeichen sein. Für die Benennung einer Variablen gelten die folgenden Regeln:
- Die maximale Zeichenanzahl ist 64.
- Es dürfen Klein- und Großbuchstaben sowie Zahlen verwendet werden, auch sind einige Sonderzeichen (@, $, # etc.) erlaubt.
- Jede Variablenbezeichnung muss mit einem Buchstaben beginnen.
- Bestimmte Syntaxbefehle (z. B. AND, OR, NOT etc.) können nicht als Variablennamen verwendet werden.

Einschränkungen für Variablennamen

> **Anmerkung**
> Falls Sie längere Variablennamen verwenden, ist Ihr Datensatz nicht mehr abwärtskompatibel; das heißt, es gibt gegebenenfalls Probleme mit älteren Programmversionen, welche die längeren Variablennamen nicht „lesen" können. Beispielsweise kann dieses Problem bei den beiden Variablenbezeichnungen „Geschlechtszugehörigkeit" und „Geschlecht-soziales" auftreten. Beide Bezeichnungen sind länger als acht Zeichen, beginnen aber mit den gleichen acht Buchstaben.

Nach dem Variablennamen erfolgt die Bezeichnung für den Typ, welcher in der Regel numerisch ist, aber auch das Format Datum oder String (Textzeichen) haben kann. Das Spaltenformat definiert die Anzahl der Zeichen und sollte nicht verändert werden. Die Dezimalstellen definieren die Anzahl der Nachkommastellen und sollten dem jeweiligen Merkmal angepasst sein. Bei nominalskalierten Merkmalen wie dem Geschlecht ist sicherlich keine Nachkommastelle sinnvoll, während beispielsweise bei der Angabe der Körpergröße in Metern zwei Nachkommastellen gut wären.

Die nächsten beiden Punkte bezeichnen die Variablen- und die Wertelabels. Die Variablenlabels erlauben eine längere Bezeichnung der erhobenen Merkmale. Beispielsweise kann für die Variable „item1" als Label (Etikett, Bezeichnung) die komplette Frage 1 des verwendeten Fragebogens eingegeben werden („Es werden genügend Beispiele verwendet."). Dies hat den Vorteil, dass der Variablenname

Via Labels immer die Daten verständlich machen

kurz ist, aber über das Label immer noch erkennbar ist, was sich inhaltlich hinter „item1" verbirgt. Das vollständige „Etikett" wird in den Ausgaben zu den Berechnungen und den Grafiken verwendet. Somit sollte dieses Label sinnvoll eingesetzt werden, exakt beschreibend, aber auch nicht zu lang.

Wertelabels dokumentieren die Bedeutung der Zahlen

Bei den Wertelabels werden Merkmalsausprägung und Zahl miteinander verknüpft. In Abbildung 4 ist dies beispielsweise für die Variable Geschlecht geschehen.

Abbildung 4: Wertelabels

> **Anmerkung**
> Eine ausführliche und eindeutige Etikettierung der Variablen ist unabdingbar. Spätestens wenn nach einigen Jahren ein „alter" Datensatz für Re-Analysen wieder geöffnet wird, ist dem Anwender oft nicht klar, wie eigentlich kodiert wurde. War „weiblich" nun mit 1 oder mit 2 chiffriert? Auch können so Probleme beim Zusammenführen von Daten verhindert werden. Eine gute Etikettierung (Labeling) hilft somit nicht nur bei der Erstellung einer gut lesbaren Ausgabe, sondern dient auch der Dokumentation.

Fehlende Werte müssen definiert werden

Unter „Fehlende Werte" können nun die fehlenden Werte („missing values") definiert werden. In Abbildung 5 bezeichnet die Neun die fehlenden Werte. Werden „keine fehlenden Werte" definiert, so gelten die systemdefinierten fehlenden Werte (sysmiss, keine Eingabe). Sie entstehen, indem im Datenblatt keine Werte eingegeben werden (= leere Zelle). Unter „einzelne fehlende Werte" kann der Anwender verschiedene Fehlwerte angeben. So kann es beispielsweise bei einer Fragebogenstudie mit mehreren Messzeitpunkten sinnvoll sein, zwischen dem vollständigen Fehlen der Daten zu einem Messzeitpunkt oder dem Fehlen von nur einem Merkmal zu unterscheiden. Wichtig ist hierbei, dass unabhängig von der Definition diese Werte aus der Analyse ausgeschlossen werden.

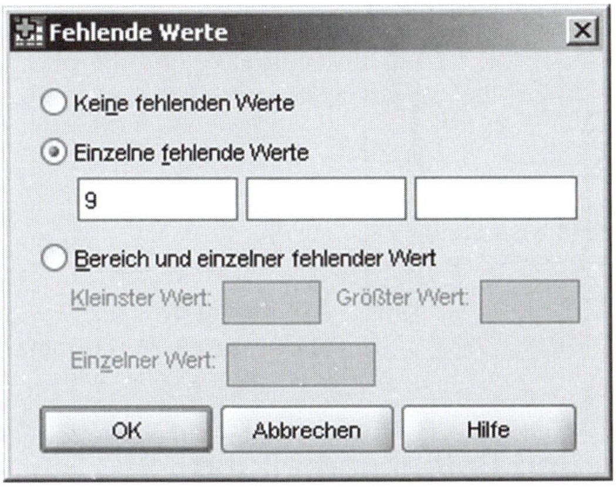

Abbildung 5:
Fehlende Werte

Über das Kriterium Spalten (Anzahl der Zeichen) kann die Ausgabe auf dem Bildschirm (Datenansicht) formatiert werden. Die Ausrichtung kann auf rechtsbündig, linksbündig oder zentriert gestellt werden, wobei es sich hierbei eher nur um „kosmetische" Einstellungen handelt. Zu guter Letzt kann das Messniveau, das Skalenniveau der Daten, eingestellt werden. Hierbei wird zwischen metrisch (verhältnis- oder intervallskaliert), ordinal und nominal unterschieden.

Das Messniveau ist wichtig zur Voraussetzungsprüfung

Anmerkung

Die Definition des Messniveaus hat keinerlei Auswirkungen auf die Berechnungen. SPSS gibt keine Warnmeldung aus, falls beispielsweise der Mittelwert für die Variable Geschlecht berechnet werden soll. Obwohl diese Berechnung für ein nominalskaliertes Merkmal unsinnig ist, erfolgt die Berechnung. Somit sei an dieser Stelle gewarnt: Der Computer nimmt dem Anwender viele Dinge ab, erlaubt jedoch auch inhaltlich und statistisch falsche Analysen.

Spätestens nachdem die Variablen kodiert sind, sollte die Datendatei mit der Endung .sav gespeichert werden. Dies erfolgt über „DATEI – SPEICHERN" (oder das Diskettensymbol in der Menüleiste). Hierbei wird standardmäßig vorgeschlagen, die Datei im SPSS-Format (.sav) abzuspeichern, wobei auch eine Vielzahl anderer Dateiformate möglich ist (z. B. EXCEL, ASCII, dBase, SAS oder Stata, vgl. Abb. 6).

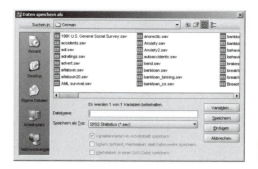

Abbildung 6:
Daten speichern (Format)

2.2 Dateneingabe und Datenbearbeitung

Nachdem im Fenster Variablenansicht durch die Variablendefinition die Vorarbeit für die Eingabe geleistet wurde, müssen nun „nur noch" die Daten in der Datenansicht eingegeben werden (vgl. Abb. 7). Hierbei liegt ein Tabellenblatt vor, bei welchem jede Variable in einer Spalte dargestellt wird, während die Daten eines Probanden in einer Zeile stehen müssen. Es sollte darauf geachtet werden, dass die Daten einer Person IMMER in einer Zeile stehen, da SPSS diese sonst nicht verknüpfen kann.

Daten immer in einer Zeile

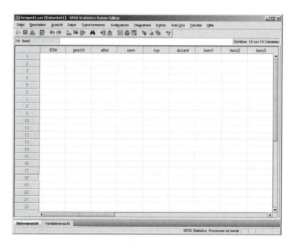

Abbildung 7:
Datenansicht

Mit Hilfe der Pfeiltasten kann bei der Dateneingabe nun zu den jeweiligen (momentan noch leeren) Zellen gesprungen werden. Da meistens Daten pro Fall (Person, Fragebogen) eingegeben werden, ist es sinnvoll nach der Eingabe eines Wertes mit der Pfeiltaste rechts oder der Tabulatortaste zur nächsten Zelle der Tabelle springen. Hierdurch entsteht zeilenweise eine Datendatei (vgl. Abb. 8).

Erstellung einer Datendatei 33

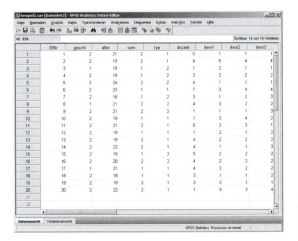

Abbildung 8:
Beispiel einer Datendatei

Tipp: Mit der Option ANSICHT – WERTELABELS kann sich der Anwender in der Datenmaske die Wertelabels direkt ausgeben lassen. Im gegebenen Beispiel würde dies bedeuten, dass die Eingabe der Zahl „2" die Ausgabe des Wertelabels „weiblich" zur Folge hat (vgl. Abb. 9). Intern liegen in der Tabelle Zahlen vor, nach außen werden aber die Labels angezeigt. Dies reduziert einerseits die Fehlerwahrscheinlichkeit bei der Eingabe, während es andererseits die Tabelle auch für andere Personen lesbarer macht.

Wertelabels können direkt ausgegeben werden

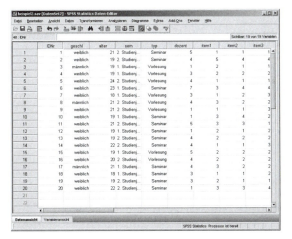

Abbildung 9:
Option „Ansicht – Wertelabels" – Beispiel

In der Datenansicht können mit Hilfe der üblichen Tastenkürzel Veränderungen vorgenommen werden. Hierbei können einzelne Zellen oder auch ganze Zeilen (Daten eines Probanden) oder Spalten (Variablen) kopiert (STRG-C), ausgeschnitten (STRG-X), eingefügt (STRG-V) oder gelöscht (ENTF/DEL) werden. Mit STRG-Z können

Kopieren von Daten ist möglich

diese Veränderungen wieder rückgängig gemacht werden. Statt über die angegeben Tastenkürzel sind die Befehle mit der Maus unter der Menüoption Bearbeiten aufrufbar. Dort gibt es auch weitere Optionen wie Suchen, Ersetzen oder den Sprungbefehl zu einem ausgewählten Fall.

Speichern nicht vergessen

> **Anmerkung**
> Insbesondere bei der Eingabe von größeren Datenmengen empfiehlt es sich, die Daten immer wieder zwischenzuspeichern. Ein Absturz von Betriebssystem, Programm oder Ähnlichem ist zwar nicht sehr wahrscheinlich, aber, wenn es passieren sollte, sehr ärgerlich.

2.3 Sortieren eines Datensatzes

Sortieren für die bessere Übersicht

Neben dem Suchen einzelner Fälle kann es beispielsweise für Extremgruppenvergleiche sehr sinnvoll sein, die Variablen nach bestimmten Kriterien zu sortieren (vgl. Abb. 10). Dazu kann die Körpergröße oder ein anderes Merkmal wie das Alter herangezogen werden, nach welchem die Datensätze sortiert werden (vgl. Abb. 11).

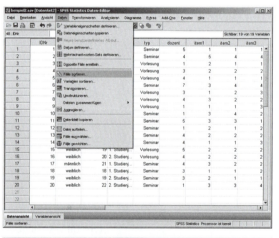

Abbildung 10: Fälle sortieren

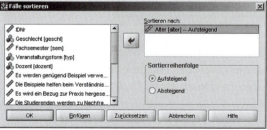

Abbildung 11: Sortierkriterium

Werden mehrere Sortierkriterien (Ordnungskriterien) angegeben, so werden diese in der eingegeben Reihenfolge priorisiert. Die Reihenfolge kann hierbei auf- oder absteigend sein. Im Allgemeinen werden die Daten nach einer Identifikationsnummer (Versuchspersonennummer) sortiert.

> **Anmerkung**
> Aufgrund des Datenschutzes, insbesondere bei medizinischen und persönlichen Daten, sollten in einer SPSS-Datei nie personenbezogene Variablen wie Name, Adresse, E-Mail etc. erscheinen. Sollte es, beispielsweise für postalische Nachbefragungen oder Ähnliches, unabdinglich sein, dass personenbezogene Daten gespeichert werden, so muss dies in einer zweiten Datei erfolgen. Die Zusammenführung von Daten zu Personen wäre dann bei Bedarf möglich. Insgesamt sollte bei psychologischen Studien immer der Datenschutz gewährleistet sein. Nicht nur klinische Daten zu psychischen Störungen sind hoch sensibel, auch Angaben zum Alter oder zum Körpergewicht sind sehr persönlich und unterliegen dem Datenschutz. Ähnliches gilt für die Datenspeicherung und den Zugang zu Datensätzen. Personenbezogene Daten können/sollen am Ende der Datenerhebung gelöscht werden, während aus wissenschaftlicher Sicht die anonymisierten Daten mindestens zehn Jahre für Re- und Metaanalysen zur Verfügung stehen sollten.

Nie personenbezogene Daten im Auswertungsdatensatz!

2.4 Dateien zusammenfügen

Geben mehrere Personen beispielsweise in mehreren Studienzentren Daten ein, so kann diese Eingabe in einzelnen SPSS-Datendateien erfolgen. Diese können dann nach der Fertigstellung der einzelnen Files zu einer Gesamtdatei zusammengeführt werden.

Seit SPSS Version 16 ist es möglich, dass mehrere Datenblätter parallel offen sind. Dies erleichtert die Dateizusammenführung. Unter dem Menüpunkt DATEN können mit DATEIEN ZUSAMMENFÜGEN entweder Fälle (wie im gegebenen Beispiel) oder Variablen zusammengefasst werden (vgl. Abb. 12). Im ersten Fall werden verschiedene Stichproben mit den gleichen Variablen zusammengefasst, im zweiten Fall werden verschiedene Daten einer identischen Stichprobe zusammengeführt. Dies wäre beispielsweise notwendig,

Verschiedene Datenquellen können zusammengefügt werden

wenn zur Analyse des Schulerfolges die schulischen Daten (z. B. Zeugnisnoten und Fehltage) und die Daten einer Befragung zur Leistungsmotivation und zu Persönlichkeitsfaktoren bei denselben Schülern zusammengefügt werden sollen.

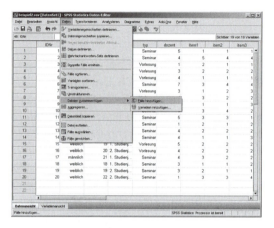

Abbildung 12: Dateien zusammenfügen

Unterschiedliche Dateinamen sind kein Problem

Eventuell entsteht hierbei das Problem, dass die beiden Dateien nicht identisch sind, das heißt, nicht gleich benannte Variablen haben. Dann kann über das Menü definiert werden, welche Variablen in die neue Gesamtdatei eingehen. Wie Abbildung 13 zeigt, kann einfach eine zweite, geöffnete Datendatei hinzugefügt werden. Auch können die Variablen ausgewählt werden, welche in die neue Datei übernommen werden sollen (vgl. Abb. 14).

Abbildung 13: Fälle hinzufügen

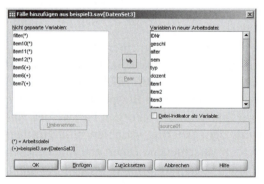

Abbildung 14: Fälle hinzufügen inkl. Auswahl von Variablen

Bevor es in den folgenden Kapiteln an die statistische Auswertung geht, soll an dieser Stelle noch darauf hingewiesen werden, dass über das Menü ANALYSIEREN – BERICHTE – FÄLLE ZUSAMMENFASSEN auch die Datendatei beziehungsweise Teile der Datendatei ausgegeben/ausgedruckt werden können. Dies ist zum Beispiel für eine Kontrolle der Daten per Hand sinnvoll. Insbesondere bei kleinen Stichproben kann hierbei ein Überblick über die Ausprägung der erhobenen Daten bei den einzelnen Personen des Datensatzes erstellt werden. Hierdurch können beispielsweise Auffälligkeiten „von Hand" beziehungsweise „mit bloßem Auge" entdeckt werden.

Einschub: Ab dieser Stelle wird nun auch der Aufruf von Befehlen über die Syntax eingeführt. Hier soll nun betont werden, dass es sich bei beiden Herangehensweisen (Syntax und Menü) um ein „Miteinander" und nicht um ein „Gegeneinander" handelt. Es gibt sicherlich Anwender, welche primär mit dem Menü arbeiten, weil ein schnelles Anklicken möglich ist, und andere Anwender, welche fast nur mit der Syntax arbeiten, weil diese Vorteile und Besonderheiten beinhaltet. Dem Leser wird hier die Wahl gelassen, indem im Folgenden beide Herangehensweisen dargestellt werden.

Der Befehl für die Darstellung der Fälle kann auch über die Syntax aufgerufen werden. Der ungeübte Anwender kann hierbei die Syntax einfach über das Anklicken des Menüpunktes EINFÜGEN erreichen, indem er statt auf „Ok" auf „Einfügen" klickt. (vgl. Abb. 14). Dann öffnet sich ein Syntaxfenster und der Befehl wird eingefügt.

Die Syntax lautet:

```
SUMMARIZE
  /TABLES = geschl alter sem typ dozent
  /FORMAT = VALIDLIST
  /MISSING = VARIABLE
  /CELLS = COUNT.
```

Hierbei wird der SUMMARIZE-Befehl verwendet, um für die Variablen „geschl", „alter", „sem", „typ" und „dozent" (SPSS verwendet die Variablennamen, nicht die Variablenlabels) eine Liste der gültigen Werte (VALIDLIST = Anzahl der Personen mit gültiger/vorhandener Merkmalsausprägung) auszugeben. Auch wird die jeweilige Zellenbesetzung angegeben, beziehungsweise es werden Hinweise auf fehlende Werte gegeben. Diese Anzeige hat den Vorteil, dass ein schneller Überblick über den Datensatz möglich ist (vgl. Abb. 15).

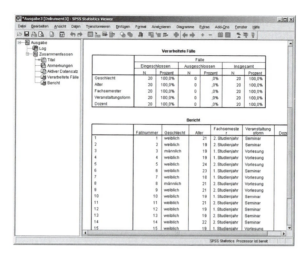

Abbildung 15:
Ausgabe der einzelnen Fälle

2.5 Überlegungen zur Datenhaltung

Datenschutz in der Forschung unabdingbar

An dieser Stelle soll auch angemerkt werden, dass bei der Erstellung und Speicherung einer Datei die Richtlinien zum Datenschutz eingehalten werden müssen. Datenschutzrechtliche Vorgaben beziehen sich beispielsweise auf konkrete Patientennamen oder Adressen. Diese sollten nie in einem Datenfile auftreten. Insbesondere bei medizinischen Daten muss der Schutz der Privatsphäre gewährleistet werden, wobei eigentlich so wenig personenbezogene Daten (z. B. Namen, Adressen) wie möglich erhoben werden sollten. Der Gesetzgeber und somit auch die jeweils zuständigen Datenschutzbeauftragten legen beim Datenschutz noch höhere Maßstäbe an, wenn es sich um personenbezogenen Daten, beispielsweise zur Gesundheit oder zum Sexualleben, handelt. Bei der Planung von Studien muss berücksichtigt werden, dass der eigentliche Datensatz für die Auswertung nur in eindeutig anonymisierter Form vorliegt. Nur dann kann gewährleistet werden, dass nicht irrtümlich personenbezogene Daten für Dritte einsehbar sind. Es empfiehlt sich somit eine ständige Trennung von personenbezogenen Daten und auszuwertenden Datensätzen.

Immer die Archivierung der Daten im Voraus klären

Auch sollte bei der Erstellung des Datensatzes, insbesondere bei Projekten mit klinischen Daten, schon geklärt werden, wo die Daten gespeichert und später archiviert werden. Wer hat zu diesen Datensätzen Zugang? Wo und wie werden die Daten gespeichert? Wer kümmert sich nach einer absehbaren Zeit um die Löschung der personenbezogenen Daten? Es muss auf jeden Fall vermieden werden, dass Datensätze irgendwo auf dem Server liegen, so dass jeder Zugriff auf dieselben hat.

Zusammenfassung

In diesem Kapitel wurden die Erstellung einer Datendatei und die Eingabe von Daten mit dem Programm-Paket SPSS besprochen. Wichtig ist hierbei, dass vor der eigentlichen Eingabe der Daten eine korrekte und ausführliche Definition der Variablen (Merkmalsausprägung = Zahl) und ein Labeling der Zahlen erfolgt. Dies erleichtert die richtige Dateneingabe und die Bearbeitung der Daten durch andere oder zu einem späteren Zeitpunkt. Die durch Definition der Variablen und Eingabe der Daten entstandene Datei kann mit anderen Dateien zusammengefügt werden. Innerhalb einer Datei können Daten sortiert werden. Nach der Dateneingabe kann der Anwender sich über den Menüpunkt FÄLLE ZUSAMMENFASSEN einen Überblick über die Daten verschaffen. Dies ist allerdings nur bei kleinen Datensätzen sinnvoll.

Übungsaufgaben

1. Entwickeln Sie einen kurzen Fragebogen, mit dessen Hilfe Sie in Ihrem Bekanntenkreis bei zirka zehn Personen eine Umfrage zum Thema „Relevanz von Statistikkenntnissen bei Psychologen" durchführen. Erheben Sie hierbei neben dem eigentlichen Thema Ihrer Umfrage auch soziodemografische Variablen. Items könnten beispielsweise sein (jeweils auf einer Skala von 1 bis 7, „Stimme gar nicht zu" bis „Stimme vollständig zu"):
   - Ohne Statistikkenntnisse kann ein Therapeut sich nicht weiterbilden.
   - Die Statistik ist die wichtige Grundlage für das Verständnis aller psychologischen Forschungsgebiete.
   - Auch ohne Statistikkenntnisse werde ich meinen Hochschulabschluss schaffen.
2. Erstellen Sie für Ihre Daten eine SPSS-Datei und definieren Sie hierbei auch die Labels.
3. Geben Sie die Daten ein.
4. Speichern Sie die Datei als SPSS-Datendatei (.sav).
5. Lassen Sie sich die Daten in Form einer Zusammenfassung ausgeben.

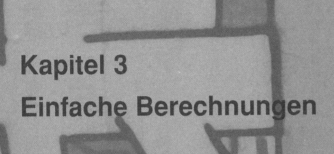

Kapitel 3
Einfache Berechnungen

Inhaltsübersicht

3.1	Generierung und Transformation von Daten	42
3.2	Berechnungen mit Funktionen	43
3.3	Umkodieren von Variablen	50
3.4	Standardvorgaben im Umgang mit fehlenden Werten	53
3.4.1	Listwise Deletion	55
3.4.2	Pairwise Deletion	55
3.4.3	Mittelwertsersetzung	56
Zusammenfassung		56
Übungsaufgaben		57

Schlüsselbegriffe

- COMPUTE
- EXECUTE
- FILTER
- MEAN
- Mittelwert
- missing value
- RECODE

3.1 Generierung und Transformation von Daten

Daten können zur Generierung weiterer Daten verwendet werden

Sehr oft ist es notwendig, innerhalb eines „fertigen" Datensatzes nach der Dateneingabe neue Variablen zu berechnen. Dies können beispielsweise aus den Daten resultierende Kennwerte wie der Body Mass Index (BMI) sein. Wenn im Rahmen der Studie zwar Körpergröße und Gewicht, nicht aber der BMI erhoben wurden, kann dieser im Nachhinein aus beiden Kennwerten ermittelt werden.

Ein anderer Grund für die Generierung neuer Daten ist die Notwendigkeit Daten umzukodieren oder zu transformieren. Dies könnte beispielsweise notwendig werden, wenn Daten aus unterschiedlichen Studien zusammengefasst werden sollen. So könnte in einer Studie das Geschlecht weiblich mit 1 und in einer weiteren Studie das Geschlecht weiblich mit 2 kodiert worden sein. Dies macht eine Veränderung (Umkodierung) in einem der beiden Datensätze notwendig.

Variablen berechnen

Über die Befehlsfolge TRANSFORMIEREN – VARIABLE BERECHNEN können Variablen neu angelegt beziehungsweise schon vorhandene Variablen verändert werden.

Achtung

Auf diese Weise können auch eingegebene Daten bei falscher Bedienung „vernichtet" werden. Deshalb sollte vor jeder Veränderung von Daten überdacht werden, ob diese Veränderung auch sinnvoll ist.

Tipp: Immer die originalen Datensätze unverändert lassen und nur mit einer Kopie der Daten arbeiten!

3.2 Berechnungen mit Funktionen

Vorstellung des Fragebogens im Beispieldatensatz. Für das folgende Beispiel wird angenommen, dass ein Fragebogen zur Evaluation von Lehrveranstaltungen in verschiedenen Seminaren und Vorlesungen verteilt wurde und die entsprechenden Daten in das Statistikprogramm eingegeben wurden. Dieser Fragebogen soll im Folgenden als Beispiel zur Notwendigkeit von nachträglichen Berechnungen in den Rohdaten dienen. Der fiktive Fragebogen beinhaltet zwölf Fragen (Items), welche in Blöcken von drei Items jeweils zu einer Skala zusammengefasst werden. Somit beinhaltet der Fragebogen vier Skalen und außerdem eine Reihe von soziodemografischen Merkmalen. Der Gesamtfragebogen hat den folgenden Inhalt:

Beispieldatensatz erläutert

Als soziodemografische Variablen werden erfragt:
- IDNr (Identifikationsnummer des Fragebogens zur Vermeidung von Doppeleingaben),
- Geschlecht (1 = männlich, 2 = weiblich),
- Alter,
- Fachsemester,
- Veranstaltungsform (1 = Seminar, 2 = Vorlesung),
- Dozent (schon kodiert in Zahlen zur anonymen Auswertung).

Zusätzlich werden die folgenden Items/Fragen erhoben:
- Item 1: „Es werden genügend Beispiele verwendet."
- Item 2: „Die Beispiele helfen beim Verständnis der Theorien."
- Item 3: „Es wird ein Bezug zur Praxis hergestellt."
- Item 4: „Die Studierenden werden zu Nachfragen und Diskussion aufgefordert."
- Item 5: „Der Dozent ermutigt die Studierenden zur Beteiligung."
- Item 6: „Die Studierenden werden zu aktiver Teilnahme aufgefordert."
- Item 7: „Der Dozent betrachtet die Lehre als lästige Pflichtübung."
- Item 8: „Die Veranstaltung ist langweilig und humorlos."
- Item 9: „Der Dozent motiviert mich."
- Item 10: „Den Besuch der Veranstaltung kann ich uneingeschränkt weiterempfehlen."
- Item 11: „Ich habe Sinnvolles und Wichtiges für mein weiteres Studium gelernt."
- Item 12: „Ich habe in der Veranstaltung viel Neues gelernt."

Für jedes dieser Items können Werte zwischen eins und sechs angegeben werden (sechsstufige Likertskala). Bei der Eingabe wurden die

Items 7 und 8 schon umkodiert (6 = 1, 5 = 2, ...), so dass alle Items positiv definiert sind. Das bedeutet, niedrige Werte sind gut für das Evaluationsergebnis.

Neben diesen Items sollen nun noch vier Skalen ermittelt werden, welche aus dem Mittelwert von jeweils drei Items bestehen. Diese sind wie folgt definiert:
- skala1: Mittelwert aus Item 1 bis 3,
- skala2: Mittelwert aus Item 4 bis 6,
- skala3: Mittelwert aus Item 7 bis 9,
- skala4: Mittelwert aus Item 10 bis 12.

Die Dateien mit den Beispieldatensätzen (z. B. Daten 1.sav) sind unter www.hogrefe.de/buecher/lehrbuecher/psychlehrbuchplus abrufbar.

Skalenwerte berechnen Berechnungen wie die Ermittlung eines Skalenwertes als Mittelwert aus mehreren Einzelwerten (z. B. Mittelwert der Items 1 bis 3 zu skala1) können, müssen aber glücklicherweise nicht von Hand erfolgen. Die Berechnung von Hand hätte großen Zeitaufwand mit einem hohen Fehlerpotenzial zur Folge. Auch in diesem Beispiel können die vier Skalenwerte (skala1 bis skala4) viel einfacher als Mittelwerte per SPSS berechnet und in das Datengitter aufgenommen werden. Die Berechnung erfolgt fallweise, das heißt für jede Person wird ein Wert berechnet. Der Befehl kann direkt in das Syntaxfenster eingegeben oder über die Befehlsfolge TRANSFORMIEREN – VARIABLE BERECHNEN erzeugt werden (vgl. Abb. 16 und 17).

Abbildung 16: Syntaxfenster mit Befehl zur Skalenberechnung

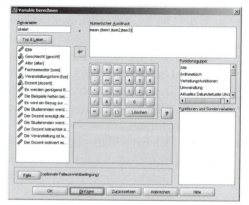

Abbildung 17: Variable berechnen

Durch den Aufruf über das Menü wird die folgende Syntax erzeugt:

COMPUTE skala1 = MEAN(item1,item2,item3).
EXECUTE.

> **Anmerkung**
> SPSS ermittelt einen Mittelwert, falls bei mindestens einer der drei Variablen einer Skala ein gültiger Wert vorliegt. Erst wenn in diesem Beispiel alle drei Werte fehlen, wird kein Mittelwert bei der Skalenberechnung erzeugt. Dies kann im Extremfall dazu führen, dass ein Skalenwert ermittelt wird, auch wenn nur ein Wert in einem Item vorliegt. Kann dann aber noch von einer korrekten Ermittlung des Skalenmittelwertes gesprochen werden, obwohl die Angabe von zwei Items fehlt?

Skalenberechnung bei fehlenden Werten

Falls über die Syntax gerechnet wird, und nur dann, kann dieses Problem gelöst werden. Die Syntax erlaubt es, festzulegen, wie groß die Mindestanzahl der vorhandenen Werte sein muss. Es wird hierbei angegeben, wie viele Werte mindestens vorliegen müssen, damit die Skala noch berechnet werden darf. Hierdurch wird aber auch die erlaubte Höchstzahl der fehlenden Werte definiert. Zum besseren Verständnis wird hier nochmals der „normale" MEAN-Befehl dargestellt, welcher theoretisch so aussieht:

COMPUTE skala1 = MEAN.1(item1,item2,item3).
EXECUTE.

Bei diesem Befehl wird ein Mittelwert ermittelt, wenn mindestens ein gültiger Wert vorliegt. Wie würden sich die Voraussetzungen für die Berechnungen ändern, wenn der Mittelwert folgendermaßen berechnet werden würde?

Anzahl der maximal erlaubten fehlenden Werte definieren

COMPUTE skala1 = MEAN.3(item1,item2,item3).
EXECUTE.

Nun wird ein Mittelwert nur dann ermittelt, wenn für alle drei Variablen gültige Werte vorliegen. Bei nur einem fehlenden Wert bei einer Person wird hingegen die Berechung des Mittelwertes ausgesetzt. Da fehlende Werte aber immer wieder im Datensatz auftreten können, kann die folgende „Zwischenlösung" sinnvoll sein:

COMPUTE skala1 = MEAN.2(item1,item2,item3).
EXECUTE.

Hier wird der Skalenwert noch berechnet, wenn „nur" ein fehlender Wert von drei Items vorliegt. Somit können durch die Verwendung der Syntax die Vorgaben der Fragebogenautoren zum Umgang mit fehlenden Werten berücksichtigt werden. Mehr zur Problematik von fehlenden Werten ist beispielsweise bei Leonhart (2009) zu finden.

> **Anmerkung**
>
> Eine Besonderheit des COMPUTE-Befehls ist es, dass nach der Verwendung von einem oder mehreren COMPUTE-Befehlen in der Syntax immer ein EXECUTE-Befehl folgen muss. Ohne EXECUTE am Ende führt das Programm zwar die Berechnungen durch, übernimmt aber die Ergebnisse nicht in die Datentabelle. Sie sind dann nicht zu sehen.

EXECUTE nie vergessen!

Über den COMPUTE-Befehl können neben Mittelwerten eine Vielzahl von ganz unterschiedlichen Berechnungen durchgeführt werden. Beispielsweise können Itemwerte zu einer Skala aufsummiert werden.

Im Allgemeinen lautet die Befehlssyntax des COMPUTE-Befehls zur Berechnung einer neuen Variablen aus bestehenden Daten wie folgt:

```
COMPUTE
   Neue Variable = mathematischer Ausdruck .
EXECUTE.
```

> **Achtung**
>
> Hierbei muss, wie bei Syntax-Befehlen allgemein üblich, immer ein Punkt am Ende des jeweiligen Befehls erfolgen.

Den Punkt am Ende nie vergessen!

```
COMPUTE
   skala1 = item1 + item2 + item3 .
EXECUTE.
```

Um die Ergebnisse im Dateneditor betrachten zu können, muss, wie schon beschrieben, der Befehl „EXECUTE." eingetippt und ausgeführt werden. Es genügt bei mehreren COMPUTE-Befehlen allerdings, den EXECUTE-Befehl einmalig an das Ende zu stellen.

> **Achtung**
>
> Das Ergebnis dieser weiteren Berechnung für den Beispieldatensatz würde die bereits existierende Variable dieses Namens (skala1) im Dateneditor ohne Ankündigung überschreiben.

Falls eine der beteiligten Variablen bei der Addition einen fehlenden Wert aufweist, wird der betroffene Fall aus der Berechnung ausgeschlossen. Wenn dies problematisch ist, kann der Mittelwert aus den anderen beiden Items zur Ermittlung des Gesamtergebnisses herangezogen werden.

```
COMPUTE
   Skala1 = 3 * MEAN.2 (item1, item2, item3).
EXECUTE.
```

Da die Mittelwertsberechnung mit fehlenden Daten umgehen kann, können so möglicherweise die Daten „gerettet" werden.

Die gebräuchlichsten Operatoren und Funktionen des COMPUTE-Befehls sind:
- Addition (+),
- Subtraktion (-),
- Multiplikation (*),
- Division (/),
- Potenzierung (**).

Sie werden wie gewohnt verwendet. Es gilt – wie in der Mathematik allgemein üblich – die „Punkt-vor-Strich"-Regel, und Klammern sind zulässig. Fehlende Werte führen hierbei zum Abbruch der Berechnung. Des Weiteren gibt es noch die mathematische Funktion für den Betrag, sprich den Absolutwert (ABS), zum Runden (RND), der Wurzel (SQRT), des Logarithmus zur Basis 10 (LG10) und des natürlichen Logarithmus (LN), des Sinus (SIN) und des Cosinus (COS). Die Funktionen werden hierbei im Format f(variable) notiert (beispielsweise ABS(item1)).

Statistische Funktionen mit mehreren Argumenten (= an die Funktion übergebene Werte) sind die Summe (SUM), der Mittelwert (MEAN), das Minimum (MIN), das Maximum (MAX), die Standardabweichung (SD) und die Varianz (VARIANCE). Diese statistischen Funktionen werden im Format f(variable1,variable2,variable3, …, variableN) notiert, wobei einzelne fehlende Werte die Berechnung nicht beeinträchtigen. Über das Menü können noch eine Vielzahl weiterer nützlicher Funktionen aufgerufen werden, auf welche an dieser Stelle nicht weiter eingegangen wird.

Um auf das Eingangsbeispiel zurückzukommen, kann mit dem COMPUTE-Befehl aus den Variablen Körpergewicht (gewicht) und Körpergröße in Metern (groesse) der BMI ermittelt werden. Hierbei wird folgendermaßen vorgegangen:

COMPUTE
   bmi = gewicht / groesse**2.
EXECUTE.

Analog ist auch die folgende Berechnung möglich:

COMPUTE
   bmi = gewicht / (groesse * groesse).
EXECUTE.

Im folgenden Abschnitt sollen nun die Möglichkeiten der Auswahl einer Teilstichprobe vorgestellt werden. Dies kann z. B. notwendig sein, wenn Mittelwerte nur in bestimmten Subgruppen ermittelt werden sollen, beispielsweise nur in der Gruppe der weiblichen Psychologiestudierenden aus Baden-Württemberg. Dies ist über die Definition von Filtern möglich, wobei hier über die Booleschen Variablenwerte die Zugehörigkeit oder die Nichtzugehörigkeit zu einer Gruppe definiert wird.

Boolesche Werte können entweder die Ausprägung wahr oder falsch annehmen und werden als Wahrheitswerte von Aussagen verwendet. SPSS kennt keine Booleschen Werte in der Form von „falsch" und „wahr", repräsentiert diese aber mit 0 (falsch) und 1 (wahr). Boolesche Werte werden im Zusammenhang mit Filtervariablen benötigt. Hierbei werden nur Fälle ausgewählt, welche einer bestimmten Bedingung entsprechen, wie das folgende Beispiel zeigt:

COMPUTE
   filter1 = (geschl = 1).
EXECUTE.

Es wird eine Variable filter1 berechnet, die im gegebenen Beispieldatensatz für die Merkmalsausprägung weiblich (geschl = 2) den Wert 1 und für die Merkmalsausprägung männlich (geschl = 1) den Wert 0 annimmt.

Da für Boolesche Werte auch die folgenden logischen Operatoren definiert sind, können auch Bedingungen verknüpft werden. Hierdurch können beispielsweise Personen herausgefiltert werden, bei denen

bestimmte Merkmalskombinationen vorliegen. Die Booleschen Operatoren lauten:
- AND: Die logische Und-Verknüpfung zweier Boolescher Werte ist genau dann wahr, wenn beide Werte wahr sind.
- OR: Die Oder-Verknüpfung ist genau dann wahr, wenn mindestens einer der Werte wahr ist.
- NOT(X): Die Funktion NOT (X) negiert den Wert X, beispielsweise könnte die Bedingung nicht weiblich verwendet werden.

Dieser Filter kann nun verwendet werden, wenn Fragestellungen vorliegen, bei denen nur ein Teil des Datensatzes zu den Berechnungen zugelassen werden soll, etwa bei der Berechnung eines Korrelationskoeffizienten nur für die älteren Versuchspersonen oder die separate Medianberechnung für einzelne Untergruppen (zum Beispiel Männer vs. Frauen).

Da im Rahmen einer Booleschen Variablen die Bedingungen verknüpft werden können, sind auch komplexere Untergruppen wie alle Männer unter 40 Jahre definierbar.

Wichtig ist hierbei, dass mit der Erstellung der Filtervariablen nur der Filter ermittelt, aber noch nicht gestartet wurde (analog zu COMPUTE und EXECUTE). Das Aktivieren des Filters erfolgt, nachdem eine Filtervariable korrekt berechnet wurde, über den folgenden Befehl:

FILTER
    BY filter1.
EXECUTE.

Mit FILTER Teilstichproben analysieren

So wird der oben definierte filter1 aktiviert. Alle Berechnungen, die jetzt bei aktiviertem Filter erfolgen, basieren auf den Werten der nicht gefilterten Personen, im bisherigen Beispiel den Daten der Frauen. Um wieder mit den Daten aller Personen zu rechnen, muss der Filter deaktiviert werden. Das Deaktivieren des Filters erfolgt zum Schluss mit dem FILTER-OFF-Befehl.

FILTER OFF.
EXECUTE.

Falls also bei einer Auswertung mit einer Filtervariablen gearbeitet wird, umfasst diese vier Schritte:

1. Filtervariable berechnen,
2. Filter aktivieren,
3. Berechnung durchführen und
4. Filter deaktivieren.

> **Anmerkung**
> Ein Filter ist so lange gültig (eingeschaltet), bis er wieder deaktiviert oder SPSS neu gestartet wird.

FILTER ausschalten nicht vergessen

3.3 Umkodieren von Variablen

Oft ist es auch sinnvoll, neue Gruppierungsvariablen über die Funktion „Umkodierung in dieselbe oder eine andere Variable" zu bilden. Es ergibt sich beispielsweise die Situation, dass Daten falsch kodiert wurden. Dies tritt relativ häufig auf, wobei es sich um eher harmlose „Verwechslungen" handelt. So gibt es keine einheitlichen Richtlinien, wie beispielsweise die Variable Geschlechtszugehörigkeit kodiert werden soll („männlich" mit 0 oder mit 1; „weiblich" mit 1 oder mit 2?). Falls Daten aus verschiedenen Studien mit unterschiedlichen Kodierungen zusammengefügt werden sollen, müssen diese Datensätze durch Umkodierung der betroffenen Variablen vereinheitlicht werden.

Vor dem Zusammenfügen von Datensätzen gegebenenfalls umkodieren

Eine weitere Situation für die Umkodierung von Daten könnte beispielsweise durch die Kategorisierung (= Gruppierung von intervallskalierten Werten) von Daten nach der Datenerhebung entstehen. Werden beispielsweise Angaben zum Gehalt oder zum Alter gemacht, kann die Veränderung des Gehalts über die Altersverteilung hinweg von Interesse sein. So könnte die Variable Alter in fünf Altersgruppen aufgeteilt werden, damit gegebenenfalls die Verteilung der Gehälter innerhalb dieser Gruppen verglichen werden kann. Auch diese Kategorisierung erfolgt durch eine Umkodierung, wobei eine Reduktion des Skalenniveaus die Folge wäre. Während die Variable Alter als intervallskaliert betrachtet werden kann, liegt mit den Altersgruppen ein maximal ordinalskaliertes Merkmal vor.

Beide Aufgabenstellungen können mit der Hilfe des RECODE-Befehls „erledigt" werden. Mit ihm werden die Werte einer Variablen zunächst umkodiert und entweder in die Variable zurück geschrieben (erstes Beispiel: Kodierung der Variable geschl korrigieren) oder in einer neuen Variablen gespeichert (zweites Beispiel: Altersgruppen bilden und in einer neuen Variablen altgrup speichern).

Beispiel 1: Die Syntax des RECODE-Befehls zur Umkodierung innerhalb einer Variablen lautet wie folgt:

Umkodieren in dieselbe Variable

RECODE
  variablenname
    (alter Wert1 = neuer Wert1)
    (alter Wert2 = neuer Wert2).
EXECUTE.

Somit kann die erste Aufgabenstellung mit dem folgenden Befehl gelöst werden:

RECODE
  geschl
    (0 = 1)
    (1 = 2).
EXECUTE.

> **Achtung**
> Auch nach dem RECODE-Befehl muss immer der EXECUTE-Befehl folgen, damit die Umkodierung im Datengitter wirklich durchgeführt wird.

Auch hier: EXECUTE nicht vergessen!

Analog hierzu sieht das Menüfenster über TRANSFORMIEREN – UMKODIEREN IN DIESELBEN VARIABLEN wie in Abbildung 18 dargestellt aus. Nachdem die Variable Geschlechtszugehörigkeit ausgewählt wurde, werden die alten und neuen Werte definiert (vgl. Abb. 19).

Abbildung 18: Umkodieren in dieselben Variablen

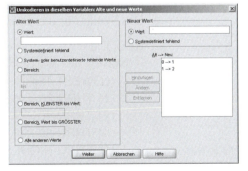

Abbildung 19: Alte und neue Werte definieren

> **Achtung**
>
> Hierbei muss bedacht werden, dass jetzt in dieselbe Variable umkodiert wurde. Deshalb darf dieser Befehl nur einmal durchgeführt werden. Wird der Befehl über die Syntax oder das Menü nämlich zweimal aufgerufen so passiert Folgendes: Im ersten Durchgang wird aus der Null eine Eins und aus der Eins eine Zwei. Im zweiten Durchgang wird dann wiederum aus der Eins eine Zwei und somit haben alle Personen in der Variable Geschlechtszugehörigkeit den Wert Zwei.

Labels werden durch RECODE nicht verändert

Wenn eine Variable umkodiert wird und Wertelabels definiert wurden, so müssen diese von Hand verändert werden (SPSS verändert die Labels nicht selbstständig). Das sollte auf keinen Fall vergessen werden.

Kategorienbildung durch RECODE möglich

Eine etwas komplexere Befehlssyntax ergibt sich für das zweite Beispiel, bei welchem aus den Jahren Altersgruppen gebildet werden sollen. Damit die ursprünglichen Daten durch die Kategorisierung nicht verloren gehen, empfiehlt es sich, die Ergebnisse der Umkodierung in einer neuen Variablen abzulegen. Im Beispiel wird die (intervallskalierte) Variable alter in die (kategoriale) Variable altgrup umkodiert. Es werden hierbei fünf Altersgruppen gebildet: bis 10 Jahre, 11 bis 20, 21 bis 40, 41 bis 60 und über 61 Jahre. Dieser Kodierungsvorschlag für die kategorialen Variablen ist natürlich willkürlich vom Autor getroffen worden. Vorschläge für einheitliche Kategorien gibt es nicht. Die Bildung sinnvoller Kategorien ist von der jeweiligen Merkmalsverteilung (Maximum, Minimum, Spannweite, Stichprobengröße etc.) abhängig. Eine einheitliche Kodierung wird dann wieder wichtig, wenn mehrere Datensätze zusammengeführt werden sollen.

Die Syntax für das *Beispiel 2* lautet:

```
RECODE
   alter
      (LOWEST THRU 10 = 1)
      (11 THRU 20 = 2)
      (21 THRU 40 = 3)
      (41 THRU 60 = 4)
      (61 THRU HIGHEST = 5)
   INTO altgrup.
EXECUTE.
```

Die Variable alter bleibt bei diesem Vorgehen unangetastet, da die Ergebnisse des Vorgangs in der Variablen altgrup abgelegt werden. Dies kann auch über das Menü durchgeführt werden (TRANSFORMIEREN – UMKODIEREN IN ANDERE VARIABLEN).

> **Achtung**
> Falls selbstdefinierte fehlende Werte vorhanden sind (beispielsweise -1), muss dies bei der Umkodierung beachtet werden.

Zur korrekten Behandlung von Missing Values kann die folgende Syntax verwendet werden:

Missings können berücksichtigt werden

```
RECODE
   alter
      (MISSING = -1)
      ( 1 THRU 10 = 1)
      (11 THRU 20 = 2)
      (21 THRU 40 = 3)
      (41 THRU 60 = 4)
      (61 THRU HIGHEST = 5)
   INTO altgrup.
EXECUTE.
```

Diese Umkodierung von fehlenden Daten ist möglich und notwendig. Falls dies nicht bedacht wird, würden im gegebenen Beispiel durch den Teilbefehl LOWEST THRU 10 = 1 auch fehlende Werte (-1) mit 1 kodiert und somit dieser Alterskategorie zugeordnet werden. Dies würde den Datensatz verfälschen. Analog zur Umbenennung der Variablenlabels muss auch hier in einem letzten Schritt der Wert für fehlende Werte der Variable altgrup in der Variablenansicht auf -1 gesetzt werden.

3.4 Standardvorgaben im Umgang mit fehlenden Werten

SPSS bietet drei Standardlösungen an, um mit fehlenden Werten im Datensatz umzugehen:
- listenweises Ausschließen der Fälle,
- paarweises Verwenden der Daten und
- Ersetzen durch den Mittelwert.

Umgang mit fehlenden Werten

Diese Verfahren können – hier am Beispiel einer linearen Regression – durch den Anwender unter dem Menüpunkt Optionen ausgewählt werden (vgl. Abb. 20).

Abbildung 20:
Umgang mit fehlenden Werten – Beispiel

Fehlende Werte liegen vor, wenn im Datensatz bei bestimmten Variablen Angaben fehlen und somit keine Informationen existieren, obwohl diese Merkmale in der Empirie eigentlich bei den Probanden vorhanden sind. Dies ist beispielsweise der Fall, wenn in einem Fragebogen ein Item zur Persönlichkeit nicht beantwortet wurde oder es keine Angaben zum Geschlecht des Befragten gibt. Keine fehlenden Werte liegen hingegen vor, wenn das Merkmal nicht vorhanden sein *kann*. Das Standardbeispiel ist hier die Schwangerschaftswoche bei einem männlichen Probanden. Fehlende Werte treten je nach Forschungsgebiet seltener oder häufiger auf, stellen aber in jedem Fall ein Problem bei der statistischen Auswertung und deren Interpretation dar. Durch fehlende Werte wird die statistische Power der Verfahren reduziert. Somit sinkt die Teststärke und es besteht die Gefahr, dass z. B. eine empirisch vorhandene Mittelwertsdifferenz nicht statistisch bestätigt werden kann. Andererseits ist auch die Validität der Untersuchung gefährdet, falls es bei einer bestimmten Subgruppe besonders viele fehlende Werte gibt. Dies führt dann zu einer Verzerrung, einem sogenannten Bias. Diese Verzerrung sollte gering sein, wobei verschiedene Verfahren des Umgangs mit fehlenden Werten jeweils Vor- und Nachteile mit sich bringen.

„Klassische" Ersetzungsverfahren sind ungeeignet

Die von SPSS angebotenen „klassischen" Ersetzungsverfahren haben einige Nachteile, welche sich der Anwender bewusst machen muss. Diese sollen im folgenden Abschnitt kurz dargestellt werden.

3.4.1 Listwise Deletion

Beim listenweisen Ausschluss werden die Daten einer Person mit fehlenden Werten aus den Berechnungen ausgeschlossen, in welchen diese Variablen verwendet werden.

> **Achtung**
> Dies bezieht sich nur auf die für die aktuelle Analyse herangezogenen Variablen. Wenn ein Fehlwert in einer anderen Variablen vorhanden ist, wird trotzdem eine Berechnung durchgeführt. Dies führt bei mehreren Berechnungen gegebenenfalls zu mehreren Analysestichproben, welche jeweils zwar keine fehlenden Werte haben, aber doch aus sehr unterschiedlichen Personen bestehen können.

Ein weiterer Nachteil ist, dass insbesondere bei Untersuchungen mit einer Vielzahl von Variablen zu mehreren Messzeitpunkten durch dieses Ausschlussverfahren oft die Größe der analysierbaren Stichprobe stark reduziert wird. Somit ist dieses Verfahren nur bei wenigen fehlenden Werten sinnvoll.

Listenweiser Ausschluss reduziert die Stichprobe stark

3.4.2 Pairwise Deletion

Beim sogenannten paarweisen Ausschluss werden bei jeder einzelnen Berechnung jene Fälle eingeschlossen, welche in den untersuchten Variablen vollständige Werte haben. Werden beispielsweise Korrelationen ermittelt, so gehen bei mehreren Variablen immer alle Fälle in die Berechnung ein, welche beim jeweiligen Korrelationskoeffizienten vollständig sind. Hierbei werden die vorhandenen Informationen pro Person maximal ausgeschöpft. So werden bei der Berechnung einer Korrelationstabelle paarweise alle Daten verwendet, auch wenn sich die Stichprobe hierdurch aufgrund der fehlenden Werte zwischen den einzelnen Berechnungen in ihrer Zusammensetzung massiv verändert.

> **Achtung**
> Der gravierende Nachteil bei diesem Verfahren ist, dass je nach Auftretensmuster der fehlenden Werte beispielsweise bei der Durchführung einer Faktorenanalyse sehr unterschiedliche, im Extremfall nicht überlappende Teilstichproben verwendet werden.

Problem bei der Interpretation nach paarweisem Ausschluss

Somit wird mit diesem Verfahren zwar die maximale Information aus den Daten herausgeholt, dies kann die Interpretation bei einer Vielzahl von fehlenden Werten jedoch schwierig machen.

3.4.3 Mittelwertsersetzung

Bei dieser Methode wird ein fehlender Wert durch den Mittelwert aller Personen mit Angaben in diesem Merkmal ersetzt. Hierbei wird von der Überlegung ausgegangen, dass der Mittelwert der beste Schätzer des wahren Wertes einer Person ist. Ein Vorteil dieses Verfahrens ist sicherlich, dass sich der Mittelwert in der Stichprobe durch dieses Ersetzungsverfahren nicht verändert.

> **Achtung**
> Durch dieses Verfahren kommt es zu einer Unterschätzung der realen Zusammenhänge in der Empirie. Je mehr Daten ersetzt werden, desto geringer werden die Varianzen der Variablen und somit auch die Kovarianzen/Korrelationen zwischen ihnen. Auch muss bedacht werden, dass dieses Verfahren angewendet werden kann, wenn bei nur einer Person im betreffenden Merkmal ein Wert vorliegt, auch wenn bei allen anderen Personen die Werte fehlen.

Mittelwertsersetzung vernichtet Varianz und Kovarianz

Ausblick: Mit dem Modul zur Analyse fehlender Werte kann auch mit Hilfe von SPSS eine bessere Ersetzung als durch diese drei Methoden durchgeführt werden. Aufgrund der Komplexität wird aber an dieser Stelle nicht weiter darauf eingegangen. Mehr hierzu ist bei Leonhart (2009) zu finden.

Zusammenfassung

> In diesem Kapitel wurden die Berechnungsmöglichkeiten über den COMPUTE-Befehl besprochen. Hierbei wurden insbesondere die vielen Möglichkeiten der Skalenberechnung (Mittelwerte aus Items) dargestellt, wobei hier die Vorteile der Berechnung mit der Syntax betont wurden. Mittels des FILTER-Befehls können Teilstichproben im Datensatz erzeugt werden. Der RECODE-Befehl erlaubt die Umkodierung von Werten in dieselbe oder eine andere Variable. Der Anwender von SPSS muss sich der Probleme und Grenzen der verschiedenen Vorgehensweisen zum Umgang mit fehlenden Werten bewusst sein.

Übungsaufgaben

1. Berechnen Sie im Datensatz Daten2.sav (vgl. www.hogrefe.de/buecher/lehrbuecher/psychlehrbuchplus) den Mittelwert aus allen 12 Items mit Hilfe der Syntax.
2. Ermitteln Sie analog zu Aufgabe 1 den Mittelwert aus allen 12 Items, wobei Sie höchstens einen fehlenden Wert erlauben.
3. Vergleichen Sie die Ergebnisse von Aufgabe 1 und 2.
4. Setzen Sie einen Filter, welcher nur weibliche Befragte in die Analysestichprobe integriert.
5. Deaktivieren Sie den Filter aus Aufgabe 4.
6. Führen Sie eine Umkodierung in eine neue Variable durch. Hierbei sollen Sie vier Gruppen als Kombination der Geschlechtszugehörigkeit und des Alters bilden (z. B. weiblich und erstes Studienjahr, männlich und erstes Studienjahr etc.).

Kapitel 4
Explorative Datenanalyse und Erstellung von Grafiken

Inhaltsübersicht

4.1	Explorative Datenanalyse	61
4.2	Hilfestellung bei der Validierung von Daten	68
4.2.1	Doppelte Fälle	68
4.2.2	Plausibilität der Veränderung	73
4.2.3	Unmögliche Veränderungen	73
4.2.4	Unmögliche Ereignisse	74
4.3	Analyse von fehlenden Werten und Ausreißern	74
4.4	Grafiken	81
4.4.1	Polygon	85
4.4.2	Histogramm	87
4.4.3	Balken- und Kreisdiagramm	88
4.4.4	Box-Plot	89
4.4.5	Scatter-Plot	90
4.4.6	Scatter-Plot über mehr als zwei Variablen	91
Zusammenfassung		93
Übungsaufgaben		93

Schlüsselbegriffe

- Analyse fehlender Werte
- Balkendiagramm
- Box-Plots
- Deskriptive Statistik
- Diagramme
- Ermittlung doppelter Fälle
- EXAMINE VARIABLES
- Explorative Datenanalyse
- Grafiken
- Inferenzstatistik
- Kolmogorov-Smirnov-Test
- Kreisdiagramm
- linkssteil/rechtsschief
- MVA
- Normalverteilung
- Plausibilitätsprüfung
- Polygon
- Q-Q-Diagramm
- rechtssteil/linksschief
- Scatterplot
- SORT CASES
- Stem-and-Leaf-Plots
- Validierung von Daten

In den vorherigen Kapiteln wurden der Aufbau einer Datendatei und die Eingabe von Daten beschrieben. Auch wurden einfache Berechnungen von Mittelwerten und anderen Kennwerten besprochen. Eigentlich möchte der Anwender nach der Eingabe der Daten mit der Datenanalyse (Signifikanzprüfung etc.) beginnen, doch sei an dieser Stelle darauf hingewiesen, dass zwischen der Eingabe und der Inferenzstatistik noch die unbedingt notwendige Datenüberprüfung liegt. Oft wird zwar davon ausgegangen, dass jeder Datensatz in elektronischer Form nur „richtige" Daten enthält, doch muss dies nicht immer gelten. Deshalb sollte vor der „eigentlichen" Statistik immer eine Überprüfung der Daten stattfinden.

Eine der wohl häufigsten Datenquellen im Rahmen einer psychologischen Untersuchung sind Fragebögen. Obwohl diese Fragebögen zwar inzwischen elektronisch, beispielsweise über das Internet, erhoben werden könnten und diese Möglichkeit auch immer stärker genutzt wird, werden die Daten momentan meistens noch „von Hand" eingegeben. Dies jedoch erhöht das Risiko einer fehlerhaften Eingabe, da bei psychologischen Untersuchungen meist mehr als einhundert Fragebogenitems bei ebenfalls mehr als einhundert Personen erhoben werden. Kann nun davon ausgegangen werden, dass hierbei keine Fehler passieren?

Auch bei automatisierten Datenerhebungen über einen Scanner oder das Internet sollte der Datensatz auf systematische Fehler und Ausreißerwerte überprüft werden. Hierdurch wird die Gefahr von falschen Schlüssen bei der Ergebnisinterpretation reduziert. Nichts ist im Nachhinein peinlicher als eine nicht replizierbare Aussage, welche durch fehlerhafte Daten entstanden ist.

Bevor in diesem Kapitel die Validierung der Daten mit SPSS besprochen wird, soll kurz die Kontrolle der Dateneingabe besprochen werden. Fehler können durch die folgenden Maßnahmen reduziert werden: Durch ein gutes Labeling, die Mehrfacheingabe (Doppeleingabe) von Daten und die Beschränkung des Eingabespektrums (z. B. nur ganze Zahlen zwischen eins und sechs). Insbesondere die Mehrfacheingabe ist in der Psychologie leider noch kein Standard. Hierbei müssen nicht alle Datensätze zweimalig eingegeben werden, sondern es könnten „nur" 10 Prozent der Datensätze zufällig ausgewählt und doppelt eingegeben werden. So kann durch Übereinstimmung zwischen den beiden Datensätzen überprüft werden, ob die Daten korrekt eingegeben wurden. Werden viele Fehler entdeckt, liegt es nahe, die Daten erneut einzugeben. Neben der Option der Doppeleingabe können fehlerhafte Eingaben durch Beschränkung des Eingabespektrums und/oder durch logische Verknüpfungen (Kontrollfragen) verhindert werden. Allerdings sind diese Einschränkungen bei der Eingabe im Standardmodul von SPSS nicht möglich. Mit SPSS können die Daten nur a posteriori überprüft werden. Mehr zu dieser Überprüfung im Laufe dieses Kapitels.

Datenkontrolle als erster und wichtiger Schritt bei der Auswertung

> **Anmerkung**
> Zur Kontrolle der Daten darf mit den verschiedenen Möglichkeiten der deskriptiven Statistik und der Inferenzstatistik „gespielt" werden. Hierbei müssen neben statistischen auch inhaltliche Kriterien zur Beurteilung herangezogen werden. So kann mittels einer Booleschen Verknüpfung überprüft werden, ob das Geschlecht zu beiden Messzeitpunkten konstant bleibt oder ob die Größe einer Gewichtsreduktion plausibel ist.

4.1 Explorative Datenanalyse

Bei der Durchführung einer explorativen Datenanalyse sollten alle relevanten Variablen überprüft werden. Dies bezieht sich sowohl auf die soziodemographischen Daten wie das Alter als auch auf die Items des verwendeten Fragebogens. Auch muss der Anwender darüber nachdenken, welche Variablen als Faktoren zur Gruppenbildung dienen sollen. So könnte es beispielsweise interessant sein, zu überprüfen, ob es Unterschiede zwischen Männern und Frauen gibt.

Explorative Datenanalyse hilft bei der Datenkontrolle

Zur explorativen Datenanalyse wird das notwendige Programm-Modul über ANALYSIEREN – DESKRIPTIVE STATISTIKEN – EXPLORATIVE DATENANAYSE aufgerufen (vgl. Abb. 21).

Abbildung 21: Explorative Datenanalyse

Im Untermenü STATISTIKEN sollten immer die deskriptiven Statistiken angefordert werden (vgl. Abb. 22). Im nächsten Untermenü DIAGRAMME sollten neben den Box-Plots auch das sogenannte Stängel-Blatt-Diagramm (engl.: stem-and-leaf-plot), das Histogramm sowie ein Normalverteilungsdiagramm mit Normalverteilungstest angefordert werden (vgl. Abb. 23).

Abbildung 22: Auswahl im Untermenü „Statistik"

Abbildung 23: Auswahl im Untermenü „Diagramme"

Unter OPTIONEN sollte – falls von fehlenden Werten auszugehen ist – die Standardoption von „listenweiser Fallausschluss" auf „Werte einbeziehen" verändert werden. Bei der Option „listenweiser Fallausschluss" wird ein Fall vollständig von den Analysen ausgeschlossen, falls ein einziger fehlender Wert vorliegt. Dies könnte – je nach Vorliegen der fehlenden Werte – die Analysestichprobe in ihrem Umfang stark reduzieren. Wenn beispielsweise ein Item (= Frage) eines Fragebogens aufgrund der sehr persönlich gestellten Frage viele fehlende Werte hat, würden alle diese Fälle beim listenweisen Fallausschluss nicht berücksichtigt werden.

Der entsprechende Befehl für die Syntax lautet:

```
EXAMINE VARIABLES = alter item1 item2 BY geschl
   /PLOT BOXPLOT STEMLEAF HISTOGRAM NPPLOT
   /COMPARE GROUP
   /STATISTICS DESCRIPTIVES
   /CINTERVAL 95
   /MISSING REPORT
   /NOTOTAL.
```

So entsteht die in den Abbildungen 24 bis 32 dargestellte Ausgabe, welche hier in Teilen besprochen wird.

Verarbeitete Fälle

		Fälle		
		Gültig		Fehlend
	Geschlecht	N	Prozent	N
Alter	männlich	267	100,0%	0
	weiblich	1291	100,0%	0
Es werden genügend Beispiele verwendet.	männlich	267	100,0%	0
	weiblich	1291	100,0%	0
Die Beispiele helfen beim Verständnis der Theorien.	männlich	267	100,0%	0
	weiblich	1291	100,0%	0

Abbildung 24: Verarbeitete Fälle

Zu sehen ist, dass an der Studie 267 Männer und 1 291 Frauen teilgenommen haben. Es liegen hierbei keine fehlenden Werte vor, da es keine entsprechende Ausgabe gibt. Es folgen nun die deskriptiven Kennwerte für beide Stufen des Faktors Geschlecht. In Abbildung 25 werden diese nur für das erste Item des Evaluationsfragebogens dargestellt.

Deskriptive Statistik

	Geschlecht			Statistik
Es werden genügend Beispiele verwendet.	männlich		Mittelwert	2,29
		95% Konfidenzintervall des Mittelwerts	Untergrenze	2,16
			Obergrenze	2,41
			5% getrimmtes Mittel	2,23
			Median	2,00
			Varianz	1,086
			Standardabweichung	1,042
			Minimum	1
			Maximum	6
			Spannweite	5
			Interquartilbereich	1
			Schiefe	,706
			Kurtosis	,352
	weiblich		Mittelwert	2,34
		95% Konfidenzintervall des Mittelwerts	Untergrenze	2,28
			Obergrenze	2,41
			5% getrimmtes Mittel	2,26
			Median	2,00
			Varianz	1,310
			Standardabweichung	1,144
			Minimum	1
			Maximum	6
			Spannweite	5
			Interquartilbereich	2
			Schiefe	,748
			Kurtosis	,113

Abbildung 25: Deskriptive Kennwerte für Faktor Geschlecht (Item 1)

Deskriptive Kennwerte helfen bei der Analyse der Merkmalsverteilung

Die dargestellten Kennwerte erlauben Aussagen über die Maße der zentralen Tendenz (Mittelwert und Median) sowie über die Variabilität (Minimum, Maximum, Spannweite, Schiefe und Kurtosis) der Merkmalsverteilung in der Stichprobe. In diesem Beispiel zeigen sich keine großen Unterschiede zwischen den beiden Faktorstufen, so dass sich Männer und Frauen in ihrem Antwortverhalten vermutlich nicht unterscheiden. Diese Unterschiede werden hier aber nur deskriptiv dargestellt und nicht auf Signifikanz geprüft. Allerdings ergeben sich, wie auch später in den Grafiken sichtbar wird, Bodeneffekte bei beiden Verteilungen. Somit muss davon ausgegangen werden, dass bei diesen Merkmalen keine Normalverteilung und auch keine symmetrische Verteilung vorliegt. Somit sind die Voraussetzungen vieler statistischer Verfahren nicht gegeben. Obwohl alle möglichen Werte der Items (1 bis 6) in beiden Gruppen ausgenutzt wurden, liegen die Maße der zentralen Tendenz eher im unteren Bereich (z. B. Median jeweils bei 2.0).

Im nächsten Schritt werden innerhalb der Faktorstufen die Variablen auf Normalverteilung getestet. Aufgrund der schiefen Verteilungen ergeben sich, wie schon vermutet, hierbei signifikante Abweichungen von der Nullhypothese. Alle in der Spalte Signifikanz dargestellten p-Werte sind kleiner als .001. Die Nullhypothese geht hierbei davon aus, dass eine Normalverteilung vorliegt. Somit kann hier bei Männern und Frauen nicht von einer normalverteilten Variable ausgegangen werden.

Testung der Normalverteilung als Voraussetzung für viele Verfahren

Tests auf Normalverteilung

	Geschlecht	Kolmogorov-Smirnov[a]			Shapiro-Wilk
		Statistik	df	Signifikanz	Statistik
Alter	männlich	,202	267	,000	,903
	weiblich	,191	1291	,000	,896
Es werden genügend Beispiele verwendet.	männlich	,242	267	,000	,878
	weiblich	,233	1291	,000	,879
Die Beispiele helfen beim Verständnis der Theorien.	männlich	,243	267	,000	,810
	weiblich	,245	1291	,000	,799

a. Signifikanzkorrektur nach Lilliefors

Abbildung 26: Prüfung der Normalverteilungsannahme

> **Anmerkung**
>
> Insbesondere bei Stichproben mit mehr als 300 Personen ist der Kolmogorov-Smirnov-Test auf Normalverteilung zu sensitiv. Das bedeutet, dass der Test auch schon bei geringen Abweichungen von der Normalverteilung signifikant wird. Bei kleinen Stichproben hingegen ist das Testverfahren zu konservativ, das bedeutet, dass der Test bei Stichprobengrößen kleiner 30 nur bei sehr extremen Abweichungen signifikant wird. In diesem Fall sollte neben der statistischen Signifikanzprüfung noch die Verteilung der Merkmale grafisch „per Augenschein" überprüft werden. Gegebenenfalls ist es immer besser, im Verlaufe der weiteren Analysen Verfahren mit liberaleren Voraussetzungen zu verwenden.

Kolmogorov-Smirnov bei großen Stichproben ungeeignet

Die nicht normalverteilten, schiefen Verteilungen zeigen sich in den zugehörigen Histogrammen für beide Faktorstufen. Im Folgenden werden die Histogramme und die Stängel-Blatt-Diagramme für die Variable Alter dargestellt (vgl. Abb. 27 bis 30). Es zeigt sich, dass, wie bei Studierenden zu erwarten ist, die Altersverteilung eher linkssteil ist. Diese Verteilung zeigt sich auch in den beiden Stem-and-Leaf-Plots für Männer und Frauen.

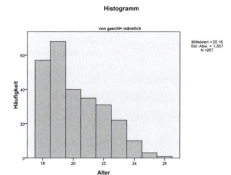

Abbildung 27: Histogramm Alter (männlich)

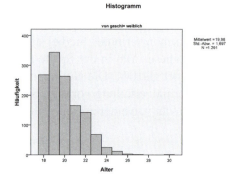

Abbildung 28: Histogramm Alter (weiblich)

```
Alter Stem-and-Leaf Plot for
geschl= männlich

 Frequency    Stem &  Leaf

    57,00       18 .  000000000000000000000000000000000000000000000000000000000
      ,00       18 .
    68,00       19 .  00000000000000000000000000000000000000000000000000000000000000000000
      ,00       19 .
    40,00       20 .  0000000000000000000000000000000000000000
      ,00       20 .
    35,00       21 .  00000000000000000000000000000000000
      ,00       21 .
    31,00       22 .  0000000000000000000000000000000
      ,00       22 .
    22,00       23 .  0000000000000000000000
      ,00       23 .
    10,00       24 .  0000000000
      ,00       24 .
     3,00       25 .  000
     1,00 Extremes    (>=26,0)

 Stem width:      1
 Each leaf:       1 case(s)
```

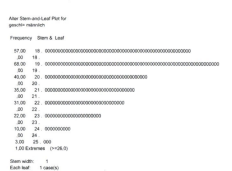

Abbildung 29: Stängel-Blatt-Diagramm Alter (männlich)

```
Alter Stem-and-Leaf Plot for
geschl= weiblich

 Frequency    Stem &  Leaf

   268,00       18 .  0000000000000000000000000000000000000000000000000000000000000000000
      ,00       18 .
   343,00       19 .  00000000000000000000000000000000000000000000000000000000000000000000000000000000000000
      ,00       19 .
   263,00       20 .  000000000000000000000000000000000000000000000000000000000000000000
      ,00       20 .
   165,00       21 .  00000000000000000000000000000000000000000
      ,00       21 .
   142,00       22 .  000000000000000000000000000000000000
      ,00       22 .
    68,00       23 .  00000000000000000
      ,00       23 .
    25,00       24 .  000000
    17,00 Extremes    (>=25,0)

 Stem width:      1
 Each leaf:       4 case(s)
```

Abbildung 30: Stängel-Blatt-Diagramm Alter (weiblich)

Bei der kleineren Teilstichprobe der Männer entspricht das Stängel-Blatt-Diagramm sozusagen dem gekippten Histogramm. Jeder Fall wird mit einer Null (0) dargestellt. In der größeren Stichprobe der Frauen hingegen werden mit jeder Null vier Fälle/Personen zusammengefasst. An dieser Stelle der explorativen Datenanalyse werden schon Extremwerte definiert und dargestellt. In der Stichprobe der Männer gelten Personen ab einem Alter von größer/gleich 26 Jahren als Ausreißer (1 Fall); in der Stichprobe der Frauen liegt dieser Grenzwert bei 25 Jahren. Hier sind 17 Frauen 25 Jahre alt oder älter und stellen somit Extremwerte in dieser Teilgruppe dar.

Da die Testung auf Normalverteilung mit dem Kolmogorov-Smirnov-Test sehr stark von der Stichprobengröße abhängt, werden alternativ hierzu auch Q-Q-Diagramme zur grafischen Testung der Normalverteilungsannahme angeboten (vgl. Abb. 31). Hierbei wird deutlich, dass die Abweichung von der Normalverteilungsannahme für die Variable Alter insbesondere im rechten, oberen Teil der Verteilung groß ist. Die Kreise weichen stärker von der Geraden ab.

Q-Q-Plots als Alternative zum K-S-Test

Auf die trendbereinigten Diagramme soll an dieser Stelle nicht eingegangen werden.

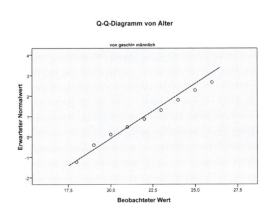

Abbildung 31: Q-Q-Diagramm der Variable Alter

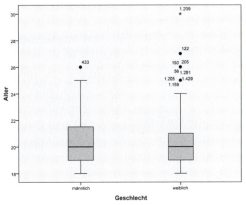

Abbildung 32: Box-Plots

Zum direkten Vergleich der Verteilungen in den beiden Gruppen (Faktorstufen) werden von SPSS sogenannte Box-Plots angeboten (vgl. Abb. 32). Hierbei wird in der Mitte der Box der Median (nicht der für Ausreißer sensitive Mittelwert) dargestellt. Um den Median wird über die Quartile Q1 und Q3 (25 beziehungsweise 75 Prozent) die Box gebildet. Durch eine Addition des 1.5-fachen des Interquartilsabstandes (IQA) auf Q3 beziehungsweise eine Subtraktion dieses Wertes von Q1 werden die beiden Whiskers (engl. für Schnurrbarthaare der Katze) nach oben und unten definiert. Diese zeigen den am weitesten entfernten gemessenen Wert in diesem Intervall an. Außerhalb dieses Intervalls im Bereich des 1.5- bis 3.0-fachen IQAs liegen die Ausreißerwerte (mit ● markiert), noch weiter außen die Extremwerte (mit ★ markiert). Mehr zur Definition von Extremwerten und Ausreißern ist bei Leonhart (2009) zu finden. Insbesondere bei kleinen Stichproben muss der Einfluss dieser Werte auf das Stichprobenergebnis berücksichtigt werden. Es empfiehlt sich, diese Werte von den weiteren Analysen auszuschließen, insbesondere wenn die Ergebnisse der Inferenzstatistik nur von wenigen Personen mit Ex-

Box-Plots helfen auf der Suche nach Ausreißern und Extremwerten

tremwerten im Datensatz abhängen. Im Zweifelsfalle sollten dann die Ergebnisse der Analyse mit allen Personen mit den Ergebnissen der Analyse ohne Ausreißer verglichen werden. Tauchen die signifikanten Effekte nur bei der vollständigen Stichprobe auf und „verschwinden" sie in der ausreißerbereinigten Teilstichprobe, so ist dies ein Hinweis auf den Einfluss der Ausreißer.

4.2 Hilfestellung bei der Validierung von Daten

Validieren Sie immer Ihre Daten

Wie bis hierher beschrieben dient das Modul Explorative Datenanalyse der Kontrolle und Säuberung des Datensatzes. Neben den dort beschriebenen univariaten Methoden gibt es noch mehrere Möglichkeiten, den Datensatz multivariat zu überprüfen, sowie einige Hilfsmittel zur Validierung des Datensatzes. Ab hier wird in diesem Kapitel die Datei Daten3.sav (vgl. www.hogrefe.de/buecher/lehrbuecher/psychlehrbuchplus) verwendet.

4.2.1 Doppelte Fälle

Vermeiden Sie doppelte Fälle

Insbesondere wenn mehrere Personen Daten eingeben, kann es fälschlicherweise dazu kommen, dass Daten derselben Personen mehrfach eingegeben werden. Zur Lösung dieses Problems können mit Hilfe der Prozedur „Doppelte Fälle ermitteln" diese nach bestimmten Suchkriterien gefunden werden. Diese Funktion ist per Menü über DATEN – DOPPELTE FÄLLE ERMITTELN aufrufbar (vgl. Abb. 33).

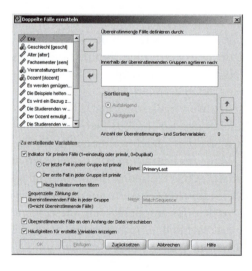

Abbildung 33: Doppelte Fälle ermitteln

Bei dieser Prozedur muss bedacht werden, welche Variablen zur Entdeckung der doppelten Fälle verwendet werden sollten. So kann beispielsweise bei einer kleineren Stichprobe die Anzahl der Variablen eher gering sein, während es bei einer größeren Stichprobe sinnvoll erscheint, viele Variablen zur Entdeckung doppelter Fälle heranzuziehen. Allerdings sollte hierzu nie die Probandenidentifikationsnummer (VP-Nummer) verwendet werden, da – falls es wirklich zu einer doppelten Eingabe kam – diese und nur diese unterschiedlich vergeben wurde.

Der Befehl ist auch über die im Folgenden dargestellte Syntax aufrufbar, wobei sich hier einer der wenigen Vorteile des menügesteuerten Aufrufs zeigt.

```
SORT CASES BY geschl(A) alter(A) sem(A) typ(A) dozent(A)
item1(A) item2(A) item3(A) item4(A)
    item5(A) item6(A) item7(A) item8(A) item9(A) item10(A) item11(A)
item12(A).
MATCH FILES
    /FILE = *
    /BY geschl alter sem typ dozent item1 item2 item3 item4 item5
item6 item7 item8 item9 item10
    item11 item12
    /FIRST = PrimaryFirst
    /LAST = PrimaryLast.
DO IF (PrimaryFirst).
COMPUTE MatchSequence = 1-PrimaryLast.
ELSE.
COMPUTE MatchSequence = MatchSequence+1.
END IF.
LEAVE MatchSequence.
FORMAT MatchSequence (f7).
COMPUTE InDupGrp = MatchSequence>0.
SORT CASES InDupGrp(D).
MATCH FILES
    /FILE = *
    /DROP = PrimaryFirst InDupGrp MatchSequence.
VARIABLE LABELS PrimaryLast 'Indicator of each last matching case as Primary'.
VALUE LABELS PrimaryLast 0 'Duplicate Case' 1 'Primary Case'.
VARIABLE LEVEL PrimaryLast (ORDINAL).
FREQUENCIES VARIABLES = PrimaryLast.
EXECUTE.
```

Dieser Befehl wird an dieser Stelle nur der Vollständigkeit halber aufgelistet, damit der typische Aufbau des Buches nicht unterbrochen wird. Offensichtlich wird nämlich, dass für diese Anwendung die Syntax sehr komplex ist und der ungeübte Anwender besser die Menüstruktur verwendet. Eine genaue Analyse der Syntax sei dem routinierten SPSS-Experten überlassen.

> **Anmerkung**
> Diese Prozedur hat neben der Identifikation doppelter Fälle zur Datenkontrolle noch eine zweite Anwendungsmöglichkeit: Die Bildung statistischer Zwillinge (matching). Mit Hilfe dieses Verfahrens können Personen gefunden werden, welche beispielsweise bezüglich der soziodemografischen Daten wie Alter und Geschlecht vergleichbar sind. Dies kann ohne größeren Aufwand unter dem Menüpunkt „Sequenzielle Zählung der übereinstimmenden Fälle in jeder Gruppe" erreicht werden (vgl. Abb. 34).

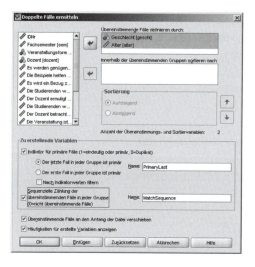

Abbildung 34:
Sequenzielle Zählung der übereinstimmenden Fälle

Hier analog der Befehl per Syntax:

SORT CASES BY geschl(A) alter(A) sem(A) typ(A) dozent(A) item1(A) item2(A) item3(A) item4(A) item5(A) item6(A) item7(A) item8(A) item9(A) item10(A) item11(A) item12(A).
MATCH FILES
  /FILE = *

/BY geschl alter sem typ dozent item1 item2 item3 item4 item5 item6 item7 item8 item9 item10 item11 item12
  /DROP = PrimaryLast MatchSequence /FIRST = PrimaryFirst
  /LAST = PrimaryLast.
DO IF (PrimaryFirst).
COMPUTE MatchSequence = 1-PrimaryLast.
ELSE.
COMPUTE MatchSequence = MatchSequence+1.
END IF.
LEAVE MatchSequence.
FORMAT MatchSequence (f7).
COMPUTE InDupGrp = MatchSequence>0.
SORT CASES InDupGrp(D).
MATCH FILES
  /FILE = *
  /DROP = PrimaryFirst InDupGrp.
VARIABLE LABELS PrimaryLast 'Indicator of each last matching case as Primary' MatchSequence 'Sequential count of matching cases'.
VALUE LABELS PrimaryLast 0 'Duplicate Case' 1 'Primary Case'.
VARIABLE LEVEL PrimaryLast (ORDINAL) /MatchSequence (SCALE).
FREQUENCIES VARIABLES = PrimaryLast MatchSequence.
EXECUTE.

Durch diesen Befehl (per Menü oder Syntax) wird die in Abbildung 35 dargestellte Ausgabe erzeugt.

Statistiken

		Indicator of each last matching case as Primary	Sequential count of matching cases
N	Gültig	100	100
	Fehlend	0	0

Abbildung 35: Anzahl der analysierten Fälle

Zu sehen ist, dass 100 Fälle analysiert werden. Im nächsten Teil der Ausgabe wird – leider etwas umständlich – dokumentiert, dass im Datensatz 25 Gruppen vorliegen, aus denen jeweils statistische Zwillinge gebildet werden können. Genauer gesagt gibt es 25 Untergruppen mit bezüglich der Matchingvariablen gleichen Personen, wobei allerdings auch einige dieser Gruppen die Größe N = 1 haben können. Dies wird in der in Abbildung 36 dargestellten Häufigkeitstabelle bestätigt.

Sequential count of matching cases

		Häufigkeit	Prozent	Gültige Prozente	Kumulierte Prozente
Gültig	0	2	2,0	2,0	2,0
	1	13	13,0	13,0	15,0
	2	13	13,0	13,0	28,0
	3	10	10,0	10,0	38,0
	4	9	9,0	9,0	47,0
	5	7	7,0	7,0	54,0
	6	5	5,0	5,0	59,0
	7	5	5,0	5,0	64,0
	8	5	5,0	5,0	69,0
	9	5	5,0	5,0	74,0
	10	5	5,0	5,0	79,0
	11	3	3,0	3,0	82,0
	12	2	2,0	2,0	84,0
	13	2	2,0	2,0	86,0
	14	2	2,0	2,0	88,0
	15	2	2,0	2,0	90,0
	16	2	2,0	2,0	92,0
	17	1	1,0	1,0	93,0
	18	1	1,0	1,0	94,0
	19	1	1,0	1,0	95,0
	20	1	1,0	1,0	96,0
	21	1	1,0	1,0	97,0
	22	1	1,0	1,0	98,0
	23	1	1,0	1,0	99,0
	24	1	1,0	1,0	100,0
	Gesamt	100	100,0	100,0	

Abbildung 36: Anzahl der passenden Fälle

Es wird anhand der Häufigkeitenspalte deutlich, dass es Personen gibt, welche keinen doppelten Fall in der Datenbank haben (siehe untere Zeilen der Tabelle). Diese Information kann bei der Suche nach statistischen Zwillingen hilfreich sein. Sollen diese gebildet werden, so können ein oder mehrere Paare aus diesen Gruppen gezogen werden. Von jedem Paar wird dann zufällig eine Person der Experimentalgruppe zugeordnet. Dies impliziert, dass die zweite Person automatisch der Kontrollgruppe zugehörig ist.

4.2.2 Plausibilität der Veränderung

Die Möglichkeiten zur Datenkontrolle können bei Designs mit Messwiederholung noch erweitert werden. Auch wenn im Falle einer Messwiederholung zwei Werte zu verschiedenen Messzeitpunkten einzeln betrachtet sinnvoll sein können, kann beispielsweise die Veränderung zwischen den beiden Werten nicht mehr realistisch sein. Die Kombination der Werte wird somit zur Datenvalidierung verwendet. Dies soll am folgenden Beispiel deutlich werden.

Überprüfen Sie die Validität ihrer Daten

Wenn das Gewicht von Patienten zu Beginn und am Ende einer dreiwöchigen Rehabilitationsmaßnahme erhoben wird, so kann es sein, dass eine Person zu Beginn der Maßnahme 95 kg gewogen hat. Es kann auch sein, dass eine andere Person am Ende der Maßnahme 55 kg schwer ist. Kann es jedoch sein, dass ein und dieselbe Person innerhalb von drei Wochen das Gewicht von 95 kg auf 55 kg reduziert? Oder liegt in diesem Fall eine fehlerhafte Dateneingabe vor? Dieser merkwürdige Fall oder ähnliche Fehler können nur über die Analyse der Differenzwerte gefunden werden.

```
COMPUTE diff_gw = gewichtt1-gewichtt0.
EXECUTE.
```

Eine explorative Analyse der Differenzwerte kann Hinweise auf Personen mit extremen Veränderungen geben (sowohl extreme Gewichtszunahmen als auch -abnahmen).

Überprüfen Sie die Validität von Veränderungen

4.2.3 Unmögliche Veränderungen

Im Forschungsalltag zeigen sich oft Fälle, welche eigentlich nur sehr selten auftauchen, wie beispielsweise der sogenannte Geschlechtswechsel. Hierbei „wechselt" zwischen zwei Messzeitpunkten das Geschlecht der Probanden. Vermutliche Ursache dafür ist entweder eine Fehleingabe oder das Vertauschen zweier Fragebögen. Da die Daten zu mehreren Messzeitpunkten erhoben wurden, können durch eine Filtervariable diese Fälle herausgefiltert werden:

```
COMPUTE filter_fehler = (geschlt0 <> geschlt1).
FILTER BY filter_fehler.
EXECUTE.
```

Durch diesen Befehl werden jene Fälle herausgefiltert, bei welchen das Geschlecht zum ersten Messzeitpunkt (geschlt0) nicht dem Geschlecht des zweiten Messzeitpunktes (geschlt1) entspricht. Bei diesen Personen können nun weitere Maßnahmen zur Korrektur (z. B. Überprüfung am originalen Fragebogen) ergriffen werden.

Ein weiteres Beispiel aus diesem Bereich wäre, dass Probanden innerhalb einer Studie zu schnell (oder zu langsam) altern. So kann eine Versuchsperson zwar zwischen zwei Messzeitpunkten mit vier Wochen Abstand ein Jahr älter werden (sprich: Geburtstag haben), hingegen sind zwei Jahre eher unwahrscheinlich. Bei einer Studie über mehrere Jahre wiederum nicht zu altern, scheint ebenfalls unmöglich zu sein. Durch solche und ähnliche Überlegungen können Fehler der Datenerhebung und Dateneingabe entdeckt und korrigiert werden, was wiederum die Datenqualität und somit die Validität der Ergebnisse erhöht.

4.2.4 Unmögliche Ereignisse

Des Weiteren gibt es auch unmögliche Ereignisse, welche nur durch falsche Eingaben entstehen können. Die Angabe des Schwangerschaftsmonats bei Männern ist nicht möglich. In diesem Beispiel sind unmögliche Fälle relativ einfach zu finden, generell sollte sich der Leser für jeden Datensatz mögliche „unmögliche" Fälle vorher überlegen und den Datensatz hierauf testen.

4.3 Analyse von fehlenden Werten und Ausreißern

Viele fehlende Werte reduzieren die Validität der Studie

Neben der Suche nach unmöglichen Fällen oder falschen Eingaben ist die Analyse fehlender Werte besonders notwendig bei Studien außerhalb des Labors, insbesondere bei Designs mit mehreren Messzeitpunkten. Hierbei wird der vollständige Schwund von Probanden zu einem Messzeitpunkt, aber auch das Fehlen einzelner Werte analysiert.

Fehlende Werte liegen vor, wenn Werte einer Person nicht bekannt sind, obwohl die entsprechende Merkmalsausprägung empirisch vorhanden ist. Jeder Studienteilnehmer kann Angaben zum Alter oder zur Geschlechtszugehörigkeit machen. Tut er dies nicht, liegen fehlende Werte vor. Allerdings sind keine fehlenden Werte gegeben, wenn das jeweilige Merkmal nicht vorliegen *kann*. Das Standardbeispiel ist hier die Angabe der Schwangerschaftswoche bei Männern.

Fehlende Werte sind ein Problem, welches Folgen für die statistische Auswertung mit sich bringt und Schwierigkeiten bei der Interpretation der Ergebnisse bewirkt. Durch fehlende Werte wird die statistische Power der Verfahren reduziert, da z. B. bei Analysen von Studien mit Messwiederholung in der Regel alle Fälle mit auch nur einem einzigen fehlenden Wert vollständig ausgeschlossen werden. Dies reduziert dann die Größe des Analysedatensatzes substanziell. Mehr zu diesem Problem bei Leonhart (2009).

<small>Generell werden Fälle mit fehlenden Werten ausgeschlossen</small>

Für den Umgang mit fehlenden Werten gibt es verschiedene Ansätze. Zuerst ist es jedoch hoch relevant, die Struktur der fehlenden Werte (Missing-Data-Diagnose) zu erkennen. Auch kann durch diese Analyse festgestellt werden, ob überhaupt fehlende Werte vorliegen und somit ein Problem mit diesen „Lücken" im Datensatz besteht. Zur Missing-Data-Diagnose gibt es ein Modul, welches ein Bild der Lücken über alle Variablen hinweg liefert. Dies erlaubt die Überprüfung, ob sich die fehlenden Werte eventuell nur auf einige Personen oder einige Variablen beschränken. Hierbei wird der Zusammenhang zwischen dem Fehlen eines Wertes und dem Fehlen, beziehungsweise der Ausprägung des Probanden in weiteren Variablen untersucht. Dies kann Hinweise auf die Ursachen für das Fehlen der Werte ergeben. Insgesamt ist es sinnvoll, fehlende Werte zu ersetzen, da hierdurch die Teststärke der statistischen Prüfverfahren zunimmt. Je nach Form des Fehlens von Werten können verschiedene Verfahren zur Ersetzung eingesetzt werden. Es werden für die Auswahl möglicher Ersetzungsverfahren drei Typen von fehlenden Werten unterschieden:
- Missing Completely at Random (MCAR),
- Missing at Random (MAR),
- Not Missing at Random (NMAR oder non-ignorable).

<small>Drei Typen von fehlenden Werten</small>

An dieser Stelle sei darauf hingewiesen, dass für den ungeübten Anwender primär die Frage relevant ist, ob die fehlenden Werte im Datensatz zufällig sind oder ob es eine Verzerrung (Bias) im Datensatz durch systematisch fehlende Werte gibt. Fehlen die Werte zufällig, so ist eine Ersetzung möglich. Haben aber beispielsweise in einer Therapiesitzung die Probanden mit schlechten Ausgangswerten überzufällig häufig zum zweiten Messzeitpunkt keine Daten angegeben, so könnte spekuliert werden, dass diese die Therapie aufgrund der geringen Belastbarkeit abgebrochen haben. Dies reduziert einerseits die

Validität und Generalisierbarkeit der Studie, während andererseits auch die Möglichkeiten zur Ersetzung fehlender Werte eingeschränkt sind. Im Idealfall sollten sich – wie schon erwähnt – die fehlenden Werte zufällig auf die Stichprobe verteilen, damit die Personen mit vollständigen Werten als repräsentative Teilstichprobe der Gesamtstichprobe betrachtet werden können.

Erläuterung: Wenn sozusagen die Lücken im Datensatz wie bei einem Schuss mit einer Schrotflinte in das Zentrum der Verteilung zufällig verteilt sind, so kann davon ausgegangen werden, dass die Personen mit vollständigen Daten eine repräsentative Teilstichprobe der Gesamtstichprobe sind. Das heißt, Personen mit und ohne fehlende Werte unterscheiden sich nicht. Hier können fehlende Werte durch verschiedene Ersetzungsverfahren ergänzt werden. Wenn nun aber der Schuss mit der Schrottflinte besonders hoch oder rechts sitzt, so kommt es zu einer Verzerrung der Daten und die Ersetzungsverfahren haben eventuell Probleme.

Für die folgenden Berechnungen wurde die Datei Daten2.sav (vgl. www.hogrefe.de/buecher/lehrbuecher/psychlehrbuchplus) verwendet.

Hilfestellung durch das Modul Analyse fehlender Werte

Das Modul zur Analyse fehlender Werte wird über ANALYSIEREN – ANALYSE FEHLENDER WERTE aufgerufen (vgl. Abb. 37). Als Erstes werden die quantitativen Variablen (Alter und alle Items des Fragebogens), sowie die kategorialen Variablen Geschlecht, Veranstaltungsform und Dozent aufgerufen. Zwar könnte auch „Alle Variablen verwenden" aufgerufen werden, aber die Verwendung der ID-Nummer scheint insbesondere zur Ersetzung von fehlenden Werten nicht sinnvoll.

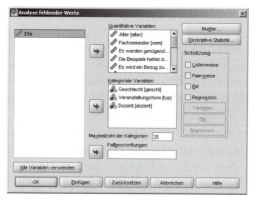

Abbildung 37: Analyse fehlender Werte

Unter der Option MUSTER sollten die „Fälle in Tabellen aufgerufen" werden, sowie die Auflistung der „Fälle mit fehlenden Werten, sortiert nach dem Muster fehlender Werte" ausgewählt (vgl. Abb. 38). Bei großen Datensätzen ist hingegen die Auflistung aller Fälle mit fehlenden Werten nicht sinnvoll.

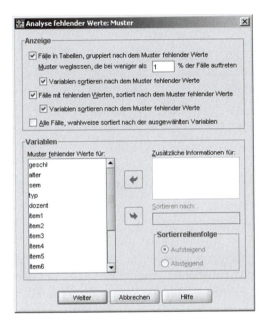

Abbildung 38:
Analyse fehlender Werte – Muster

Unter der Option „Deskriptive Statistik" können nun neben den deskriptiven Statistiken auch t-Tests für Gruppen durchgeführt werden, welche durch Indikatorvariablen gebildet werden. Hierbei wird beispielsweise untersucht, ob sich jene Personen, welche fehlende Werte in der Variable Alter haben, von den Personen mit Angaben zum Alter statistisch signifikant unterscheiden.

Diese Ausgabe kann auch über die folgende Syntax aufgerufen werden:

```
MVA VARIABLES = alter item1 item2 item3 item4 item5 item6 item7
item8 item9 item10 item11 item12 geschl typ dozent
    /MAXCAT = 25
    /CATEGORICAL = geschl typ dozent
    /TTEST PROB PERCENT = 5
    /MPATTERN
    /TPATTERN PERCENT = 1.
```

Hierbei wird die Analyse fehlender Werte (Missing Value Analysis; MVA) über die Variablen alter und item1 bis item 12 durchgeführt, sowie über das Geschlecht, den Veranstaltungstyp und den Dozenten. Neben den verschiedenen t-Tests werden auch die Muster der fehlenden Werte angefordert. Abbildung 39 zeigt in Auszügen die zugehörige Ausgabe. Für alle Variablen wird an erster Stelle die Anzahl der fehlenden Werte univariat (pro Variable) ermittelt.

Univariate Statistiken

	N	Mittelwert	Standardabweichung	Fehlend Anzahl	Fehlend Prozent	Anzahl der Extremwerte[a] Niedrig	Anzahl der Extremwerte[a] Hoch
alter	96	19,97	1,750	4	4,0	0	3
sem	100	1,50	,503	0	,0	0	0
item1	90	2,41	1,315	10	10,0	0	3
item2	91	1,99	1,206	9	9,0	0	11
item3	89	2,44	1,243	11	11,0	0	7
item4	86	2,22	1,434	14	14,0	0	2
item5	86	2,33	1,451	14	14,0	0	2
item6	86	2,41	1,367	14	14,0	0	3
item7	90	2,27	1,599	10	10,0	0	6
item8	91	2,70	1,426	9	9,0	0	0
item9	91	2,15	1,341	9	9,0	0	2
item10	90	2,09	1,387	10	10,0	0	3
item11	91	2,09	1,253	9	9,0	0	1
item12	91	2,32	1,255	9	9,0	0	1
geschl	100			0	,0		
typ	100			0	,0		
dozent	96			4	4,0		

a. Anzahl der Fälle außerhalb des Bereichs (Q1 - 1,5*IQR, Q3 + 1,5*IQR).

Abbildung 39: Mittelwerte und Anzahl der fehlenden Werte

Es zeigt sich, dass die Angaben zum Geschlecht, zum Semester und zum Veranstaltungstyp (typ) vollständig sind, während es bei den anderen Variablen bis zu 14 Prozent fehlende Werte gibt. Zusätzlich werden neben den fehlenden Werten auch noch Angaben zu Extremwerten nach dem Tukey-Kriterium gemacht. Dies kann Hinweise auf die Verteilung geben und für die Ersetzungen der fehlenden Werte relevant sein.

Über die folgenden t-Tests werden nun für jede Variable Personen mit fehlenden Werten und Personen ohne fehlende Werte anhand der anderen Variablen im Datensatz verglichen. Die Tabelle erscheint in Abbildung 40 nur in Auszügen.

T-Tests bei unterschiedlicher Varianz[a]

		alter	sem	item1	item2	item3	item4	item5	item6	item7	item8	item9	item10	item11	item12
item1	T	,4	,6	.	.	.	.	.	.	.	.	.	.	.	.
	df	13,3	11,0	.	.	.	.	.	.	.	.	.	.	.	.
	Anzahl vorhanden	86	90	90	90	88	85	85	85	89	90	90	89	90	90
	Anzahl fehlend	10	10	0	1	1	1	1	1	1	1	1	1	1	1
	Mittelwert (Vorhanden)	19,99	1,51	2,41	2,00	2,43	2,20	2,34	2,41	2,28	2,71	2,17	2,10	2,10	2,33
	Mittelwert (Fehlend)	19,80	1,40	.	1,00	3,00	4,00	1,00	2,00	1,00	2,00	1,00	1,00	1,00	1,00

Für jede quantitative Variable werden Gruppenpaare durch Indikatorvariablen gebildet (vorhanden, fehlend).
a. Indikatorvariablen mit weniger als 5% fehlend werden nicht angezeigt.

Abbildung 40: Vergleich der Personen mit und ohne fehlende Worte bei Item 1

Es zeigt sich, dass sich Personen, die das erste Item nicht beantwortet haben, sich im Alter nicht von den Personen unterscheiden, bei denen Angaben zum ersten Item vorliegen. Der t-Test ermittelt hierbei nur, wenn eine substanzielle Anzahl von Fällen (mehrere Personen) in beiden Gruppen vorliegt. So zeigt sich hier, dass bezüglich des ersten Items keine signifikanten Unterschiede im Alter vorliegen (t = 0.410, df = 13.3, nicht signifikant). Zwar ist der Mittelwert in der Gruppe der Personen mit fehlenden Werten kleiner als der Mittelwert in der Gruppe, in der das Item beantwortet wurde (19.80 vs. 19.99), doch ist der Unterschied nicht statistisch bedeutsam.

Im nächsten Abschnitt werden nun die fehlenden Werte in einzelnen Variablen zu einem Muster von fehlenden Werten zusammengefasst (vgl. Abb. 41). Hierdurch können Zusammenhänge zwischen den fehlenden Werten erkannt werden.

Muster fehlender Werte (Fälle mit fehlenden Werten)

Muster fehlender und extremer Werte [a]

Fall	Anzahl fehlend	% fehlend	sem	geschl	typ	alter	dozent	item8	item9	item11	item12	item2	item10	item7	item1	item3	item4	item6	item5
2	1	5,9					A				+								
47	1	5,9					A			+		+							
86	1	5,9					A												
23	1	5,9				A													
46	1	5,9				A													
69	1	5,9				A													
5	1	5,9				A							+						
54	1	5,9												A					
70	1	5,9													A				
30	1	5,9									A								
42	3	17,6															A	A	A
14	3	17,6									+						A	A	A
4	3	17,6												A				A	A
24	4	23,5															A	A	A
62	5	29,4				A	+			+	+		+	A		A	A	A
92	12	70,6						A	A	A	A	A	A	A	A	A	A	A	A
93	12	70,6						A	A	A	A	A	A	A	A	A	A	A	A
94	12	70,6						A	A	A	A	A	A	A	A	A	A	A	A
95	12	70,6						A	A	A	A	A	A	A	A	A	A	A	A
96	12	70,6						A	A	A	A	A	A	A	A	A	A	A	A
97	12	70,6						A	A	A	A	A	A	A	A	A	A	A	A
98	12	70,6						A	A	A	A	A	A	A	A	A	A	A	A
99	12	70,6						A	A	A	A	A	A	A	A	A	A	A	A
100	12	70,6						A	A	A	A	A	A	A	A	A	A	A	A

- kennzeichnet einen extrem niedrigen Wert, während + einen extrem hohen Wert kennzeichnet. Der verwendete Bereich ist (Q1 - 1,5*IQR, Q3 + 1,5*IQR).

a. Fälle und Variablen sind nach Mustern fehlender Werte sortiert.

Abbildung 41: Muster fehlender Werte

Interessant ist, dass hier die „schwierigen Fälle" ermittelt werden. Beim gegebenen Datensatz handelt es sich um die Fälle 92 bis 100, bei welchen scheinbar der vollständige Datensatz fehlt (siehe letzter Abschnitt der Ausgabe). Würde man diese neun Fälle aus den weiteren Analysen hierdurch begründet ausschließen, so ergäbe sich ein

Datensatz mit bedeutsam weniger fehlenden Werten. Diese Analyse auf Ebene der einzelnen Fälle wird in der in Abbildung 42 dargestellten Tabelle nochmals konzentriert zusammengefasst.

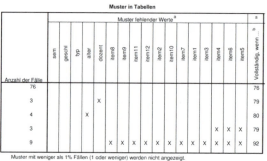

Abbildung 42:
Analyse auf Ebene der einzelnen Fälle

Von den einhundert ursprünglichen Fällen können „nur" 76 ausgewertet werden, wenn nur Fälle mit vollständigen Daten zugelassen werden. Werden Lücken in der Variablen Dozent toleriert, so können 79 Personen in die Auswertung einbezogen werden, bei der Zulassung von fehlenden Werten beim Alter sind es 80. Interessant ist hierbei, dass entweder die Daten zum Alter oder zum Dozenten fehlen, aber nicht beide Angaben gleichzeitig. Auch wird hier das Muster bestätigt, dass neun Personen den Fragebogen überhaupt nicht ausgefüllt haben. Da dann die Ersetzung fehlender Werte eher schwierig ist, ist es sinnvoll, auf diese neun Fälle in der Datenauswertung vollständig zu verzichten.

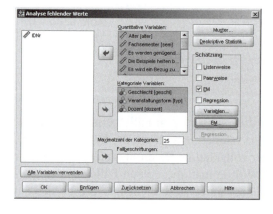

Abbildung 43:
Ersetzung der fehlenden Werte mit EM-Algorithmus

Zur Ersetzung der fehlenden Werte bietet SPSS mehrere Verfahren an, wobei der EM-Algorithmus das empfehlenswerteste Verfahren ist (vgl. Abb. 43). Hierbei wird versucht, die Verteilung der Variablen zu simulieren und eine Ersetzung zu erreichen, bei welcher die Zusammenhänge zwischen den Variablen weder minimiert noch maximiert werden. Mehr hierzu bei Leonhart (2009).

4.4 Grafiken

Zur besseren Darstellung von statistischen Ergebnissen einer Studie kann beispielsweise ein Mittelwertsunterschied anhand eines sogenannten Balkendiagramms verdeutlicht werden. Neben Tabellen erlauben Grafiken, sinnvoll eingesetzt, eine schnelle Informationsverarbeitung. Bevor die grundlegenden Grafikformen hier kurz vorgestellt werden, sollen einige fundamentale Regeln zur Verwendung von Grafiken erläutert werden. Die Abbildungen sollten objektiv sein und z. B. keine kleinen Mittelwertsunterschiede als subjektiv große Differenzen darstellen (siehe Beispiel in Leonhart, 2009). Zwar erstellt SPSS viele Grafiken automatisch, trotzdem können nachträgliche „Adjustierungen" durch den Benutzer erfolgen, welche die Ergebnisse dann „in einem günstigeren Licht" darstellen. Diese Manipulation kann bewusst oder unbewusst erfolgen. Deshalb sollte der Leser motiviert sein, einerseits eigene Daten korrekt darzustellen und andererseits die Studienergebnisse anderer aufmerksam zu betrachten. Die Eignung einer Grafik hängt unter anderem auch vom Skalenniveau der Variablen und der Anzahl der Merkmalsausprägungen ab. Allerdings gibt es bei der Auswahl der Grafik keine „Patentlösung". Der Anwender kann nach eigenen Präferenzen – in einem gewissen Rahmen – entscheiden. Grafiken sollen sparsam verwendet werden. Die Anzahl der Diagramme sollte auf das notwendige Maß eingeschränkt werden. Der Anwender sollte sich immer über den Sinn und Zweck einer Grafik im Klaren sein. Auch sollte jede Grafik selbsterklärend und vollständig sein.

Grafiken erhöhen das Verständnis für den Datensatz

Nur sinnvolle Grafiken darstellen

Im folgenden Abschnitt wird nun die Diagrammerstellung allgemein sowie für die einzelnen Diagrammtypen im Besonderen dargestellt. Seit SPSS 16 werden die Diagramme über den neuen Diagrammmanager erzeugt. Dieser wird über DIAGRAMME – DIAGRAMMERSTELLUNG aufgerufen (vgl. Abb. 44).

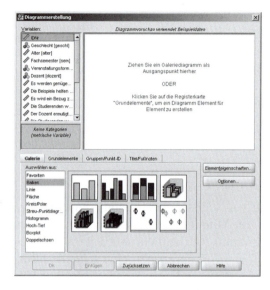

Abbildung 44:
Diagrammerstellung mit dem Diagrammmanager

Für die folgenden Grafiken wurde wieder der Datensatz Daten1.sav (vgl. www.hogrefe.de/buecher/lehrbuecher/psychlehrbuchplus) verwendet.

Im Gegensatz zu älteren Programmversionen kann mit dem Diagrammmanager eine Grafik schrittweise erstellt werden. Dies verläuft analog zu anderen Programmen wie beispielsweise EXCEL. Nach dem Aufruf des Moduls erscheint auf der linken Seite die Liste der Variablen. Rechts oben befindet sich die Diagrammvorschau, unten die vier Menüpunkte GALERIE, GRUNDELEMENTE, GRUPPEN/PUNKT-ID und TITEL/FUSSNOTE. Zu einem besseren Verständnis dieses Moduls soll nun ein einfaches Balkendiagramm in kleinen Schritten über das Menü erzeugt werden.

Hierzu wird aus der Galerie in der Untergruppe Balken das Element „einfach Balken" links oben ausgewählt (vgl. Abb. 45).

Selbstverständlich hätten auch die anderen Grafiktypen wie Linie, Fläche, Kreis etc. gewählt werden können. In einem zweiten Schritt müssen nun die Grundelemente bestimmt werden. Hierzu wird der Balken für das Balkendiagramm ausgewählt, so dass in der Diagrammvorschau das Grundgerüst des späteren Diagramms sichtbar wird (vgl. Abb. 46).

Explorative Datenanalyse und Erstellung von Grafiken 83

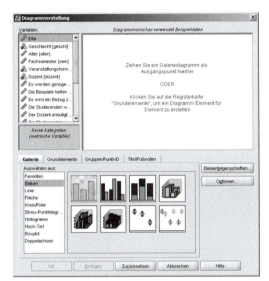

Verschiedene Subtypen von Grafiken werden angeboten

Abbildung 45: Erstellung eines Balkendiagramms

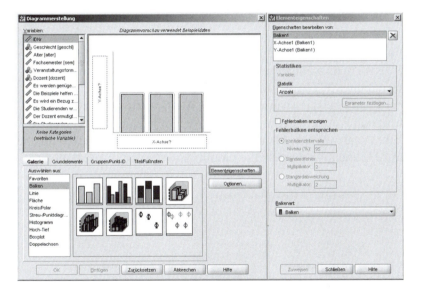

Abbildung 46: Programmvorschau für Balkendiagramme

Im nächsten Schritt sind die Variablen für die Y- und die X-Achse durch einfaches Drag-and-Drop mit der Maus einzufügen. Hierzu wird die Variable „Alter" auf die Y-Achse gezogen; die Variable „Geschlecht" definiert die Gruppen für beide Balken. Über das Untermenü Elementeigenschaften können nun zusätzlich die Konfidenzintervalle als Fehlerbalken eingefügt werden (vgl. Abb. 47).

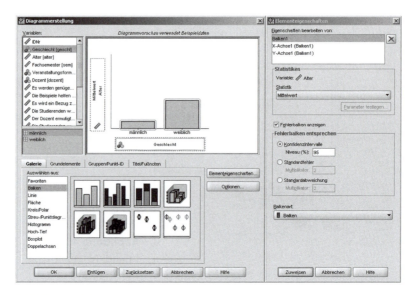

Abbildung 47: Variablen für die Y- und die X-Achse definieren

Für Balkendiagramme ist der nächste Menüpunkt GRUPPEN/PUNKTE-ID weniger relevant, deshalb soll hier zum letzten Untermenüpunkt TITEL/FUSSNOTE übergegangen werden. Hier kann der Grafik beispielsweise der Titel „Altersvergleich zwischen Männern und Frauen" gegeben werden. Weitere Titel, Untertitel und Ähnliches sind möglich. Mit der Betätigung des Ok-Buttons erscheint die in Abbildung 48 dargestellte Grafik.

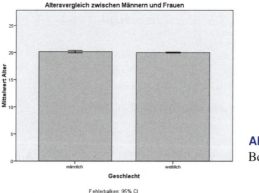

Abbildung 48: Bezeichnung einer Grafik

An dieser Stelle zeigt sich, dass mit der Entwicklung des neuen Grafikmoduls die Erstellung einer Grafik über die Syntax nicht mehr besonders anwenderfreundlich ist. Der entsprechende Befehl lautet nämlich:

```
GGRAPH
  /GRAPHDATASET NAME = "graphdataset" VARIABLES = geschl
MEANCI(alter, 95)[name = "MEAN_alter" LOW = "MEAN_alter_
LOW" HIGH = "MEAN_alter_HIGH"] MISSING = LISTWISE RE-
PORTMISSING = NO
  /GRAPHSPEC SOURCE = INLINE.
BEGIN GPL
  SOURCE: s = userSource(id("graphdataset"))
  DATA: geschl = col(source(s), name("geschl"), unit.category())
  DATA: MEAN_alter = col(source(s), name("MEAN_alter"))
  DATA: LOW = col(source(s), name("MEAN_alter_LOW"))
  DATA: HIGH = col(source(s), name("MEAN_alter_HIGH"))
  GUIDE: axis(dim(1), label("Geschlecht"))
  GUIDE: axis(dim(2), label("Mittelwert Alter"))
  GUIDE: text.title(label("Altersvergleich zwischen Männern und
  Frauen"))
  SCALE: cat(dim(1), include("1", "2"))
  SCALE: linear(dim(2), include(0))
  ELEMENT: interval(position(geschl*MEAN_alter), shape.interior
  (shape.square))
  ELEMENT: interval(position(region.spread.range(geschl*(LOW+
HIGH))), shape.interior(shape.ibeam))
END GPL.
```

Aus diesem Grund werden in den restlichen Teilen dieses Kapitels keine Syntaxbefehle mehr aufgeführt oder erläutert. Im Folgenden werden nun verschiedene Grafiken kurz vorgestellt. Eine Diskussion der Vor- und Nachteile der einzelnen Abbildungen sowie explizitere Erläuterungen sind bei Leonhart (2009) zu finden.

4.4.1 Polygon

Das Polygon zeigt die Ausprägungen aller Personen bezüglich einer Variablen. Diese Grafik empfiehlt sich bei stetigen Variablen wie beispielsweise dem Alter im gegebenen Datensatz. Hierbei sollten einerseits nicht zu viele Merkmalsausprägungen vorliegen, andererseits der Abstand zwischen den Ausprägungen gleich sein. Mittels SPSS lässt sich über DIAGRAMME – DIAGRAMMERSTELLUNG

– GALERIE – LINIE ein Polygonzug erzeugen (vgl. Abb. 49). Um die Altersverteilung im Beispieldatensatz abzubilden muss das Alter in der Diagrammvorschau auf die X-Achse gezogen werden. Dies ergibt dann den in Abbildung 50 dargestellten Polygonzug.

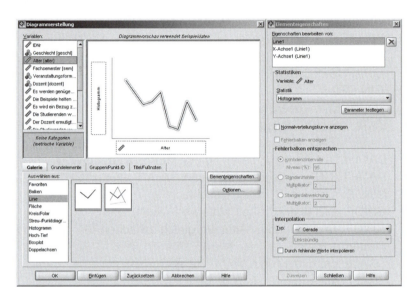

Abbildung 49: Polygon-Darstellung

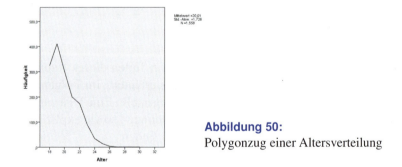

Abbildung 50:
Polygonzug einer Altersverteilung

Polygone können täuschen

Anmerkung
Bei einem Polygonzug werden nicht besetzte Kategorien übersprungen und so die Grafik „zusammengerückt". Falls beispielsweise kein Alterswert zwischen 28 und 32 Jahren vorliegen würde, wohl aber bei 33, so würde eine täuschende Darstellung entstehen, da diese Lücke ausgeblendet wird, so dass auf der X-Achse nach 27 Jahren gleich der Wert 33 erscheinen würde.

4.4.2 Histogramm

Im Gegensatz zum Polygonzug werden beim Histogramm die Merkmalsausprägungen in der Stichprobe in Balkenform dargestellt. Das besondere ist hierbei, dass eine stetige Variable, zum Beispiel das Alter, in Kategorien zusammengefasst wird. Die Anzahl der Kategorien wird hierbei in Abhängigkeit von der Anzahl der Personen gebildet, die Breite der Kategorien in Abhängigkeit von der Spannweite und der Anzahl der Kategorien. Der Aufruf erfolgt mittels DIAGRAMME – DIAGRAMMERSTELLUNG – GALERIE – HISTOGRAMM. Hier soll nun analog zum Polygonzug das Alter dargestellt werden (vgl. Abb. 51). Nach dem Aufruf dieses Menüs ergibt sich die in Abbildung 52 dargestellte Grafik.

Histogramme können individuell erzeugt werden

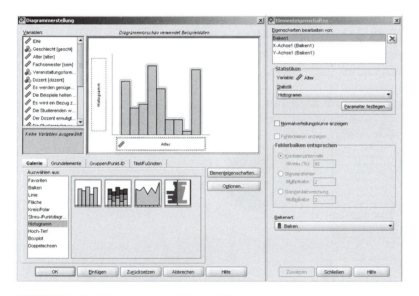

Abbildung 51: Diagrammerstellung – Histogramm

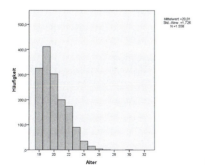

Abbildung 52: Histogramm Alter

4.4.3 Balken- und Kreisdiagramm

Mit Hilfe dieser Diagrammtypen lässt sich die anteilige Verteilung eines nominalskalierten Merkmals darstellen. So kann mit einem Balken- oder einem Kreisdiagramm die Geschlechterverteilung visualisiert werden. Ob ein Kreis- oder ein Balkendiagramm sinnvoll ist, hängt von inhaltliche Gründen oder persönlichen Präferenzen ab. Der Befehl für ein Balkendiagramm wird über DIAGRAMME – DIAGRAMMERSTELLUNG – GALERIE – BALKEN aufgerufen. Anschließend wird in der Diagrammvorschau die Variable Geschlecht auf die X-Achse gezogen.

Kreis- und Balkendiagramme stellen vergleichbare Werte dar

Der Befehl für ein Kreisdiagramm wird analog über DIAGRAMME – DIAGRAMMERSTELLUNG – GALERIE – KREIS/POLAR aufgerufen. Dann muss ebenfalls in der Diagrammvorschau die Variable Geschlecht mit der Maus in die Vorschau gezogen werden (vgl. Abb. 53). Dies ergibt dann das in Abbildung 54 dargestellte Kreisdiagramm.

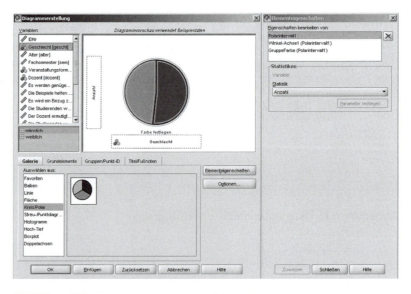

Abbildung 53: Diagrammerstellung – Kreisdiagramm

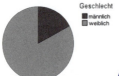

Abbildung 54: Kreisdiagramm Geschlecht

Über einen Untertyp der Balkendiagramme ist auch ein Vergleich der Maße der zentralen Tendenz (Modalwert, Median oder Mittelwert) möglich. Da auf Balkendiagramme schon einführend eingegangen wurde, folgen hier keine weiteren Erläuterungen.

4.4.4 Box-Plot

Der Box-Plot erlaubt eine gleichzeitige Darstellung der statistischen Kennwerte der zentralen Tendenz (meist des Medians) und der Kennwerte der Dispersion (Quartile). Hierdurch können Gruppen bezüglich beider Kennwertformen verglichen werden. Neben der Variabilität werden auch Ausreißer und Extremwerte markiert.

Darstellung der zentralen Tendenz und der Variabilität mit Hilfe des Box-Plots

Der Box-Plot wird über die explorative Datenanalyse (dort ist er ein Teil der Auswertung) oder über den Befehl DIAGRAMME – DIAGRAMMERSTELLUNG – GALERIE – BOXPLOT aufgerufen. Dann müssen in der Diagrammvorschau die Variablen, im Beispiel das Alter (Y-Achse), und die Gruppierungsvariablen, hier die Veranstaltungsform (X-Achse), mit der Maus in das Vorschaufenster gezogen werden (vgl. Abb. 55). Dies ergibt den in Abbildung 56 dargestellten Box-Plot.

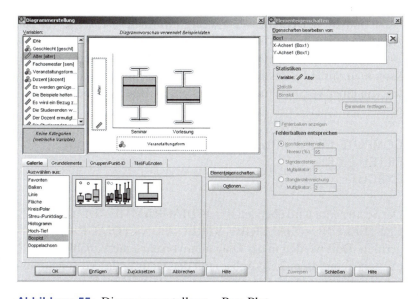

Abbildung 55: Diagrammerstellung – Box-Plot

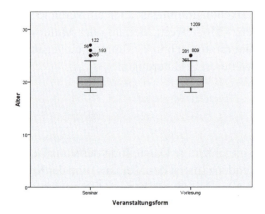

Abbildung 56:
Box-Plot der Variablen Alter

Wie schon beschrieben, werden Ausreißer (●) und Extremwerte (★) identifiziert und mit der Fallnummer markiert.

4.4.5 Scatter-Plot

Zusammenhang zwischen zwei Variablen = Scatter-Plot

Der Zusammenhang zwischen zwei stetigen Variablen kann durch ein Streudiagramm (Scatter-Plot) visualisiert werden. Hierbei werden für jeden Probanden die beiden Merkmalspaare in einem Koordinatensystem dargestellt. Anhand der Form dieser Punktwolke können Vermutungen über den beobachteten Zusammenhang der beiden Merkmale gemacht werden. Da diese Abbildung bei zu vielen Personen nicht sinnvoll beziehungsweise wenig informativ ist, sollte vor der Ausgabe ein Filter aktiviert werden. Der Anwender würde sonst „vor lauter Punkten" den Zusammenhang nicht sehen. Beispielsweise kann man mit Hilfe des folgenden Syntaxbeispiels nur noch die Daten von einer Veranstaltungsform bei einem Dozenten berücksichtigen:

```
COMPUTE filter_1 = ((typ=1) AND (dozent=9)).
FILTER BY filter_1.
EXECUTE.
```

Der Scatter-Plot wird über den Befehl DIAGRAMME – DIAGRAMMERSTELLUNG – GALERIE – STREU-/PUNKTDIAGRAMM aufgerufen. Dort werden in der Diagrammvorschau die Variablen Item 1 (Y-Achse) und Item 2 (X-Achse) mit der Maus in das Vorschaufenster gezogen (vgl. Abb. 57). Dies erzeugt die in Abbildung 58 dargestellte Punktewolke.

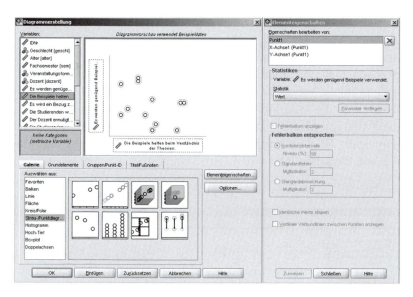

Abbildung 57: Diagrammerstellung – Streudiagramm

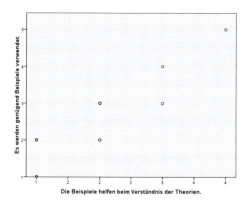

Abbildung 58:
Streudiadramm zweier Items

4.4.6 Scatter-Plot über mehr als zwei Variablen

Neben der Darstellung der bivariaten Zusammenhänge zwischen „nur" zwei Variablen gibt es bei SPSS auch die Möglichkeit, mehr als zwei Variablen jeweils paarweise zu vergleichen. Diese erweiterte Form des Scatter-Plots wird ebenfalls über den Befehl DIAGRAMME – DIAGRAMMERSTELLUNG – GALERIE – STREU-/ PUNKTDIAGRAMM aufgerufen. Dort wird dann in der Galerie das Modell mit mehreren Variablen ausgewählt (dritte Grafik, untere Reihe). Anschließend können über die Diagrammvorschau die Varia-

Bei mehr als zwei Variablen mehrere Scatter-Plots

blen in die Variablenmatrix gezogen werden. Hierbei können beliebig viele Variablen ausgewählt werden. Für das Beispiel in Abbildung 59 wurden die Items 1 bis 4 zur grafischen Darstellung herangezogen. Unter den Elementeigenschaften kann die Liste der (schon) ausgewählten Variablen betrachtet werden. Der Aufruf dieses Befehls ergibt die in Abbildung 60 dargestellte Grafik. In dieser Abbildung sind jeweils die paarweisen Korrelationen zwischen den Items dargestellt. So wird beispielsweise im Quadrat unten links die Korrelation zwischen Item 4 und Item 1 dargestellt.

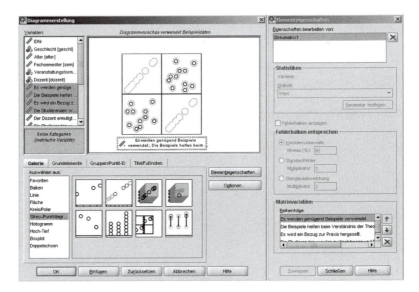

Abbildung 59: Diagrammerstellung – Streudiagramm für mehrere Variablen

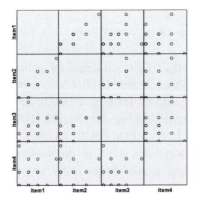

Abbildung 60:
Paarweise Korrelation zwischen den Items

Tipp: An dieser Stelle konnten nur die gebräuchlichsten Darstellungsformen kurz erläutert werden. Der Leser sollte sich Zeit nehmen und sich mit der Vielzahl der Optionen, welche SPSS anbietet, auseinandersetzen. Allerdings wird er, obwohl die Möglichkeiten scheinbar unendlich sind, feststellen, dass er im Laufe der Zeit einige wenige „Standardgrafiken" wie beispielsweise Balkendiagramme verwenden wird. Für die Lesbarkeit eines Textes ist es sinnvoll, nur eine begrenzte Auswahl von Formen und Farben einzusetzen. Eine bunte Vielfalt von Grafiken beispielsweise in einer Abschlussarbeit ist nicht gewinnbringend und erschwert die Vergleichbarkeit der Ergebnisse innerhalb der Arbeit.

Nicht alle möglichen Grafiken sind auch sinnvolle Grafiken

Zusammenfassung

In diesem Kapitel wurden die Notwendigkeit und die Möglichkeiten der explorativen Datenanalyse vorgestellt. Die Qualität jedes Datensatzes sollte vor der „eigentlichen" Datenanalyse überprüft werden, damit die Aussagekraft der Ergebnisse nicht durch Ausreißer oder fehlerhafte Dateneingaben eingeschränkt wird. Auch werden auf diesem Wege die Voraussetzungen der später eingesetzten statistischen Verfahren überprüft (z. B. die Normalverteilungsannahme). Neben der Verteilung der Merkmale ist auch die Verteilung fehlender Werte hoch relevant für die Datenauswertung. Sind diese Fehlwerte im Datensatz als zufällig anzusehen, so kann eine Ersetzung erfolgen. Insbesondere wenn viele Lücken im Datensatz sind, reduziert sich die Analysestichprobe. Abschließend wurden in diesem Kapitel die Möglichkeiten der grafischen Darstellungen von Ergebnissen besprochen.

Übungsaufgaben

1. Untersuchen Sie mit Hilfe der explorativen Datenanalyse, ob es zwischen den zwei Semesterjahrgängen im Datensatz Daten1.sav (vgl. www.hogrefe.de/buecher/lehrbuecher/psychlehrbuchplus) Unterschiede gibt.
2. Gibt es im Datensatz Daten1.sav Auffälligkeiten zwischen den Dozenten bezüglich des Geschlechts der Studierenden in den Veranstaltungen?
3. Untersuchen Sie die Altersangaben im Datensatz Daten1.sav auf Plausibilität.
4. Stellen Sie grafisch die Geschlechterverteilung in den einzelnen Jahrgangsstufen dar.
5. Ermitteln Sie Box-Plots für die Altersverteilungen in jeder der zwei Semesterstufen.

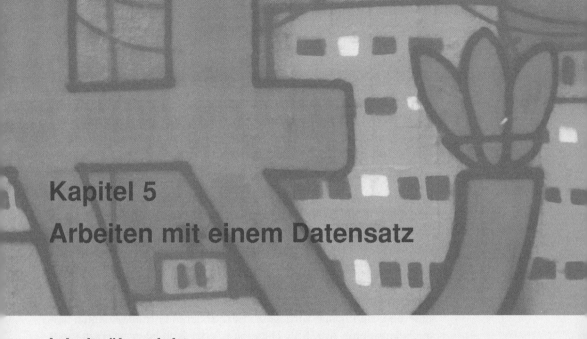

Kapitel 5
Arbeiten mit einem Datensatz

Inhaltsübersicht

5.1	Datenimport und Datenexport	96
5.2	Ausgabe drucken und exportieren	103
5.3	Berichterstellung für Präsentationen und Internet	106
Zusammenfassung		107
Übungsaufgaben		107

Schlüsselbegriffe

- Ausgabe drucken
- Datenexport
- Datenimport
- GET FILE
- Präsentationen erstellen
- Textdaten einlesen

Alle gängigen Datenformate können eingelesen werden

In Kapitel 2 wurde das übliche Vorgehen beim Erstellen einer Datendatei mit SPSS vorgestellt. Hierbei wurde davon ausgegangen, dass die Daten in SPSS definiert und dort auch eingegeben wurden. Dies ist sozusagen das „typische" Vorgehen bei einer Studie, bei der die Datenerhebung nur für die jeweilige Studie durchgeführt wird. Im Forschungsalltag hingegen kann es auch sein, dass Daten aus anderen elektronischen „Quellen" kommen, beziehungsweise in einem anderen Datenformat vorliegen. Diese anderen Formate könnten beispielsweise eine ACCESS-Datenbank oder Rohdaten in Form eines reinen Textfiles (ASCII-Daten) sein.

In diesem Kapitel wird im ersten Teil der Im- und Export von Daten in verschiedenen Formaten erläutert, in den folgenden Abschnitten die Ausgabe und die Berichterstellung.

Dieses Kapitel kann beim ersten Herantasten an SPSS zunächst übersprungen und erst zurate gezogen werden, wenn die hier vorgestellten Module benötigt werden.

5.1 Datenimport und Datenexport

Im Bereich des Datenimports wird zwischen drei Menüpunkten unterschieden, welche hier kurz vorgestellt und später ausführlich erläutert werden:

- DATEI – ÖFFNEN – DATEN
  Unter diesem Menüpunkt können SPSS-Datendateien (.sav) oder Dateien anderer (Statistik-)Programme (SYSTAT, EXCEL, Lotus, dBase, SAS oder Stata) eingelesen werden. SPSS übernimmt hierbei das vorliegende Tabellenformat, gegebenenfalls mit den Einstellungen des jeweiligen Programms.
- DATEI – DATENBANK ÖFFNEN
  Es ist an dieser Stelle möglich, aus schon vorliegenden Datenbanken anderer Programme, wie beispielsweise EXCEL oder ACCESS, die Daten aus mehreren verfügbaren Tabellen einzulesen.

Hierbei können einzelne Datenblätter anhand einer Identifikationsnummer zusammengefügt werden.
- DATEI – TEXTDATEN LESEN
Teilweise liegen auch Daten in Form von Log-Dateien aus Internetstudien oder als Ausgaben von elektronischen Messgeräten als Textdatei vor. Auch bei Problemen im Transfer zwischen verschiedenen Dateiformaten kann es gegebenenfalls notwendig sein, auf dieses einfache Format des Dateneinlesens zurückzugreifen.

Diese drei Möglichkeiten einer Eingabe werden im Folgenden nun ausführlicher besprochen.

Mit Hilfe des Aufrufs DATEI – ÖFFNEN – DATEN wird das in Abbildung 61 dargestellte Fenster geöffnet.

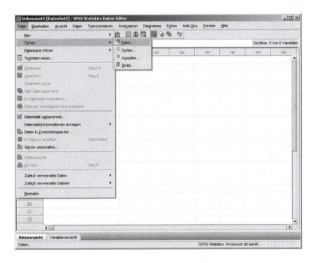

Abbildung 61: Datei – Öffnen – Daten

Hierbei wird im Allgemeinen eine SPSS-Datendatei geöffnet. Diese Dateiöffnung wird auch mit Hilfe der folgenden Syntax erreicht:

```
GET
  FILE='C:\datendatei.sav'.
```

Die zu öffnende Datei „datendatei.sav" liegt im Hauptverzeichnis der Festplatte C. Nach dem Öffnen der Datei kann mit dieser wie schon beschrieben „normal" weitergearbeitet werden.

SQL-Datenbanken können verwendet werden

Das Öffnen von Daten mit der zweiten Option ist etwas komplexer, da hierdurch alle gebräuchlichen SQL-Datenbanken geöffnet werden können. Bei SQL (Structured Query Language) handelt es sich um eine standardisierte Datenbanksprache zur Verwaltung von relationalen Datenbanken. Es können hierbei Daten der gebräuchlichen Datenbanksysteme wie dBase, Ecxel oder Access eingelesen werden. Der primäre Unterschied zu den vorherigen Einlesemöglichkeiten ist hierbei, dass die Daten aus verschiedenen Tabellenblättern verknüpft werden können. Das Öffnen einer Datei erfolgt über die Menüfolge DATEI – DATENBANK ÖFFNEN (vgl. Abb. 62).

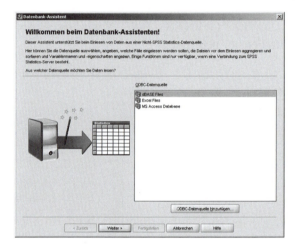

Abbildung 62: Datei – Datenbank öffnen

Falls die entsprechenden Programmpakete installiert sind, können über SPSS auch die entsprechenden Datenbanken verwaltet werden. Es lassen sich hierbei aus den Tabellen einzelne Variablen oder ganze Tabellenblätter zu einem Ganzen zusammenfügen. Werden Variablen in den Tabellenblättern gleich benannt, so werden die Daten auf diesen Blättern anhand dieser Variablen automatisch verknüpft. Falls dies nicht der Fall ist, kann dies unter dem Menüpunkt „Relationen festlegen" erfolgen. Durch die Betätigung des „Fertigstellen"-Buttons wird dann ein SPSS-Tabellenblatt, eine SPSS-Datei, erstellt, welche die ausgewählten Variablen enthält.

Die dritte Möglichkeit der Dateneingabe bezieht sich auf sogenannte ASCII-Daten. Hierbei liegen Daten in Form einer .dat- oder .txt-Datei vor. Im Allgemeinen findet hierbei eine Trennung der Informationen durch Leerzeichen oder Tabulatoren statt. Abbildung 63 zeigt, wie die Beispieldatei Daten1.dat aussehen würde. Mit der Menüfolge

DATEI – TEXTDATEN LESEN wird dann ein Fenster geöffnet, welches das Einlesen der Textdatei erlaubt.

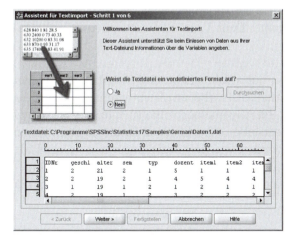

Abbildung 63:
Einlesen der Textdatei

An erster Stelle erfolgt das Öffnen der Datei. Dem Anwender wird hier der Inhalt der Datei sichtbar gemacht und somit sozusagen schon das Tabellenformat vorgeschlagen. Mit der Frage nach dem vordefinierten Format sucht SPSS nach einer Datei, in welcher die Variablentypen definiert sind, welche aber im Allgemeinen nicht vorliegt. Deshalb ist diese Frage mit Nein zu beantworten. Nach der Betätigung des „Weiter"-Buttons folgt Schritt 2.

Immer die Eingabe kontrollieren

Im zweiten Schritt werden Fragen nach dem Format und den Variablennamen gestellt (vgl. Abb. 64). Beim Format muss entschieden

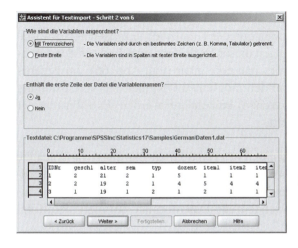

Abbildung 64:
Einlesen der Textdatei – Format und Variablennamen

werden, wie die einzelnen Werte in einer Zeile voneinander getrennt sind, beziehungsweise ob eine feste Breite vorliegt. Im gegebenen Datensatz wird mit Trennzeichen (hier Tabulator) getrennt. Auch enthält die erste Zeile der Datei die Variablennamen, so dass diese Option ausgewählt werden sollte. Dann kann zum dritten Schritt weitergegangen werden.

An dieser Stelle muss nun nochmals bestätigt werden, ab welcher Zeile die Daten im Datensatz vorliegen. Auch wird gefragt, wie die Fälle dargestellt sind. Im Allgemeinen sollte auch in einer Textdatei jede Zeile einen Fall darstellen. Abschließend für diesen Schritt kann nun noch angegeben werden, wie viele beziehungsweise welche Fälle importiert werden sollen (vgl. Abb. 65). Hier ist das Standardvorgehen die Aufnahme aller Fälle in die Datei. Anschließend erfolgt der vierte Schritt.

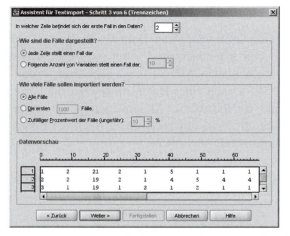

Abbildung 65: Vorschau auf den Datensatz

Verschiedene Trennzeichen je nach Sprache des Betriebssystems

Im vierten Schritt werden nun die Trennzeichen zwischen den Variablen definiert. Die Folgen dieser Definition sind direkt in der darunter liegenden Datenvorschau erkennbar (vgl. Abb. 66). Im gegebenen Beispiel kann von den möglichen Optionen die Voreinstellung (Tabulator und Leerzeichen) beibehalten werden. Es folgt nun der fünfte, vorletzte Schritt.

An dieser Stelle können nun von Hand für die einzelnen Variablen die zugehörigen Datenformate definiert werden (vgl. Abb. 67). Im Allgemein liegen numerische Daten (Zahlen) vor, was das Programm automatisch erkennt. Nachdem die Datenformate definiert sind, folgt der letzte Schritt.

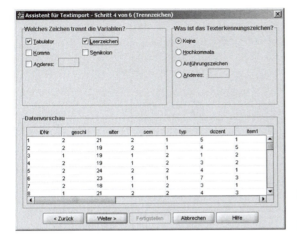

Abbildung 66:
Vorschlag zur Datenstruktur

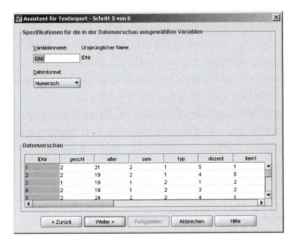

Abbildung 67:
Datenformate definieren

An dieser Stelle kann nun noch definiert werden, ob das vorliegende Dateiformat für die zukünftige Wiederholung des Vorgangs gespeichert werden soll (vgl. Abb. 68). Dies kann ein erneutes Einlesen vergleichbarer Textdateien erleichtern (siehe Schritt 1). Auch die Syntax kann zu diesem Zeck angefordert werden.

Neben der Eingabe in verschiedenen Formaten ist auch die Ausgabe/Speicherung von SPSS-Datendateien in verschiedenen Formaten möglich. Dies kann beispielsweise notwendig sein, wenn die Weiterverarbeitung der Daten mittels anderer Programme (z. B. EXCEL) erfolgt. Hierzu werden die Speichermöglichkeiten über DATEI – SPEICHERN UNTER aufgerufen. Dort stehen eine Vielzahl von Typen zur Auswahl, wie beispielsweise ältere SPSS-Versionen,

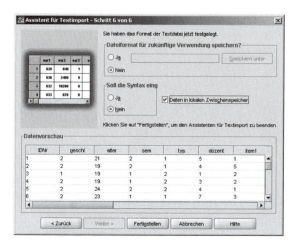

Abbildung 68:
Datenformat speichern

SAS oder STATA-Formate und viele andere mehr (vgl. Abb. 69). Beim Export der Dateien können auch die zu exportierenden Variablen ausgewählt werden, das heißt, es müssen nicht alle Variablen im Datensatz in der neuen Datei abgespeichert werden. Eine „Teilspeicherung" ist auch möglich. Wichtig sind hierbei beispielsweise beim Format „Tabulatorgetrennt", dass die Variablennamen mit im Datenblatt gespeichert werden. Dies erleichtert das Einlesen in anderen Programmen und verhindert ein Vertauschen der Zuordnung von Werten und Variablennamen. Auch kann an dieser Stelle entschieden werden, ob die Labels (also beispielsweise „männlich", „weiblich") oder die Zahlenwerte (1, 2) gespeichert werden sollen.

Abbildung 69:
Datenbank-Export

Als weitere Form der Ausgabe von Daten ist es über den Menüpunkt DATEI – IN DATENBANK EXPORTIEREN auch möglich, eine SQL-Datenbank zu erstellen. Aufgrund der Komplexität soll an dieser Stelle aber nicht näher auf dieses Modul eingegangen werden.

5.2 Ausgabe drucken und exportieren

Insbesondere die Ausgabe des SPSS-Programms wird für die „Weiterverarbeitung" benötigt. So kann das Ergebnis der Analysen beispielsweise Teil einer Abschlussarbeit sein. Eventuell ist auch nur ein Ausdruck zur Besprechung der Ergebnisse erwünscht. Im Folgenden wird der Druck und die Umwandlung der Ausgabe in ein WORD- oder PDF-Dokument besprochen, anschließend werden die Möglichkeiten einer Berichterstellung in Form von Präsentationen oder für das Internet dargestellt.

Falls Berechnungen durchgeführt werden, erscheint die Ausgabe immer im Ausgabefenster (vgl. Abb. 70).

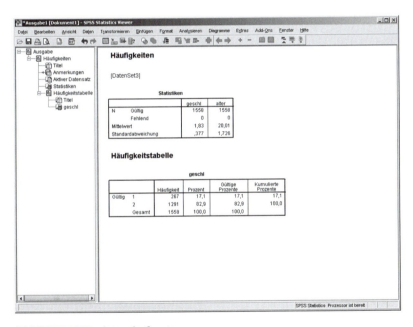

Abbildung 70: Ausgabefenster

Oben links wird in diesem Fenster im Menü DATEI die Druckoption über DATEI – DRUCKEN angeboten. Dort gibt es die Möglichkeit alle angezeigten oder nur ausgewählte (markierte) Ausgaben zu drucken. Da das Programm sehr großzügig mit „Platz" umgeht, empfiehlt es sich, bei der Option DATEI – SEITENANSICHT die Vorschaufunktion zu nutzen. Dort kann der Anwender das Ergebnis des Druckbefehls sehen und gegebenenfalls entscheiden, diesen doch nicht durchzuführen. Neben dem „normalen" Druck auf Papier kann

Im PDF-Format können die Ergebnisse unabhängig von SPSS betrachtet werden

auch eine Ausgabe in eine Datei erfolgen. Mit dem Programm wird hierzu ein PDF-Converter durch die Firma SPSS bereitgestellt. Mit dessen Hilfe können PDF-Dateien erstellt werden (vgl. Abb. 71).

Abbildung 71: Export als PDF-Datei

Direktimport nach WORD ist möglich

Neben diesen Optionen bietet SPSS auch eine Export-Funktion an, mit deren Hilfe beispielsweise ein WORD-Dokument erstellt werden kann (vgl. Abb. 72). Das Modul wird über DATEI EXPORTIEREN

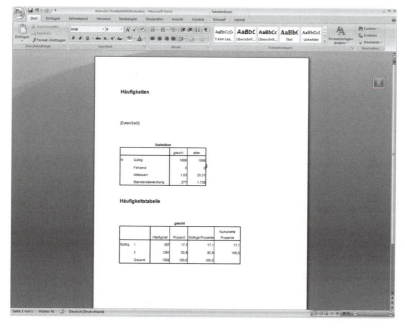

Abbildung 72: Ausgabe als Word-Dokument

aufgerufen. Die „Standardvorgabe" ist hierbei die Option WORD/RTF (*.doc). Mit der Durchführung dieser Option wird eine WORD-Datei erzeugt, welche in einem geeigneten Textverarbeitungsprogramm geöffnet werden kann. Auch ist eine Bearbeitung, beispielsweise durch das Hinzufügen von Kommentaren, möglich. Textteile können in andere WORD-Dokumente kopiert werden etc. Ungeschickterweise ist auch eine Veränderung der Ergebnisse, beispielsweise der p-Werte, von „Hand" möglich.

Mit der Option „nur Grafiken" unter der Rubrik Dokumenttyp können Grafiken als jpg-, bmp-, png- oder in einem anderen gebräuchlichen Format exportiert werden. Hierbei kann das Bild in Graustufen umgewandelt und die Bildgröße reduziert werden (OPTIONEN ÄNDERN). Sind mehrere Grafiken in der Ausgabe vorhanden, so wird für jede Grafik eine individuelle Datei erzeugt, welche dann problemlos beispielsweise in ein Textdokument eingebunden werden kann.

Neben dieser Funktion zur Übertragung von vollständigen Ausgaben nach WORD gibt es auch noch den „einfachen" Weg von Hand um eine Grafik oder eine Tabelle in ein WORD-Dokument zu transportieren. Hierbei muss im Ausgabefenster einfach die betreffende Ausgabe ausgewählt werden. Dann kann mit einen Klick auf die rechte Maustaste das jeweilige Objekt kopiert werden (vgl. Abb. 73).

Direktkopie in ein WORD-Dokument

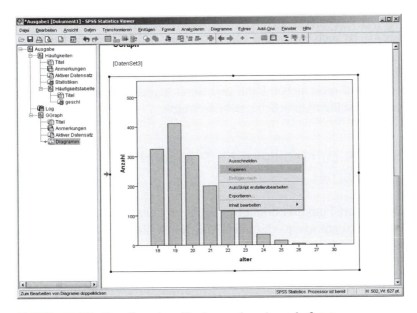

Abbildung 73: Erstellen einer Kopie aus dem Ausgabefenster

Nach einem Wechsel in das Textverarbeitungsprogramm WORD kann dort mit Hilfe des Befehls EINFÜGEN das kopierte Objekt einfach in den Text integriert werden (vgl. Abb. 74).

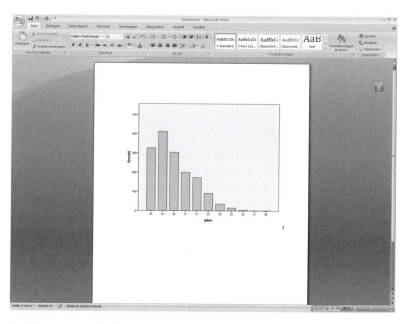

Abbildung 74: Grafik in WORD einfügen

Ebenso ist auch der Export von Teilen der Ausgabe über die Optionen unter der rechten Maustaste möglich. Ein großer Vorteil beim Export der Ausgabe als Grafik ist, dass es keinerlei Veränderungen im Layout und Inhalt mehr geben kann und somit keine Verschiebungen oder unerwünschten Umbrüche mehr auftreten.

5.3 Berichterstellung für Präsentationen und Internet

HTML- und Powerpoint-Dateien können erzeugt werden

Die Export-Funktion erlaubt es auch, größere Ausgaben in Powerpoint-Präsentationen oder in HTML-Seiten für einen Internetauftritt umzuwandeln. Hierbei wird unter dem Befehl DATEI – EXPORTIEREN jeweils das entsprechende Format gewählt.

Wird beispielsweise unter der Option Dokument der Typ PowerPoint (*.ppt) gewählt, so ergibt sich als Ergebnis des Exports ein

Powerpoint-Dokument, welches Grundlage für eine Präsentation sein kann.

Analog hierzu lassen sich auch HTML-Seiten produzieren. Wenn beispielsweise Studienergebnisse auch im Internet publiziert werden sollen, ist diese Form des Exportes sicherlich gut als Grundlage für den Aufbau einer Seite geeignet.

Zusammenfassung

In diesem Kapitel wurden primär der Im- und Export von Daten vorgestellt. Insbesondere beim Einlesen von Textdaten muss auf die korrekte Zuordnung von Werten zu Variablen geachtet werden. Neben dieser Datenverwaltung gibt es noch mehrere Möglichkeiten des Exports von Daten und Ergebnissen, beispielsweise als PDF-Datei, Powerpoint-Präsentation oder Word-Datei.

Übungsaufgaben

1. Lesen Sie die Daten aus der Textdatei Daten1.dat ein (vgl. www.hogrefe.de/buecher/lehrbuecher/psychlehrbuchplus).
2. Führen Sie die Berechnung einiger einfacher deskriptiver Kennwerte durch (siehe Kapitel 4) und kopieren Sie die Ausgabe nach WORD.
3. Erstellen Sie aus der Ausgabe von Aufgabe 2 eine Powerpoint-Präsentation.
4. Wandeln Sie die Ausgabe von Aufgabe 2 in ein PDF-Dokument um.
5. Speichern Sie die Ausgabe als SPSS-Ausgabe ab.

Kapitel 6
Deskriptive Statistik

Inhaltsübersicht

6.1	Häufigkeitsverteilungen einer Variablen	110
6.2	Häufigkeitsberechnung über zwei Variablen	113
6.3	Mittelwerte und mehr	117
6.3.1	Mittelwerte von Untergruppen	121
6.3.2	Unterteilung nach mehreren Dimensionen	123
6.4	Korrelationen	125
6.4.1	Produkt-Moment-Korrelation	126
6.4.2	Spearman'sche Rangkorrelation und weitere Korrelationskoeffizienten für ordinalskalierte Merkmale	128
6.4.3	Weitere Korrelationskoeffizienten für nominalskalierte Merkmale	130
6.4.4	Partialkorrelation	131
Zusammenfassung		133
Übungsaufgaben		133

Schlüsselbegriffe

- Confounder-Variablen
- CORRELATIONS
- CROSSTABS
- DESCRIPTIVES
- Deskriptive Statistiken
- Exzess
- Faktor
- FREQUENCIES
- Häufigkeitsverteilungen
- Korrelation
- Kreuztabelle
- MEANS TABLES
- Median
- Mittelwert
- Modalwert
- NONPAR CORR
- PARTIAL CORR
- Randsummen
- Range
- Schiefe
- Signifikanz
- Streuung
- Treatment
- Zusammenhang, kausaler

6.1 Häufigkeitsverteilungen einer Variablen

Bei nominalskalierten Merkmalen Häufigkeiten analysieren

Der folgende Abschnitt behandelt die Analyse und die Darstellung von Häufigkeiten. Diese werden ermittelt, wenn nominalskalierte Variablen wie beispielsweise die Geschlechtszugehörigkeit, die Berufsgruppe, das Studienfach etc. untersucht werden. Auf diesem Skalenniveau ist die Häufigkeitsdarstellung das einzige sinnvolle deskriptive Maß. Für intervallskalierte Variablen können auch Häufigkeitsverteilungen analysiert werden, allerdings machen diese meist nur Sinn, wenn die Merkmalsausprägungen zuvor kategorisiert wurden. So ist beispielsweise die Häufigkeitsverteilung der Variablen Alter weniger informativ als eine Zusammenfassung der Daten in Altersgruppen, denn bei der erstgenannten Form der Darstellung geht der Überblick leicht verloren, wenn viele Ausprägungen der Variable Alter vorliegen.

Im Folgenden wird der einfache Fall der Berechnung einer Häufigkeitsverteilung für eine nominalskalierte Variable, hier die Geschlechtszugehörigkeit, im Beispieldatensatz daten1.sav behandelt (vgl. www.hogrefe.de/buecher/lehrbuecher/psychlehrbuchplus). Die Ausgabe wird über das Menü mit ANALYSIEREN – DESKRIPTIVE STATISTIKEN – HÄUFIGKEITEN angefordert (vgl. Abb. 75).

Abbildung 75: Häufigkeitsverteilung

Analog dazu kann die folgende Syntax verwendet werden:

FREQUENCIES VARIABLES = geschl.

Bei der Syntax ist wichtig, dass am Ende des Befehls ein Punkt steht. Nachdem der Befehl per Syntax oder Menü ausgeführt wurde, ergibt sich die in Abbildung 76 dargestellte Ausgabe. Im ersten Teil der Ausgabe wird für die analysierte Variable Geschlecht die Anzahl der gültigen (sprich der vorhandenen Werte) und der fehlenden Fälle ausgegeben. Im gegebenen Beispiel ist das Geschlecht von allen 1 558 Fällen bekannt (= gültig), ohne dass die Angaben bei Personen im Datensatz fehlen (fehlend = 0). In Teil b der Abbildung werden die Häufigkeiten der verschiedenen Merkmalsausprägungen angegeben, also 267 Männer und 1 291 Frauen, insgesamt 1 558 Personen (Gesamt). In der nächsten Spalte der Tabelle wird dieses Verhältnis in Prozent ausgedrückt: 82,9 % der Personen sind weiblich und 17,1 % männlich. In der dritten Spalte erscheinen dann die gültigen Prozente, das heißt, hier werden gegebenenfalls fehlende Werte bei der prozentualen Ausgabe berücksichtigt. Die letzte Spalte beinhaltet die kumulierten (aufsummierten) Prozentwerte.

Absolute und relative Häufigkeiten werden angegeben

a) **Statistiken**

Geschlecht		
N	Gültig	1558
	Fehlend	0

b) **Geschlecht**

		Häufigkeit	Prozent	Gültige Prozente	Kumulierte Prozente
Gültig	männlich	267	17,1	17,1	17,1
	weiblich	1291	82,9	82,9	100,0
	Gesamt	1558	100,0	100,0	

Abbildung 76: Häufigkeitstabelle

Im Menü unter ANALYSIEREN – DESKRIPTIVE STATISTIKEN – HÄUFIGKEITEN gibt es noch einige Optionen unter dem Menü-

Weitere Kennwerte sind möglich, aber nicht immer sinnvoll

punkt Statistiken (vgl. Abb. 77). Ob die Ermittlung dieser Kennwerte allerdings sinnvoll ist, muss der Anwender entscheiden. SPSS ermittelt, wie Abbildung 78 zeigt, auch unsinnige Kennwerte, wie hier den Mittelwert der Variablen Geschlechtszugehörigkeit von 1.83.

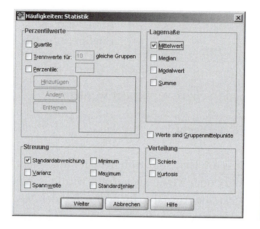

Abbildung 77: Optionen bei Häufigkeiten

Abbildung 78: Ermittlung unsinniger Werte

Zusätzlich können Diagramme angefordert werden

Unter dem Menüpunkt Häufigkeiten können zusätzlich direkt zu den jeweiligen Variablen Diagramme ausgegeben werden, die die Interpretation der Daten erleichtern (vgl. Abb. 79 und 80). Soll die deskriptive Statistik für mehrere Variablen berechnet werden, kann sie für alle Variablen synchron erstellt werden. Dann wird für jede einzelne Variable eine Häufigkeitstabelle eventuell mit Diagramm erzeugt.

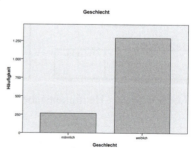

Abbildung 79:
Grafische Möglichkeiten

Abbildung 80:
Balkendiagramm

> **Anmerkung**
> Für die eigentlichen Verteilungskennwerte wie Streuung und Spannweite sollte eigentlich das später in diesem Kapitel vorgestellte Modul „deskriptive Statistik" verwendet werden. Die Verwendung dieser Optionen innerhalb des Moduls HÄUFIGKEITEN kann zur Ermittlung von statistischen Kennwerten auf falschem Skalenniveau führen.

6.2 Häufigkeitsberechnung über zwei Variablen

Zur bivariaten Häufigkeitsauszählung werden im Datensatz zwei bestimmte Variablen herangezogen, beispielsweise die Geschlechtszugehörigkeit und der Dozent der besuchten Veranstaltung. Hierdurch entstehen durch die Geschlechtszugehörigkeit Untergruppen, in welchen wiederum die Häufigkeiten für die verschiedenen Dozenten bestimmt werden können. Es entsteht somit ein Darstellungsschema, wie im Folgenden gezeigt, welches prinzipiell bei jeder bivariaten Häufigkeitenauszählung verwendet wird. Das hierfür verwendete Modul wird über ANALYSIEREN – DESKRIPTIVE STATISTIKEN – KREUZTABELLEN aufgerufen und sieht wie in Abbildung 81 dargestellt aus.

Kreuztabellen bei zwei nominalskalierten Variablen

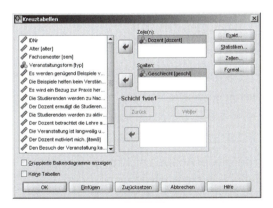

Abbildung 81:
Kreuztabellen erzeugen

Da mehr Dozenten (10 Dozenten) als Geschlechter (2 Ausprägungen) in der Stichprobe vorliegen, empfiehlt es sich, die Variable Dozent den Zeilen und die Variable Geschlecht den Spalten zuzuordnen. Die zugehörige Syntax lautet:

```
CROSSTABS
  /TABLES = dozent BY geschl.
```

Der CROSSTABS-Befehl erzeugt die Kreuztabelle in Abbildung 82, bei der in den einzelnen Zellen jeweils die Zahl der vorhandenen Fälle für die angeforderten Merkmalskombinationen dargestellt werden. In Teil a werden wie zuvor Informationen zur Anzahl der gültigen Fälle aufgelistet. In Teil b werden dann anhand der Kategorien der Variablen die Anzahl der Träger der jeweiligen Merkmalskombination dargestellt. Hierbei werden aus der Syntax jene Variablen, welche vor dem Schlüsselwort BY stehen, zeilenweise aufgelistet, während die Kategorien der anderen Variablen in den Spalten dargestellt werden. Die Zahlen in den Zellen geben somit die erfassten Häufigkeiten der entsprechenden Merkmalskombinationen an. Beispielsweise haben 38 Männer die Veranstaltung von Dozent 1 besucht sowie 53 Frauen die Veranstaltung von Dozent 10. Hierbei werden allerdings nur diese beiden Merkmale berücksichtigt. Der Veranstaltungstyp (Vorlesung vs. Seminar) wird hierbei nicht dargestellt.

a)

Verarbeitete Fälle

	Fälle					
	Gültig		Fehlend		Gesamt	
	N	Prozent	N	Prozent	N	Prozent
Dozent * Geschlecht	1558	100,0%	0	,0%	1558	100,0%

b)

Dozent * Geschlecht Kreuztabelle

Anzahl

		Geschlecht		Gesamt
		männlich	weiblich	
Dozent	1	38	229	267
	2	42	151	193
	3	45	192	237
	4	38	207	245
	5	54	227	281
	6	19	85	104
	7	12	71	83
	8	5	55	60
	9	5	21	26
	10	9	53	62
Gesamt		267	1291	1558

Abbildung 82: Ausgabe einer Kreuztabelle

Anmerkung

Fehlende Daten werden bei dieser Analyse nicht automatisch (wie beim FREQUENCIES-Befehl) in die Analyse einbezogen.

Wird die analoge Berechnung im Datensatz Daten3.sav durchgeführt, ergibt sich Abbildung 83.

Zwar teilt SPSS unter „verarbeitete Fälle" mit, dass bei vier Personen fehlende Werte vorliegen, aber es erfolgt keine Beantwortung auf die Frage „Wo-im-Datensatz". Eine Auflistung der Häufigkeiten, in

b)

Dozent * Geschlecht Kreuztabelle

Anzahl

		Geschlecht		Gesamt
		männlich	weiblich	
Dozent	1	5	11	16
	2	3	7	10
	3	3	22	25
	4	2	11	13
	5	2	12	14
	6	0	3	3
	7	0	5	5
	8	1	2	3
	9	1	1	2
	10	1	4	5
Gesamt		18	78	96

a)

Verarbeitete Fälle

	Fälle					
	Gültig		Fehlend		Gesamt	
	N	Prozent	N	Prozent	N	Prozent
Dozent * Geschlecht	96	96,0%	4	4,0%	100	100,0%

Abbildung 83: Ausgabe einer Kreuztabelle ohne fehlende Werte

welcher Kategorie die Werte fehlen, kann mit der Option /MISSING = INCLUDE über die Syntax erzwungen werden.

```
CROSSTABS
  /TABLES = dozent BY geschl
  /MISSING = INCLUDE.
```

Auf diese Weise ergibt sich dann die Abbildung 84 und es wird klar, dass die vier fehlenden Werte (-1) nur bei Frauen aufgetreten sind. Der vom Anwender selbst definierte fehlende Wert von -1 tritt in dieser Gruppe 4-mal auf, in der männlichen Subgruppe hingegen 0-mal.

Dozent * Geschlecht Kreuztabelle

Anzahl

		Geschlecht		Gesamt
		männlich	weiblich	
Dozent	-1	0	4	4
	1	5	11	16
	2	3	7	10
	3	3	22	25
	4	2	11	13
	5	2	12	14
	6	0	3	3
	7	0	5	5
	8	1	2	3
	9	1	1	2
	10	1	4	5
Gesamt		18	82	100

Abbildung 84:
Ausgabe einer Kreuztabelle mit fehlenden Werten

> **Anmerkung**
> Diese Option funktioniert nur bei selbst definierten fehlenden Werten, nicht jedoch bei den systemdefinierten fehlenden Werten (sysmis), welche nicht eingegeben werden müssen, sondern durch einfaches Überspringen der Eingabe entstehen.

Zusätzlich zu den eher einfachen Tabellen lassen sich nun noch prozentuale Anteile etc. in der Tabelle darstellen. Dies kann über den Menüpunkt ZELLEN ANZEIGEN unter dem Programmpunkt ANALYSIEREN – DESKRIPTIVE STATISTIKEN – KREUZTABELLEN erreicht werden (vgl. Abb. 85).

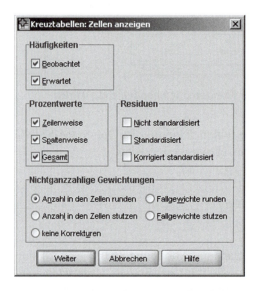

Abbildung 85: Option für die Zellen einer Kreuztabelle

Weitere Werte können ermittelt werden Es können nun neben den beobachteten – das sind die tatsächlich vorhandenen – auch die erwarteten Häufigkeiten, welche dem Chi-Quadrat-Test als Grundlage dienen (siehe Leonhart, 2009), verwendet werden sowie die Prozentwerte. Hier sind eine zeilen- und spaltenweise Ausgabe, sowie eine Ausgabe der Gesamtprozente möglich. Der Befehl ist auch über die folgende Syntax durchführbar.

```
CROSSTABS
  /TABLES = dozent BY geschl
  /CELLS = COUNT EXPECTED ROW COLUMN TOTAL .
```

Dies führt dann zu Abbildung 86 (gekürzte Ausgabe). Somit wird beispielsweise in der ersten Zelle ausgegeben, dass fünf Personen männlichen Geschlechts Dozent 1 bewertet haben. Das sind 31.3 % der Personen, welche Dozent 1 beurteilt haben. Von der Gesamtzahl der Männer hingegen haben 27.8 % Dozent 1 bewerten. Diese fünf Personen entsprechen 5.2 % der Gesamtanzahl. Hierdurch entstehen die Prozentangaben für die Zellen bezogen auf beide Randsummen und auf die Gesamtsumme der beobachteten Werte.

Deskriptive Statistik 117

Dozent * Geschlecht Kreuztabelle

			Geschlecht		Gesamt
			männlich	weiblich	
Dozent	1	Anzahl	5	11	16
		Erwartete Anzahl	3,0	13,0	16,0
		% innerhalb von Dozent	31,3%	68,8%	100,0%
		% innerhalb von Geschlecht	27,8%	14,1%	16,7%
		% der Gesamtzahl	5,2%	11,5%	16,7%
	2	Anzahl	3	7	10
		Erwartete Anzahl	1,9	8,1	10,0
		% innerhalb von Dozent	30,0%	70,0%	100,0%
		% innerhalb von Geschlecht	16,7%	9,0%	10,4%
		% der Gesamtzahl	3,1%	7,3%	10,4%
	3	Anzahl	3	22	25
		Erwartete Anzahl	4,7	20,3	25,0
		% innerhalb von Dozent	12,0%	88,0%	100,0%
		% innerhalb von Geschlecht	16,7%	28,2%	26,0%
		% der Gesamtzahl	3,1%	22,9%	26,0%
Gesamt		Anzahl	18	78	96
		Erwartete Anzahl	18,0	78,0	96,0
		% innerhalb von Dozent	18,8%	81,3%	100,0%
		% innerhalb von Geschlecht	100,0%	100,0%	100,0%
		% der Gesamtzahl	18,8%	81,3%	100,0%

Abbildung 86:
Gekürzte Ausgabe einer ausführlichen Kreuztabelle

Auf die statistischen Kennwerte und deren Signifikanz wird in Kapitel 7 zur inferenzstatistischen Auswertung eingegangen.

6.3 Mittelwerte und mehr

Der folgende Abschnitt behandelt die Darstellung von Mittelwerten und anderen deskriptiven Maßen (z. B. Median, Streuung, Maximum usw.). Diese Werte werden bei intervall- und ordinalskalierten Variablen ermittelt, wie beispielsweise bei den Merkmalen Körpergröße, Alter, Reaktionsgeschwindigkeiten etc. Die Berechnung dieser deskriptiven Maße kann entweder für die Gesamtgruppe oder separat für Teilgruppen erfolgen. Diese Teilgruppen können beispielsweise anhand kategorialer Variablen wie Geschlechtszugehörigkeit oder Untersuchungsbedingung gebildet werden.

Bei höherem Skalenniveau sind mehr Kennwerte sinnvoll

Die nun folgenden Berechnungen beziehen sich immer auf die Gesamtgruppe. Es wird also kein Vergleich von Subgruppen oder eine Berechnung in Untergruppen durchgeführt. Deshalb werden diese Auswertungen auch als univariate, deskriptive Statistiken bezeichnet.

Zur Ermittlung deskriptiver Kennwerte bietet SPSS zwei Wege an. Mit dem schon vorgestellten FREQUENCIES-Befehl können die deskriptiven Statistiken berechnet werden und ebenso mit dem von SPSS bevorzugten DESCRIPTIVES-Befehl. Beide kommen zu identischen Ergebnissen.

Der DESCRIPTIVES-Befehl wird über die Menüfolge ANALYSIEREN – DESKRIPTIVE STATISTIKEN – DESKRIPTIVE STATISTIKEN aufgerufen (der wiederholte Aufruf von DESKRIPTIVEN STATISTIKEN ist hierbei kein Tippfehler). Anschließend erscheint das in Abbildung 87 dargestellte Menü (als Datengrundlage dient die Datei Daten3.sav):

Abbildung 87:
Definition der Variablen für die Deskriptiven Statistiken

Achtung
Wie das Beispiel zeigt, prüft SPSS nicht das Skalenniveau der eingegebenen Variablen. Um dieses Problem zu verdeutlichen, wird hier die Variable Geschlecht mit einbezogen.

Unter dem Menüpunkt OPTIONEN können dann die einzelnen Kennwerte abgerufen werden. Hier im Beispiel in Abbildung 88 werden nun Mittelwert, Standardabweichung, Minimum, Maximum und Standardfehler berechnet.

Analog kann diese Ausgabe über den folgenden Syntaxbefehl erreicht werden:

DESCRIPTIVES VARIABLES = alter geschl item1
   /STATISTICS = MEAN STDDEV MIN MAX SEMEAN.

Unabhängig von der Vorgehensweise ergibt der Aufruf die in Abbildung 89 dargestellte Ausgabe. Zu sehen sind die berechneten Kennwerte. Beispielsweise liegen von 96 Personen Angaben bezüglich des

Abbildung 88: Optionen für Deskriptive Statistiken

Deskriptive Statistik

	N	Minimum	Maximum	Mittelwert		Standard-abweichung
	Statistik	Statistik	Statistik	Statistik	Standardfehler	Statistik
Alter	96	18	26	19,97	,179	1,750
Geschlecht	100	1	2	1,82	,039	,386
Es werden genügend Beispiele verwendet.	90	1	6	2,41	,139	1,315
Gültige Werte (Listenweise)	86					

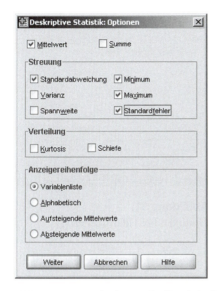

Abbildung 89: Ausgabe der Deskriptiven Statistiken

Alters vor. Die jüngste Person ist 18, die älteste Person ist 26. Der Mittelwert beträgt 19.97 bei einer Standardabweichung (Streuung) von 1.750. Der Standardfehler liegt bei 0.179.

Achtung

Wie schon beschrieben, werden diese Werte auch für das Merkmal Geschlecht ermittelt, obwohl die Voraussetzungen (Intervallskalenniveau für Mittelwert, Standardfehler und Standardabweichung, sowie Ordinalskalenniveau für Minimum und Maximum) hier nicht gegeben sind und obwohl im Datensatz die Variable als kategorial vermerkt wurde.

Ob eine Berechnung sinnvoll ist, entscheidet der Anwender

Analog hierzu kann auch der FREQUENCIES-Befehl verwendet werden. Der FREQUENCIES-Befehl kann die meisten gängigen deskriptiven Berechnungen ausführen, wobei mehr Kennwerte als beim DESCRIPTIVES-Befehl ermittelt werden können. Der Aufruf erfolgt über ANALYSIEREN – DESKRIPTIVE STATISTIKEN – HÄUFIGKEITEN (vgl. Abb. 90). Im Untermenü STATISTIKEN kann sich der Anwender zusätzlich Perzentilwerte und Werte zur Verteilungsform (Schiefe und Exzess) ausgeben lassen (vgl. Abb. 91).

Abbildung 90: Aufruf von Häufigkeiten

Abbildung 91:
Optionen bei Häufigkeiten

Dieser Befehl kann auch über die folgende Syntax aktiviert werden.

FREQUENCIES VARIABLES = geschl alter item1
　/FORMAT = NOTABLE
　/NTILES = 4
　/STATISTICS = STDDEV MEAN MEDIAN MODE SKEWNESS KURTOSIS.

Häufigkeitstabellen können unterdrückt werden

Im Syntaxbeispiel wird die Ausgabe einer Häufigkeitstabelle (/FORMAT = NOTABLE) unterdrückt und die Berechnung der Quartile (/NTILES = 4), der Standardabweichung, des Medians und Modalwertes sowie der Schiefe und des Exzesses der drei Variablen veranlasst. Insbesondere wenn viele Merkmalsausprägungen bei kontinuierlichen Variablen vorliegen (beispielsweise bei Reaktionszeiten) sollte der Anwender auf die Ausgabe der Häufigkeitstabellen verzichten. Als Resultat ergibt sich die in Abbildung 92 dargestellte Tabelle.

Statistiken

		Alter	Geschlecht	Es werden genügend Beispiele verwendet.
N	Gültig	96	100	90
	Fehlend	4	0	10
Mittelwert		19,97	1,82	2,41
Median		19,00	2,00	2,00
Modus		19	2	2
Standardabweichung		1,750	,386	1,315
Schiefe		,855	-1,691	,896
Standardfehler der Schiefe		,246	,241	,254
Kurtosis		,312	,878	,307
Standardfehler der Kurtosis		,488	,478	,503
Perzentile	25	19,00	2,00	1,00
	50	19,00	2,00	2,00
	75	21,00	2,00	3,00

Abbildung 92: Deskriptive Statistiken über den Häufigkeitsbefehl

Neben den schon bekannten Angaben zu Mittelwert, Streuung etc. werden hier auch der Median, der Modalwert (jeweils 19) und die Werte zu Schiefe und Exzess (Kurtosis) angegeben. Im Beispiel liegt eine negative Schiefe (rechtssteil/linksschief) sowie ein positiver Exzess (schmalgipflige Verteilung) vor.

> **Anmerkung**
> Bei den von SPSS berechneten Werten für Schiefe und Kurtosis handelt es sich nicht um das dritte, beziehungsweise vierte Zentrale Moment. Die Werte werden hier so standardisiert, dass null jeweils das neutrale Element ist. Mehr hierzu bei Leonhart (2009). Für die ermittelten Kennwerte können mit der Option SESKEW beziehungsweise SEKURT auch die Standardfehler ausgegeben werden.

Die Berechnungen beziehen sich auch hier immer auf alle gültigen Werte. Die fehlenden Werte werden pro Berechnung ausgeschlossen. Wie in Abbildung 92 deutlich wird, verändert sich das N, die Stichprobengröße, bei jeder Variablen.

6.3.1 Mittelwerte von Untergruppen

Die Bildung von Untergruppen und der anschließende Mittelwertsvergleich ist die gebräuchlichste Methode der Ergebnismessung in der psychologischen Forschung. Im Allgemeinen wird über die Differenz zweier Gruppenmittelwerte der Effekt eines Treatments (= Intervention) definiert. In experimentellen Studien werden Daten in Kontrollgruppe und Experimentalgruppe erhoben und anschließend bezüglich der Mittelwerte in einer oder mehreren abhängigen Variablen verglichen. Zu diesem Vergleich wird eine kategoriale (nominalskalierte) Variable wie beispielsweise das Geschlecht herangezogen (= unabhängige Variable). Die Berechnungen der deskriptiven Maße, beispielsweise für das Alter, erfolgen dann getrennt in den Untergruppen. Für die folgenden Berechnungen interessieren die Mittelwerte und Mediane des Alters bei beiden Geschlechtern. Hierzu wird der MEANS-Befehl verwendet. Dieser kann über ANALYSIEREN – MITTELWERTE VERGLEICHEN – MITTELWERTE aufgerufen werden (vgl. Abb. 93). Unter den Optionen ergeben sich dann die in Abbildung 94 dargestellten weiteren Möglichkeiten.

Mittelwertsberechnungen auch in Untergruppen möglich

Abbildung 93:
Berechnung von Mittelwerten

Abbildung 94:
Optionen bei dem Mittelwertsbefehl

Neben dem Mittelwert, der Anzahl der Fälle, der Standardabweichung und dem Median (wie im abgebildeten Beispiel) können auch der gruppierte Median, der Standardfehler des Mittelwertes, die Summe, das Minimum, das Maximum, der Range, der erste und letzte Wert, die Varianz, die Kurtosis mit zugehörigem Standardfehler, die Schiefe mit entsprechendem Standardfehler, das harmonische und das geometrische Mittel sowie Prozente bezüglich der Gesamtsumme und Gesamtanzahl dargestellt werden.

Die zugehörigen varianzanalytischen Möglichkeiten werden an dieser Stelle nicht besprochen. Die Varianzanalyse wird im Kapitel 7 behandelt.

Dem obigen Vorgehen entspricht die folgende Syntax:

MEANS TABLES = alter BY geschl
   /CELLS MEAN COUNT STDDEV.

Nach der Ausführung dieses MEANS-Befehls werden die in Abbildung 95 dargestellten Informationen (für Daten3.sav) ausgedruckt: Die Gesamtgruppe (Insgesamt) hat ein mittleres Alter von genau 19.97 Jahren bei einer Standardabweichung von 1.750. Das Alter der Männer liegt mit 19.72 etwas unter demjenigen der Frauen mit 20.03. Es werden hierbei die Daten von 18 Männern und 78 Frauen analysiert.

Bericht

Alter

Geschlecht	Mittelwert	N	Standard-abweichung	Median
männlich	19,72	18	1,602	19,00
weiblich	20,03	78	1,787	19,00
Insgesamt	19,97	96	1,750	19,00

Abbildung 95:
Ausgabe des MEANS-Befehls

Der MEANS-Befehl bietet, wie schon beschrieben, eine Fülle von Optionen, die an dieser Stelle nur kurz vorgestellt werden können. Der Aufruf aller Optionen sieht folgendermaßen aus:

MEANS TABLES = alter BY geschl
  /CELLS MEDIAN GMEDIAN SEMEAN SUM MIN MAX RANGE FIRST LAST VAR KURT SEKURT SKEW SESKEW HARMONIC GEOMETRIC SPCT NPCT MEAN COUNT STDDEV.

Hierdurch werden nach dem Unterbefehl CELLS in analoger Reihenfolge Median, gruppierter Median, Standardfehler des Mittelwertes, Summe, Minimum, Maximum, Range, erster und letzter Wert, Varianz, Kurtosis, Standardfehler der Kurtosis, Schiefe, Standardfehler der Schiefe, harmonisches Mittel, geometrisches Mittel, Prozent der Gesamtsumme, Prozent der Gesamtanzahl, Mittelwert, Anzahl der Fälle und Standardabweichung aufgerufen.

Anmerkung
Leider bietet SPSS keinen Befehl zur Darstellung von deskriptiven Maßen wie Modalwert, Perzentilen etc. für getrennte Untergruppen an. Es ist lediglich ein Befehl zur Darstellung von Mittelwert und Standardabweichung für Subgruppen verfügbar. Für die Darstellung der Modalwerte in verschiedenen Untergruppen muss etwas umständlich mit der Filtervariablen gearbeitet werden. Dies ist wiederum über die Syntax leicht möglich.

6.3.2 Unterteilung nach mehreren Dimensionen

Die bisherige Unterteilung in Untergruppen nach einem Faktor (unabhängige Variable) ist auch nach mehreren Faktoren möglich, beispielsweise nach der Geschlechtszugehörigkeit und der Veranstaltungsform.

Solche Fragestellungen sind eigentlich immer mit varianzanalytischen Testverfahren verbunden, welche allerdings erst im nächsten Kapitel besprochen werden. An dieser Stelle findet nur eine rein deskriptive Analyse statt.

Nachdem nun über ANALYSIEREN – MITTELWERTE VERGLEICHEN – MITTELWERTE das zugehörige Fenster aufgerufen wurde, ergibt sich die Möglichkeit, über das Fenster „SCHICHT1VON1" weitere Faktoren einzubinden (vgl. Abb. 96).

Nach dem Betätigen des WEITER-Buttons können zusätzliche Faktoren einbezogen werden (vgl. Abb. 97).

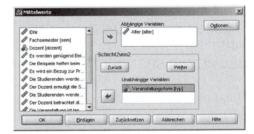

Abbildung 96: Mittelwertstabelle – Schicht 1   **Abbildung 97:** Mittelwertstabelle – Schicht 2

Die entsprechende Syntax erweitert sich dann um ein weiteres „BY" und eine zweite unabhängige Variable. Für das gegebene Beispiel lautet diese Syntax folgendermaßen:

MEANS TABLES = alter BY geschl BY typ
   /CELLS MEAN COUNT STDDEV.

Dies ergibt dann für die Datei Daten3.sav die in Abbildung 98 dargestellte Ausgabe. Hierbei werden nun die Mittelwerte in den durch die Geschlechtszugehörigkeit und die Veranstaltungsform gebildeten Zellen dargestellt. So liegen beispielsweise Evaluationsfragebögen von 8 männlichen Seminarteilnehmern vor, welche im Mittel 20.12 Jahre alt sind. In den Vorlesungen liegt mit 10 männlichen Teilnehmenden eine etwas jüngere Stichprobe vor, welche ein mittleres Alter von 19.40 Jahre hat. (Bei Frauen: Seminar mit N = 35, durchschnittliches Alter 20.11; Vorlesung mit N = 43, durchschnittliches Alter 19.95).

> **Anmerkung**
> Hierbei handelt es sich um eine rein deskriptive Aussage ohne Signifikanzprüfung.

Bericht

Alter

Geschlecht	Veranstaltungsform	Mittelwert	N	Standard-abweichung	Median
männlich	Seminar	20,13	8	1,959	20,50
	Vorlesung	19,40	10	1,265	19,00
	Insgesamt	19,72	18	1,602	19,00
weiblich	Seminar	20,11	35	1,875	20,00
	Vorlesung	19,95	43	1,731	19,00
	Insgesamt	20,03	78	1,787	19,00
Insgesamt	Seminar	20,12	43	1,867	20,00
	Vorlesung	19,85	53	1,657	19,00
	Insgesamt	19,97	96	1,750	19,00

Abbildung 98: Ausgabe einer Mittelwertstabelle

Diese Anordnung nach Faktoren lässt sich weiterführen. So könnte der Dozent als dritter unabhängiger Faktor hinzukommen. Die entsprechende Syntax wäre dann:

```
MEANS TABLES = alter BY geschl BY typ BY dozent
  /CELLS MEAN COUNT STDDEV.
```

Da die entsprechende Ausgabe eine recht große Tabelle ergibt, soll an dieser Stelle auf deren Darstellung verzichtet werden.

6.4 Korrelationen

Neben der Analyse von Häufigkeitsverteilungen und Gruppenunterschieden ist auch die Untersuchung von Zusammenhängen zwischen Variablen für psychologische Fragestellungen von hoher Relevanz. Das statistische Verfahren zur Berechnung des Zusammenhanges zwischen Variablen ist die Korrelation. Auch im Rahmen von Regressionsberechnungen, die der Vorhersage der Ausprägung in einer Variablen (Kriterium) durch die Ausprägung in einer anderen Variablen (Prädiktor) erlaubt, müssen Korrelationen berechnet werden. Dies ist notwendig, da die Korrelation zwischen Prädiktor und Kriterium eine Voraussetzung für die Regressionsanalyse ist. (Bei Vorhersagen müssen allerdings auch die Voraussetzungen für einen kausalen Zusammenhang gegeben sein.) Die Erstellung von Gleichungen zur Merkmalsvorhersage baut auf der Korrelation auf und wird Regression genannt.

Zusammenhänge mit Korrelationen darstellen

Die Korrelationsberechnung wird im folgenden Abschnitt anhand einfacher Beispiele für zwei oder mehr Variablen vorgestellt. Hierbei werden neben intervallskalierten Variablen auch Merkmale auf niedrigerem Datenniveau analysiert. Die Beschreibung komplexer Verfahren wie beispielsweise der Regression wird im Kapitel 7 erfolgen. Für die gezeigten Beispiele wird die Datei Daten2.sav (vgl. www.hogrefe.de/buecher/lehrbuecher/psychlehrbuchplus) verwendet.

6.4.1 Produkt-Moment-Korrelation

Das folgende Beispiel soll die Berechnung des einfachen Produkt-Moment-Korrelationskoeffizienten r nach Pearson mit SPSS zeigen. Hierbei wird von einem positiven Zusammenhang zwischen den Items ausgegangen. Die Berechnung der Korrelation erfolgt mit dem Modul Korrelation über ANALYSIEREN – KORRELATION – BIVARIAT. Nach dem Aufruf ergibt sich das in Abbildung 99 dargestellte Menü.

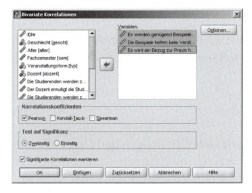

Abbildung 99:
Berechnung des einfachen Produkt-Moment-Korrelationskoeffizienten r nach Pearson

Produkt-Moment-Korrelation wird am häufigsten verwendet

Für die aktuelle Fragestellung würde man nur die Pearsonsche Produkt-Moment-Korrelation ermitteln. Der Test erfolgt auf zweiseitige Signifikanz; unter den Optionen ist die Standardeinstellung der paarweise Fallausschluss. Der Befehl kann auch wie folgt über die Syntax ausgeführt werden:

```
CORRELATIONS
  /VARIABLES = item1 item2 item3
  /PRINT = TWOTAIL NOSIG.
```

Es entsteht der in Abbildung 100 gezeigte Ausdruck des CORRELATIONS-Befehls. Es ergibt sich hierbei eine Korrelation von r = .785 zwischen Item 1 („Es werden genügend Beispiele verwendet.") und Item 2 („Die Beispiele helfen beim Verständnis der Theorien."). Dieser Wert wird auf Signifikanz getestet und ist mit p < .001 statistisch bedeutsam. Analog hierzu werden auch die Korrelationen mit Item 3 (r = .664) und zwischen Item 2 und Item 4 ermittelt (r = .746), welche ebenfalls statistisch bedeutsam sind. Die positiven Werte weisen auf einen Zusammenhang der Form „Wenn im Merkmal x eine hohe Merkmalsausprägung vorliegt, dann liegt auch im Merkmal y eine hohe Ausprägung vor" hin, wobei hier nicht automatisch von einem kausalen Zusammenhang ausgegangen werden darf (kein A → B). Falls r hingegen gegen null tendiert (was hier nicht der Fall ist), besteht kein Zusammenhang zwischen den beiden Variablen.

Korrelation ist nicht gleich Kausalität

Korrelationen

		Es werden genügend Beispiele verwendet.	Die Beispiele helfen beim Verständnis der Theorien.	Es wird ein Bezug zur Praxis hergestellt.
Es werden genügend Beispiele verwendet.	Korrelation nach Pearson	1	,785	,664
	Signifikanz (2-seitig)		,000	,000
	N	90	90	88
Die Beispiele helfen beim Verständnis der Theorien.	Korrelation nach Pearson	,785	1	,746
	Signifikanz (2-seitig)	,000		,000
	N	90	91	89
Es wird ein Bezug zur Praxis hergestellt.	Korrelation nach Pearson	,664	,746	1
	Signifikanz (2-seitig)	,000	,000	
	N	88	89	89

**. Die Korrelation ist auf dem Niveau von 0,01 (2-seitig) signifikant.

Abbildung 100: Ergebnisdarstellung des CORRELATIONS-Befehls

> **Achtung**
>
> Die Signifikanzberechnung für den Produkt-Moment-Korrelationskoeffizienten ist an verschiedene Voraussetzungen gebunden (bivariate Normalverteilung, Homoskedastizität etc., mehr bei Leonhart, 2009), deren Überprüfung nicht automatisch durch SPSS erfolgt. So muss der Test auf Normalverteilung separat angefordert und durchgeführt werden.

Die Signifikanzprüfung der Korrelation erfolgt mit Hilfe eines t-Tests. Ein signifikanter Wert deutet auf eine bedeutsame Korrelation hin, das heißt, dass diese sich bedeutsam von rho = 0 unterscheidet (rho = Korrelation in der Population, Bezeichnung mit einem griechischen Buchstaben). Dies kann durch hohe Werte von r und/oder ein großes N bewirkt werden. Eine hohe Korrelation bedeutet hierbei, dass r gegen 1 oder −1 geht, sich somit stark von null unterscheidet.

Testung der Nullhypothese

Die gefundenen sehr hohen positiven Produkt-Moment-Korrelationen der Items können auch in einer grafischen Darstellung, einem sogenannten Scatter-Plot, verdeutlicht werden.

6.4.2 Spearman'sche Rangkorrelation und weitere Korrelationskoeffizienten für ordinalskalierte Merkmale

Zusammenhangsmaße bei schwächeren Voraussetzungen

Es stellt sich nun die Frage, wie mit dem Problem der Voraussetzungsverletzung bei der Ermittlung einer Produkt-Moment-Korrelation nach Pearson umgegangen werden soll. Hierzu bietet die Statistik eine Vielzahl von Korrelationskoeffizienten an, welche meist von einem niedrigeren Skalenniveau ausgehen. In diesem Abschnitt werden nun die Korrelationskoeffizienten für ordinalskalierte Merkmale (Rangdaten) dargestellt. Insbesondere wenn die Voraussetzungen für die Produkt-Moment-Korrelation kritisch zu sehen sind, sollte – eventuell parallel – die Rangkorrelation nach Spearman berichtet werden. Liegen Ausreißer im Datensatz vor, so kann auch die Korrelation nach Kendall berechnet werden. Mehr zu den verschiedenen Korrelationskoeffizienten bei Leonhart (2009).

Der Aufruf des entsprechenden Moduls erfolgt über ANALYSIEREN – KORRELATION – BIVARIAT. Nach dem Aufruf erscheint das schon bekannte, in Abbildung 101 dargestellte Menü.

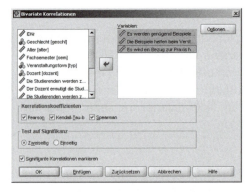

Abbildung 101:
Aufruf des Korrelationsbefehls

Hierbei werden sozusagen über das Menü zwei Befehle parallel aufgerufen. Der erste Teil dieser Ausgabe kann per Syntax über den „normalen", schon vorgestellten CORRELATIONS-Befehl erreicht werden:

```
CORRELATIONS
  /VARIABLES = item1 item2 item3
  /PRINT = TWOTAIL NOSIG.
```

Für den zweiten Teil der Ausgabe wird dann der folgende Aufruf für die nicht parametrischen Korrelationen benötigt:

```
NONPAR CORR
  /VARIABLES = item1 item2 item3
  /PRINT = BOTH .
```

Dies ergibt einerseits die schon bekannte Korrelationstabelle, während andererseits über den NONPAR-CORR-Befehl die in Abbildung 102 dargestellte Ausgabe erzeugt wird. Wenn der Leser nun diese Ergebnisse mit der Ergebnissen der Berechnungen der Produkt-Moment-Korrelation vergleicht, wird er feststellen, dass bei Kendalls Tau die niedrigste und somit konservativste Schätzung des Zusammenhangs erfolgt. Hier korrelieren die Items 1 und 2 „lediglich" zu .677. Dieser Koeffizient ist insbesondere bei Ausreißern und Rangbindungen zu bevorzugen. Spearmans Rho liegt hingegen bei .749 und somit sehr nahe bei der Produkt-Moment-Korrelation von .785. Generell muss davon ausgegangen werden, dass bei den Korrelationskoeffizienten mit liberaleren Voraussetzungen aufgrund der konservativen Schätzung immer eine im Betrag niedrigere Korrelation ermittelt wird.

Nicht parametrische Korrelationen sind testschwächer

Korrelationen

			Es werden genügend Beispiele verwendet.	Die Beispiele helfen beim Verständnis der Theorien.	Es wird ein Bezug zur Praxis hergesellt.
Kendall-Tau-b	Es werden genügend Beispiele verwendet.	Korrelationskoeffizient	1,000	,677	,517
		Sig. (2-seitig)	.	,000	,000
		N	90	90	88
	Die Beispiele helfen beim Verständnis der Theorien.	Korrelationskoeffizient	,677	1,000	,617
		Sig. (2-seitig)	,000	.	,000
		N	90	91	89
	Es wird ein Bezug zur Praxis hergesellt.	Korrelationskoeffizient	,517	,617	1,000
		Sig. (2-seitig)	,000	,000	.
		N	88	89	89
Spearman-Rho	Es werden genügend Beispiele verwendet.	Korrelationskoeffizient	1,000	,749	,599
		Sig. (2-seitig)	.	,000	,000
		N	90	90	88
	Die Beispiele helfen beim Verständnis der Theorien.	Korrelationskoeffizient	,749	1,000	,679
		Sig. (2-seitig)	,000	.	,000
		N	90	91	89
	Es wird ein Bezug zur Praxis hergesellt.	Korrelationskoeffizient	,599	,679	1,000
		Sig. (2-seitig)	,000	,000	.
		N	88	89	89

**. Die Korrelation ist auf dem 0,01 Niveau signifikant (zweiseitig).

Abbildung 102: Ergebnisdarstellung NONPAR-CORR-Befehl

6.4.3 Weitere Korrelationskoeffizienten für nominalskalierte Merkmale

Zusammenhangsmaße bei nominalskalierten Merkmalen

Falls Merkmale auf Nominalskalenniveau vorliegen, so können nur Korrelationskoeffizienten wie der Phi-Koeffizient (punkttetrachorische Korrelation), Kramers V oder der Kontigenzkoeffizient ermittelt werden, da für die „höheren" Koeffizienten die Voraussetzungen nicht gegeben sind. Die Ermittlung dieser Korrelationskoeffizienten erfolgt allerdings nicht über das CORRELATIONS-Modul, sondern über die Kreuztabellen. Somit muss über ANALYSIEREN – DESKRIPTIVE STATISTIK – KREUZTABELLEN das erwähnte Modul aufgerufen werden (vgl. Abb. 103). In einem nächsten Schritt erfolgt dann der Aufruf der Korrelationstabellen über den Button STATISTIKEN (vgl. Abb. 104).

Abbildung 103:
Nonparametrische Korrelationen via Kreuztabellen

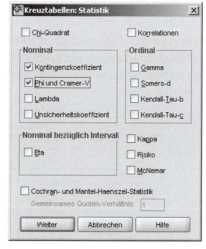

Abbildung 104:
Aufruf der Koeffizienten

Der entsprechende Syntax-Befehl ohne Ausgabe der Kreuztabelle lautet folgendermaßen:

```
CROSSTABS
  /TABLES = typ BY geschl
  /FORMAT = NOTABLES
  /STATISTICS = CC PHI .
```

Dies führt dann zu der in Abbildung 105 dargestellten Ausgabe: Keiner der drei Koeffizienten wird statistisch bedeutsam; es gibt somit keinen nachweisbaren Zusammenhang zwischen besuchter Veranstaltungsform und der Geschlechtszugehörigkeit.

a)

Verarbeitete Fälle

	Fälle					
	Gültig		Fehlend		Gesamt	
	N	Prozent	N	Prozent	N	Prozent
Veranstaltungsform * Geschlecht	100	100,0%	0	,0%	100	100,0%

b)

Symmetrische Maße

		Wert	Näherungsweise Signifikanz
Nominal- bzgl. Nominalmaß	Phi	-,005	,958
	Cramer-V	,005	,958
	Kontingenzkoeffizient	,005	,958
Anzahl der gültigen Fälle		100	

Abbildung 105: Ausgabe der nonparametrischen Korrelationskoeffizienten

6.4.4 Partialkorrelation

Bisher wurden in diesem Kapitel die Zusammenhänge auf unterschiedlichem Skalenniveau für zwei Variablen besprochen (paarweise Korrelation). Der folgende Abschnitt befasst sich nun mit Zusammenhängen zwischen mehr als zwei Variablen. Hierbei wird der Einfluss von einer oder mehreren sogenannten Confounder-Variablen (Störvariablen) aus dem Zusammenhang zwischen zwei Variablen statistisch eliminiert. Dies ist damit zu begründen, dass in der psychologischen Forschung in der Regel sehr komplexe Fragestellungen mit komplexen Zusammenhängen zwischen einer Vielzahl von relevanten Variablen untersucht werden.

Statistische Elimination von Drittvariablen

Im gegebenen Beispieldatensatz ergeben sich die in Abbildung 106 dargestellten Korrelationen zwischen den vier Skalen, welche über den CORRELATIONS-Befehl ermittelt werden:

```
CORRELATIONS
  /VARIABLES = skala1 skala2 skala3 skala4
  /PRINT = TWOTAIL SIG.
```

Korrelationen

		skala1	skala2	skala3	skala4
skala1	Korrelation nach Pearson	1	,412**	,557**	,556**
	Signifikanz (2-seitig)		,000	,000	,000
	N	1552	1550	1552	1550
skala2	Korrelation nach Pearson	,412**	1	,471**	,361**
	Signifikanz (2-seitig)	,000		,000	,000
	N	1550	1556	1556	1554
skala3	Korrelation nach Pearson	,557**	,471**	1	,636**
	Signifikanz (2-seitig)	,000	,000		,000
	N	1552	1556	1558	1556
skala4	Korrelation nach Pearson	,556**	,361**	,636**	1
	Signifikanz (2-seitig)	,000	,000	,000	
	N	1550	1554	1556	1556

**. Die Korrelation ist auf dem Niveau von 0,01 (2-seitig) signifikant.

Abbildung 106: Korrelationen zwischen den vier Skalen

Es stellt sich nun die Frage, wie der Zusammenhang zwischen Skala 1 und Skala 2 durch Skala 3 und Skala 4 beeinflusst wird. Die Skalen 3 und 4 sind bei dieser Fragestellung die Confoundervariablen, also Variablen die den Zusammenhang zwischen Skala 1 und 2 in unerwünschter Weise beeinflussen. Die „reine" Korrelation zwischen Skala 1 und 2 ergibt sich, wenn der Einfluss der dritten und der vierten Variablen statistisch neutralisiert wird. Eine solche „Neutralisierung" wäre theoretisch auch mit Hilfe experimenteller Konstanthaltung dieser Variablen möglich. Statistisch wird jedoch mittels der Partialkorrelation das gleiche Ziel erreicht (mehr zum statistischen Hintergrund bei Leonhart, 2009).

Hierzu erfolgt der Aufruf über ANALYSIEREN – KORRELATIONEN – PARTIELLE KORRELATIONEN, der das in Abbildung 107 dargestellte Bild ergibt.

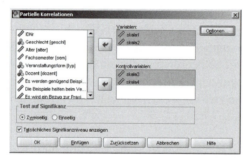

Abbildung 107:
Partielle Korrelation

Jene Variablen, deren „gesäuberte" Korrelation berechnet werden soll, werden im Fenster Variablen eingegeben; Variablen, deren Einfluss herauspartialisiert werden soll, werden im Fenster Kontrollvariablen eingefügt. Analog hierzu ist ein Aufruf über die folgende Syntax möglich:

```
PARTIAL CORR
  /VARIABLES = skala1 skala2 BY skala3 skala4
  /SIGNIFICANCE = TWOTAIL.
```

Korrelationen

Kontrollvariablen			skala1	skala2
skala3 & skala4	skala1	Korrelation	1,000	,187
		Signifikanz (zweiseitig)	.	,000
		Freiheitsgrade	0	1544
	skala2	Korrelation	,187	1,000
		Signifikanz (zweiseitig)	,000	.
		Freiheitsgrade	1544	0

Abbildung 108:
Ausgabe der partiellen Korrelation

Hierbei ergibt sich die in Abbildung 108 dargestellte Ausgabe: Es zeigt sich, dass der Zusammenhang zwischen Skala 1 und Skala 2 bei statistischer Kontrolle von Skala 3 und Skala 4 nur noch bei .187 liegt.

> **Anmerkung**
> SPSS bietet an dieser Stelle leider keine Möglichkeit für die Ermittlung einer Semipartialkorrelation, bei welcher der Einfluss der Drittvariablen nur aus der Varianz einer der beiden Variablen eliminiert wird. (Mehr zum theoretischen Hintergrund bei Leonhart, 2009.)

Zusammenfassung

In diesem Kapitel wurden die Möglichkeiten von SPSS zur Berechnung von deskriptiven Statistiken vorgestellt. Hierbei wurden für nominalskalierte Variablen primär die Anwendungen von Häufigkeitsverteilungen für eine Variable und die Erstellung von Kreuztabellen zur Darstellung von zwei nominalskalierten Variablen vorgestellt. Für intervallskalierte Variablen wurde neben der Ermittlung von Mittelwerten auch die Berechnung anderer Kennwerte wie beispielsweise Modalwert, Median und Standardabweichung dargestellt. Abgeschlossen wurde das Kapitel mit der Ermittlung von Korrelationen in Abhängigkeit von den jeweiligen Voraussetzungen.

Übungsaufgaben

Die Aufgaben beziehen sich auf die Datei Daten1.sav (vgl. www.hogrefe.de/buecher/lehrbuecher/psychlehrbuchplus).
1. Erstellen Sie bitte eine Kreuztabelle über die beiden Merkmale Geschlecht und Semester.
2. Stellen Sie bitte mit einer Tabelle dar, welche Dozenten in welchen Fachsemestern unterrichten.
3. Erstellen Sie eine Tabelle mit den Maßen der zentralen Tendenz und der Dispersion für die ersten drei Items des Datensatzes Daten1.sav.
4. Erstellen Sie die Tabelle aus Aufgabe 3 nur für den ersten Dozenten.
5. Berechnen Sie die Produkt-Moment-Korrelation sowie die Korrelation nach Spearman für die Zusammenhänge zwischen den Items 10 bis 12 im Datensatz (über die gesamte Stichprobe hinweg).

Kapitel 7
Inferenzstatistik

Inhaltsübersicht

7.1	Verfahren für eine Stichprobe	137
7.1.1	Verfahren für Häufigkeitsverteilungen	137
7.1.2	Verfahren für intervallskalierte Daten	140
7.1.3	Verfahren zur Überprüfung der Verteilungsform	142
7.2	Verfahren für unabhängige Stichproben	143
7.2.1	Zwei unabhängige Stichproben	144
7.2.2	Verfahren für mehr als zwei Stichproben	153
7.3	Verfahren für abhängige Stichproben	168
7.3.1	Zwei abhängige Stichproben	169
7.3.2	Verfahren für mehr als zwei abhängige Stichproben	176
7.4	Verfahren zur Analyse von Zusammenhängen	191
7.4.1	Einfache Regression	192
7.4.2	Multiple Regression	195
7.4.3	Kreuzvalidierung	204
Zusammenfassung		206
Übungsaufgaben		206

Schlüsselbegriffe

- abhängige Stichprobe
- Anteil der erklärbaren Varianz
- Allgemeines lineares Modell
- Chi-Quadrat-Test
- Cochran-Test
- CROSSTABS
- Fehlerquadratsumme
- Friedman-Test
- F-Test
- H-Test nach Kruskal & Wallis
- Interaktionseffekte
- Kolmogorov-Smirnov-Test
- Konfidenzintervall
- Kontrast
- Kreuvalidierung
- Nicht parametrische Tests
- mittlere Quadratsumme
- Mann-Whitney-U-Test
- McNemar-Test
- Mauchly-Test
- Normalverteilung
- NPAR TESTS
- Quadratsumme
- Rangsumme
- Randsummenverteilung
- Regression
- REGRESSION
- Signifikanzprüfung
- Sphärizität
- Suppressionseffekte
- Teststärke
- t-Test
- T-TEST PAIRS
- T-TEST GROUPS
- unabhängige Stichprobe
- ungerichtete Hypothese
- UNIANOVA
- Varianz, erklärte
- Varianzhomogenität
- Wilcoxon

Dem Leser sollten für die folgenden Kapitel die Grundlagen der inferenzstatistischen Signifikanztestung bekannt sein. Für die statistischen Grundlagen wird auch hier auf Leonhart (2009) verwiesen.

Zur Signifikanzprüfung sei an dieser Stelle nur kurz erläutert, dass die Wahrscheinlichkeit dafür ermittelt wird, in einer Stichprobe ein Ergebnis zu finden, unter der Voraussetzung, dass in der Population die Nullhypothese gilt. So kann beispielsweise getestet werden, ob eine in der Stichprobe gefundene Mittelwertsdifferenz so groß ist, dass von einer statistisch bedeutsamen Differenz zwischen den beiden Gruppen gesprochen werden kann.

> **Anmerkung**
> Der Leser muss sich die Abhängigkeit des p-Wertes von der Stichprobengröße verdeutlichen. Kleine Stichproben haben eventuell keine ausreichende Teststärke, um tatsächliche Unterschiede zu finden, während bei der Analyse von „zu großen" Stichproben auch minimale Differenzen statistisch bedeutsam werden können.

In den folgenden Abschnitten werden zuerst Verfahren für eine, dann für zwei und anschließend für mehrere Stichproben besprochen. Innerhalb der Abschnitte wird hierbei vom niedrigen zum höheren Skalenniveau vorgegangen. Abschließend wird im Kapitel 7.4 die einfache und die multiple lineare Regression besprochen.

7.1 Verfahren für eine Stichprobe

7.1.1 Verfahren für Häufigkeitsverteilungen

Die Signifikanzprüfung für Häufigkeitsverteilungen (Chi-Quadrat-Test) testet die Nullhypothese, dass die gefundenen Häufigkeitsverteilungen nur zufällig von den erwarteten Verteilungen abweichen. Dazu wird zunächst über die Randsummen der Kreuztabelle die erwartete Verteilung ermittelt und dann die Wahrscheinlichkeit für die beobachtete Verteilung berechnet (mehr hierzu bei Leonhart, 2009). Ist diese Wahrscheinlichkeit (p-Wert) gering (z. B. kleiner als .05), dann wird die Nullhypothese verworfen und die Alternativhypothese angenommen. Die Alternativhypothese besagt, dass die Stichprobe nicht der Population entstammt, beziehungsweise eine andere Verteilung hat.

Unterschiedliche Verteilungen bei nominalskalierten Merkmalen

Zur Veranschaulichung soll der Datensatz Daten1.sav (vgl. www.hogrefe.de/buecher/lehrbuecher/psychlehrbuchplus) herangezogen werden. Es soll die Frage untersucht werden, ob die Geschlechtsverteilung in den Lehrveranstaltungen über alle Semester hinweg von den Dozenten abhängt. Gibt es hier nur Zufallsschwankungen oder weist eine relativ große Differenz auf eine geschlechtsspezifische Präferenz für einen der Dozenten hin (Alternativhypothese: „Die Verteilung der Geschlechter auf die Dozenten ist nicht zufällig.")

Zur Berechnung wird der Datensatz Daten1.sav aufgerufen und über die nicht parametrischen Tests der Chi-Quadrat-Test angefordert.

Dies wird durch die Befehlsfolge ANALYSIEREN – NICHTPARA-
METRISCHE TESTS – CHI-QUADRAT erreicht (vgl. Abb. 109).

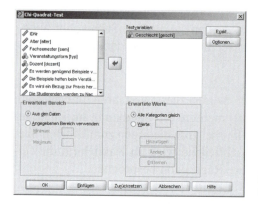

Abbildung 109: Chi-Quadrat-Test

Analog kann auch der folgende Befehl eingegeben werden:

```
NPAR TEST
  /CHISQUARE = geschl
  /EXPECTED = EQUAL.
```

Nullhypothese = Gleichverteilung

Der Chi-Quadrat-Test gehört zur Gruppe der nicht parametrischen Verfahren (NPAR TEST). Hier wird als Option angegeben, dass als Nullhypothese von einer Gleichverteilung in der Population (/EXPECTED = EQUAL) ausgegangen wird. Es erscheint der in Abbildung 110 dargestellte Ergebnisausdruck. Im Datensatz befinden sich 267 Männer und 1 291 Frauen (Beobachtetes N); bei einer Gleichverteilung wären es jeweils 779.0 Personen (Erwartete Anzahl). In Tabelle b wird der Chi-Quadrat-Wert von 673.027 angegeben, welcher einen Freiheitsgrad (df) von 1 besitzt und signifikant wird (Asymptotische Signifikanz = .000, das heißt $p < .001$).

a) Geschlecht

	Beobachtetes N	Erwartete Anzahl	Residuum
männlich	267	779,0	-512,0
weiblich	1291	779,0	512,0
Gesamt	1558		

b) Statistik für Test

	Geschlecht
Chi-Quadrat	673,027[a]
df	1
Asymptotische Signifikanz	,000

a. Bei 0 Zellen (,0%) werden weniger als 5 Häufigkeiten erwartet. Die kleinste erwartete Zellenhäufigkeit ist 779,0.

Abbildung 110: Ausgabe des Chi-Quadrat-Tests

Es kann also die Nullhypothese verworfen und die Alternativhypothese angenommen werden. Die Geschlechterverteilung im Bezug auf die Dozenten ist nicht gleichverteilt. Es wurde aber nur untersucht, ob die Verteilung bedeutsam von einer Gleichverteilung abweicht. Noch nicht analysiert wurde die Abweichung von einer anderen Verteilung, beispielsweise falls ein konstanter Frauenanteil von 75 Prozent bei allen Veranstaltungen (oder Dozenten) erwartet würde.

Ungleichverteilte Populationen

Aus Listen des Prüfungsamtes der Universität, an welcher die Datenerhebung stattfand, sei nun aber bekannt, dass das Geschlechtsverhältnis in der Gesamtgruppe der Psychologiestudierenden 18 : 82 beträgt; 18 Prozent Männer und 82 Prozent Frauen. Es stellt sich nun die Frage, ob die erhobene Stichprobe bedeutsam von diesem erwarteten Verhältnis abweicht.

Nullhypothese = vorab angenommene Verteilung

Für ungleiche Verteilungen wird ebenfalls der nicht parametrische Chi-Quadrat-Test angefordert. Nach dem Aufruf der Befehlsfolge ANALYSIEREN – NICHTPARAMETRISCHE TESTS – CHI-QUADRAT müssen hierbei bei erwarteten Werten (.18 versus .82) eingegeben werden (vgl. Abb. 111).

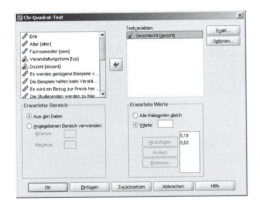

Abbildung 111: Aufruf des Chi-Quadrat-Tests

Analog kann dies über die Syntax erfolgen. Wichtig ist, dass bei beiden Vorgehensweisen die Reihenfolge der Merkmale beachtet wird. Es werden 18 Prozent Männer (= 1) und 82 Prozent Frauen (= 2) erwartet.

```
NPAR TESTS
  /CHISQUARE = geschl
  /EXPECTED = 0.18 0.82
  /MISSING ANALYSIS.
```

> **Anmerkung**
> Es ist darauf zu achten, dass die Summe der angegebenen erwarteten relativen Häufigkeiten eins ergibt. Die Software prüft dies nicht, sondern verwendet ohne Kontrolle die Angaben, auch wenn diese sich nicht zu eins aufaddieren.

Vergleich von erwarteten und beobachteten Werten

Nach dem Aufruf erscheinen die in Abbildung 112 dargestellten Tabellen: In Tabelle a werden die beobachteten und die erwarteten Häufigkeiten dargestellt. Die erwarteten Häufigkeiten werden aus den vorgegebenen relativen Häufigkeiten ermittelt. 18 Prozent Männer von insgesamt 1 158 Personen entspricht genau 280.4 männlichen Studierenden. Die erwartete Anzahl bei den Frauen ist 1 277.6 (= 82 Prozent von 1 558). In Tabelle b wird der zugehörige Chi-Quadrat-Wert mit 0.785 dargestellt, welcher bei einem Freiheitsgrad von eins nicht mehr als signifikant betrachtet werden kann (p = .375). Die Nullhypothese wird damit beibehalten; die Zusammensetzung der Evaluationsstichprobe unterscheidet sich nicht von der Gesamtgruppe der Psychologiestudierenden mit einem Verhältnis 18 : 82.

a) **Geschlecht**

	Beobachtetes N	Erwartete Anzahl	Residuum
männlich	267	280,4	-13,4
weiblich	1291	1277,6	13,4
Gesamt	1558		

b) **Statistik für Test**

	Geschlecht
Chi-Quadrat	,785[a]
df	1
Asymptotische Signifikanz	,375

a. Bei 0 Zellen (,0%) werden weniger als 5 Häufigkeiten erwartet. Die kleinste erwartete Zellenhäufigkeit ist 280,4.

Abbildung 112: Ausgabe des Chi-Quadrat-Tests

7.1.2 Verfahren für intervallskalierte Daten

t-Test bei intervallskalierten Variablen

Zur Überprüfung, ob sich die Mittelwerte einer Stichprobe bedeutsam von den bekannten Populationsmittelwerten unterscheiden, wird der t-Test für eine Stichprobe verwendet. Hierbei muss, wie schon beschrieben, der Populationsmittelwert bekannt sein. In diesem Beispiel wird ein Populationsmittelwert der Studierenden von 21 Jahren angenommen. Die benötigte Merkmalsstreuung wird hingegen über die Stichprobenstreuung geschätzt. Der Befehl wird über ANALYSIEREN – MITTELWERTE VERGLEICHEN – T-TEST BEI EINER STICHPROBE aufgerufen (vgl. Abb. 113).

Abbildung 113: T-Test bei einer Stichprobe

Analog gilt die folgende Syntax:

T-TEST
  /TESTVAL = 21
  /VARIABLES = alter.

Dies bewirkt die in Abbildung 114 dargestellte Ausgabe. In Teil a der Ausgabe wird die Stichprobe beschrieben. Bei 1 558 Personen liegt ein mittleres Alter von 20.01 Jahren vor (Streuung = 1.726 Jahre). Dies wird dann gegen den erwarteten Populationswert von 21 Jahren getestet (TESTVAL = 21, beziehungsweise Testwert = 21). Bei einem t-Wert von 2.701 wird diese Differenz mit 1 557 Freiheitsgraden signifikant (p < .001). Die Differenz beider Werte liegt bei .993. Somit ist die Stichprobe jünger als erwartet. Abschließend wird noch ein Konfidenzintervall für diesen Differenzwert angegeben.

Vergleich mit Populationsparametern

a) **Statistik bei einer Stichprobe**

	N	Mittelwert	Standardabweichung	Standardfehler des Mittelwertes
Alter	1558	20,01	1,726	,044

b) **Test bei einer Sichprobe**

	Testwert = 21					
	T	df	Sig. (2-seitig)	Mittlere Differenz	95% Konfidenzintervall der Differenz	
					Untere	Obere
Alter	-22,701	1557	,000	-,993	-1,08	-,91

Abbildung 114: Ausgabe des t-Tests

7.1.3 Verfahren zur Überprüfung der Verteilungsform

Überprüfung von Verteilungsannahmen als Voraussetzung verschiedener Verfahren

Dieser Abschnitt soll mit einem Verfahren zur Überprüfung der Verteilungsform enden. Hierbei wird untersucht, ob eine empirische Verteilung nahe bei einer mathematischen Verteilung liegt. Beispielsweise muss bei vielen Verfahren überprüft werden, ob das untersuchte Merkmal normalverteilt ist. Hierzu wird versucht, die empirische Verteilung durch eine Normalverteilung zu beschreiben. Ist die Abweichung zwischen der empirischen und der theoretischen Verteilung gering, so kann von einer Normalverteilung ausgegangen werden.

> **Anmerkung**
> Neben der Normalverteilung kann auch die Passung an andere Verteilungen wie die Poisson-Verteilung oder eine Gleichverteilung getestet werden. An dieser Stelle soll jedoch nur der praxisrelevante Kolmogorov-Smirnov-Test auf Normalverteilung vorgestellt werden.

Der Befehlsaufruf erfolgt über ANALYSIEREN – NICHTPARAMETRISCHE TESTS K-S BEI EINER STICHPROBE (vgl. Abb. 115).

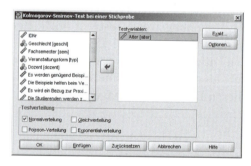

Abbildung 115: Kolmogorov-Smirnov-Test

Analog gilt auch die folgende Syntax:

```
NPAR TESTS
    /K-S(NORMAL) = alter.
```

Hierdurch wird Abbildung 116 erzeugt. Analog zur deskriptiven Statistik werden hier zuerst die Stichprobengröße und dann die statistischen Kennwerte der Stichprobe (Mittelwert und Standardabweichung) angegeben. Im nächsten Teil der Ausgabe wird die Differenz zwischen beiden Verteilungen angezeigt. Dieser Differenzwert wird für die folgende Prüfstatistik verwendet, bei der nur ein Wert zur Signifikanzprüfung herangezogen wird, nämlich diese vom absoluten Wert ausgehende größte Differenz (hier .193). Dies ergibt einen Prüfwert von 7.601 der Kolmogorov-Smirnov-Statistik. Dieser Z-Wert wird signifikant (p<.001). Somit gibt es eine bedeutsame Abweichung zwischen empirischer und theoretischer Verteilung, was wiederum bedeutet, dass keine Normalverteilung vorliegt.

Kolmogorov-Smirnov-Anpassungstest

		Alter
N		1558
Parameter der Normalverteilung a,b	Mittelwert	20,01
	Standardabweichung	1,726
Extremste Differenzen	Absolut	,193
	Positiv	,193
	Negativ	-,123
Kolmogorov-Smirnov-Z		7,601
Asymptotische Signifikanz (2-seitig)		,000

a. Die zu testende Verteilung ist eine Normalverteilung.
b. Aus den Daten berechnet.

Abbildung 116: Ergebnis des Kolmogorov-Smirnov-Tests

> **Anmerkung**
> Bei diesem Test sollte „man" sich nicht über ein signifikantes Ergebnis freuen, da dies die Verletzung der Normalverteilung, einer Voraussetzung vieler statistischer Verfahren, bedeutet.

Signifikantes Ergebnis = keine Normalverteilung

7.2 Verfahren für unabhängige Stichproben

In diesem Abschnitt werden die Verfahren für unabhängige Stichproben vorgestellt. Zwei oder mehr Stichproben sind voneinander unabhängig, wenn die Zugehörigkeit von Personen zu einer Stichprobe nicht die Zusammensetzung einer anderen Stichprobe beeinflusst. Ist dies jedoch der Fall, werden die Stichproben als abhängig bezeichnet. Ein typisches Beispiel für eine abhängige Stichprobe ist eine Untersuchung mit Messwiederholung, da hier Daten bei den gleichen Personen (Stichprobe) zu mehreren Zeiten/unter mehreren Untersuchungsbedingungen erhoben werden.

7.2.1 Zwei unabhängige Stichproben

Nominalskalierte Merkmale

Für die Berechnung des im vorherigen Abschnitt vorgestellten Signifikanztests für eine Stichprobe müssen die Erwartungswerte der Verteilung bekannt sein. So kann beispielsweise überprüft werden, ob eine Gleichverteilung vorliegt. Im nun folgenden Vier-Felder-Chi-Quadrat-Test werden hingegen die Erwartungswerte aus den Randverteilungen der Merkmale ermittelt. Falls sich beispielsweise 100 Männer und 100 Frauen in zwei Teilstichproben befinden, wobei die Gesamtstichprobe zu 25 Prozent aus Rauchenden besteht (= 50 Raucher), so ist zu erwarten, dass es 25 männliche und 25 weibliche Raucher gibt. Somit kann dann eine beobachtete Merkmalsverteilung mit den Erwartungswerten verglichen und vorhandene Unterschiede können auf Signifikanz getestet werden.

Gleichverteilung als Nullhypothese

Im folgenden Beispiel soll untersucht werden, ob sich die Geschlechterverteilungen über die Veranstaltungstypen hinweg unterscheiden, das heißt, ob Frauen andere Veranstaltungsformen bevorzugen als Männer.

Der Befehl für den Vier-Felder-Chi-Quadrat-Test ist sozusagen ein Unterbefehl des CROSSTABS-Befehls für Kreuztabellen. Im Menü ist er unter ANALYSIEREN – DESKRIPTIVE STATISTIKEN – KREUZTABELLEN auffindbar (vgl. Abb. 117). Dort kann in einem Untermenü der Chi-Quadrat-Test aufgerufen werden (vgl. Abb. 118).

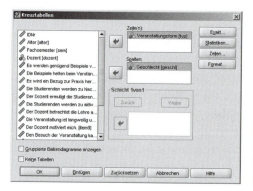

Abbildung 117: Vier-Felder-Chi-Quadrat-Test über das Menü Kreuztabellen aufrufen

Abbildung 118: Optionen bei den Kreuztabellen

Inferenzstatistik

Der Signifikanztest wird per Syntax durch die Option /STATISTICS = CHISQ des CROSSTABS-Befehls ausgegeben. Somit gilt der folgende Befehl:

```
CROSSTABS
  /TABLES = typ BY geschl
  /STATISTICS = CHISQ .
```

Für die Daten des Datensatzes Daten1.sav zeigen sich nun die in Abbildung 119 dargestellten Ergebnisse. Zunächst wird in Teil a die Anzahl der gültigen Fälle (N = 1 558) dargestellt und dann eine Häufigkeitsauszählung über die Merkmalskombination Veranstaltungsform und Geschlecht durchgeführt. In der Häufigkeitstabelle b wird in der ersten Zeile ausgegeben, dass 125 Männer und 621 Frauen ein Seminar besucht haben. Beim Besuch von Vorlesungen wurden 142 Männer und 670 Frauen um einen Evaluationsfragebogen gebeten. Ob diese Werte von den Erwartungswerten abweichen, wird in Teil c der Ausgabe angegeben. Hier zeigt sich in allen Signifikanztests keine bedeutsame Abweichung von den Erwartungswerten. Das heißt, Frauen und Männer besuchen die unterschiedlichen Veranstaltungsformen gleich oft.

a)

Verarbeitete Fälle

	Fälle					
	Gültig		Fehlend		Gesamt	
	N	Prozent	N	Prozent	N	Prozent
Veranstaltungsform * Geschlecht	1558	100,0%	0	,0%	1558	100,0%

b)

Veranstaltungsform * Geschlecht Kreuztabelle

Anzahl

		Geschlecht		Gesamt
		männlich	weiblich	
Veranstaltungsform	Seminar	125	621	746
	Vorlesung	142	670	812
Gesamt		267	1291	1558

c)

Chi-Quadrat-Tests

	Wert	df	Asymptotische Signifikanz (2-seitig)	Exakte Signifikanz (2-seitig)	Exakte Signifikanz (1-seitig)
Chi-Quadrat nach Pearson	,147a	1	,702		
Kontinuitätskorrekturb	,100	1	,752		
Likelihood-Quotient	,147	1	,702		
Exakter Test nach Fisher				,737	,376
Zusammenhang linear-mit-linear	,146	1	,702		
Anzahl der gültigen Fälle	1558				

a. 0 Zellen (,0%) haben eine erwartete Häufigkeit kleiner 5. Die minimale erwartete Häufigkeit ist 127,84.
b. Wird nur für eine 2x2-Tabelle berechnet

Abbildung 119: Kreuztabelle und Chi-Quadrat-Test

Diese Abweichung kann durch die Option /CELLS = OBSERVED EXPECTED verdeutlicht werden, da hier zusätzlich die Erwartungswerte ausgeben werden. Über das Menü ist diese Option unter dem Menüpunkt ZELLEN abrufbar (vgl. Abb. 120).

Abbildung 120: Kreuztabellen – Zellen anzeigen

Der entsprechende Syntaxbefehl lautet:

CROSSTABS
  /TABLES = typ BY geschl
  /STATISTICS = CHISQ
  /CELLS = COUNT EXPECTED.

Hier wird nun in der Kreuztabelle die beobachtete Verteilung mit den zugehörigen Erwartungswerten ausgegeben. Dieser zusätzliche Teil der Ausgabe erlaubt es nun, wie die Abbildung 121 zeigt, dass beide Werte jeweils zellenweise verglichen werden können.

Veranstaltungsform * Geschlecht Kreuztabelle

			Geschlecht		Gesamt
			männlich	weiblich	
Veranstaltungsform	Seminar	Anzahl	125	621	746
		Erwartete Anzahl	127,8	618,2	746,0
	Vorlesung	Anzahl	142	670	812
		Erwartete Anzahl	139,2	672,8	812,0
Gesamt		Anzahl	267	1291	1558
		Erwartete Anzahl	267,0	1291,0	1558,0

Abbildung 121: Ausgabe der Kreuztabelle

Es wird in dieser Tabelle zunächst – wie beispielsweise in der ersten Zelle zu sehen ist – immer die beobachtete Anzahl (125 Männer in Seminaren) und dann der zugehörige Erwartungswert angegeben. Hier werden 127.8 Männer aufgrund der Randsummenverteilung erwartet. Es gibt also tendenziell weniger Männer in Seminaren, als aufgrund der Randsummen zu erwarten ist. Dies zeigt sich auch darin, dass tendenziell mehr Männer Vorlesungen besuchen, als aufgrund der Randsummen vorhergesagt wird. Diese Abweichung wird auf Signifikanz getestet, indem der Chi-Quadrat-Test die quadrierte Differenz der beiden Werte in jeder Zelle berücksichtigt (mehr hierzu bei Leonhart, 2009).

Ordinalskalierte Merkmale

Die Annahme, dass die im Beispielfragebogen verwendeten Items als intervallskaliert und normalverteilt betrachtet werden können, kann in Frage gestellt werden. Deshalb kann zur Auswertung einzelner Items im Beispielfragebogen bei zwei Gruppen der liberalere Mann-Whitney-U-Test verwendet werden. Dieser geht „nur" von ordinalskalierten Merkmalen aus. Der Aufruf erfolgt über ANALYSIEREN – NICHTPARAMETRISCHE TESTS – ZWEI UNABHÄNGIGE STICHPROBEN (vgl. Abb. 122).

Vergleich von zwei Rangreihen

Abbildung 122: Aufruf von nonprametrischen Testverfahren

Es soll untersucht werden, ob sich im Item „Es werden genügend Beispiele ..." die Bewertungen von Dozent 1 und Dozent 6 unterscheiden. Als Testverfahren wird hier der Mann-Whitney-U-Test ausgewählt. Dieser kann auch über die folgende Syntax aufgerufen werden:

```
NPAR TESTS
  /M-W = item5 BY dozent(1 6).
```

Beide Vorgehensweisen ergeben die in Abbildung 123 dargestellte Ausgabe. In Teil a werden die Gruppengrößen, die mittleren Rangsummen sowie die Gesamtrangsummen dargestellt. Der Mann-Whitney-U-Test beruht auf Rangplätzen und nicht auf dem Mittelwert der jeweiligen Variablen. Aufgrund dieser Ranginformationen wird der folgende Teil b der Ausgabe produziert.

a)

Ränge

	Dozent	N	Mittlerer Rang	Rangsumme
Es werden genügend Beispiele verwendet.	1	267	192,04	51274,00
	6	104	170,50	17732,00
	Gesamt	371		

b)

Statistik für Test[a]

	Es werden genügend Beispiele verwendet.
Mann-Whitney-U	12272,000
Wilcoxon-W	17732,000
Z	-1,815
Asymptotische Signifikanz (2-seitig)	,070

a. Gruppenvariable: Dozent

Abbildung 123: Ergebnis der nicht parametrischen Prüfverfahren

Hier wird der U-Wert nach Mann-Whitney berechnet (U = 12 272). Dieser wird mittels eines Z-Prüfwertes (–1.815) auf Signifikanz geprüft (p = .070). Die Bewertungen der beiden Dozenten unterscheiden sich bei einer ungerichteten Hypothese nicht bedeutsam. Liegt hingegen eine gerichtete Hypothese vor, müsste der p-Wert halbiert werden, so dass in diesem Fall eine signifikante Differenz mit diesem nicht parametrischen Verfahren belegt werden kann.

t-Test für unabhängige Stichproben

Vergleich von zwei Mittelwerten über den t-Test

Für intervallskalierte Merkmale und zwei unabhängige Stichproben wird der t-Test für unabhängige Stichproben verwendet. In der Datei Daten1.sav sollen über die Variable Skala 3 die Dozenten paarweise verglichen werden. Das Verfahren erlaubt hierbei den Vergleich von zwei Dozenten.

> **Anmerkung**
> Beim Vergleichen von mehr als zwei Gruppen ist im Allgemeinen die Varianzanalyse das passendere Verfahren, als der paarweise Vergleich mehrerer Gruppen nacheinander.

Beim t-Test wird eine beobachtete Mittelwertdifferenz am Standardfehler der Mittelwerte relativiert. Der resultierende t-Wert wird an einer vom Freiheitsgrad abhängenden kritischen Signifikanzgrenze (kritischer t-Wert) auf statistische Bedeutsamkeit überprüft. Dies kann für unabhängige und abhängige Stichproben ermittelt werden.

Im folgenden Abschnitt sollen nun die Evaluationswerte der Skala 3 von Dozent 1 und 6 verglichen werden. Der Aufruf erfolgt über ANALYSIEREN, MITTELWERTE VERGLEICHEN, T-TEST BEI UNABHÄNGIGEN STICHPROBEN (vgl. Abb. 124). Die Stufen der Merkmalsausprägung, welche den Faktor, das heißt die Gruppen, bilden, müssen hier (auch wenn nur zwei Stufen vorliegen) angegeben werden (vgl. Abb. 125).

Abbildung 124: t-Test bei unabhängigen Stichproben

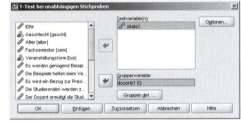

Abbildung 125: Auswahl der Gruppenvariablen

Analog kann dies über den folgenden Befehl erreicht werden:

T-TEST GROUPS = dozent(1 6)
  /VARIABLES = skala3.

Unabhängig vom Vorgehen ergibt sich die in Abbildung 126 dargestellte Ausgabe. In Teil a werden die deskriptiven Kennwerte aufgelistet. Es werden hier von Dozent 1 insgesamt 267 Bewertungen ausgewertet, wobei der mittlere Skalenwert bei 2.3159 liegt (Standardabweichung 1.17). Der Dozent 6 erhält hingegen nur 104 Bewertungen mit einem Mittelwert von 1.8622 (Standardabweichung 0.82). Der eigentliche t-Test erscheint in Teil b der Ausgabe.

a)

Gruppenstatistiken

	Dozent	N	Mittelwert	Standardabweichung	Standardfehler des Mittelwertes
skala3	1	267	2,3159	1,16966	,07158
	6	104	1,8622	,82388	,08079

b)

Tests bei unabhängigen Stichproben

		Levene-Test der Varianzgleichheit		T-Test für die Mittelwertgleichheit						
									95% Konfidenzintervall der Differenz	
		F	Signifikanz	T	df	Sig. (2-seitig)	Mittlere Differenz	Standardfehler der Differenz	Untere	Obere
skala3	Varianzen sind gleich	11,673	,001	3,620	369	,000	,45368	,12533	,20722	,70013
	Varianzen sind nicht gleich			4,203	264,974	,000	,45368	,10794	,24115	,66820

Abbildung 126: Ergebnis des t-Tests

Voraussetzungsprüfung über den Levene-Test

Teil b soll nun noch im Detail besprochen werden. Zuerst der linke Teil der Berechnungen: Der Levene-Test überprüft, ob die Merkmalsstreuung in beiden Stichproben homogen, das heißt vergleichbar, ist. Dies ist eine Voraussetzung für den t-Test für homogene Varianzen. Hier zeigt es sich, dass mit einem F-Wert von 11.673 der Test auf Varianzhomogenität signifikant wird und somit von Varianzhomogenität nicht ausgegangen werden kann.

Deshalb muss in der gesamten Ausgabe nun die untere Zeile (Varianzen sind nicht gleich) berücksichtigt werden. Dort wird der t-Test für heterogene Varianzen dargestellt, welcher nicht die Varianzhomogenität als Voraussetzung beinhaltet. Es zeigt sich, dass bei einem t-Wert von 4.203 und 264.97 Freiheitsgraden die Mittelwertsdifferenz statistisch bedeutsam ist (p < .001). Die Nachkommastellen bei den Freiheitsgraden entstehen hierbei durch eine Korrekturformel (mehr zu den statistischen Verfahren bei Leonhart, 2009).

> **Anmerkung**
>
> Neben den vorgegebenen Gruppen kann auch beispielsweise ein Median-Split durchgeführt werden. So könnte sich die Frage stellen, ob die Bewertung eines Dozenten vom Alter der Studierenden abhängt. Dazu würde zunächst der Median des Alters ermittelt werden und dann über einen Median-Split die jüngere und die ältere Stichprobe verglichen werden.

Hierzu muss über ANALYSIEREN – HÄUFIGKEITEN zuerst der Median der Variablen Alter ermittelt werden (vgl. Abb. 127 und 128).

Abbildung 127:
Aufruf des Häufigkeitenbefehls

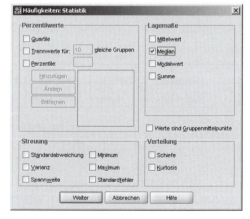

Abbildung 128:
Auswahl des Medians bei Optionen

Dies kann auch analog über den folgenden Befehl geschehen:

FREQUENCIES VARIABLES = alter
  /FORMAT = NOTABLE
  /STATISTICS = MEDIAN.

Durch den Unterbefehl /FORMAT = NOTABLE wird bewirkt, dass keine Häufigkeitstabelle ausgegeben wird. Die Ausgabe ohne die Häufigkeitstabellen ergibt das in Abbildung 129 dargestellte Ergebnis. Der Median des Alters liegt in der Stichprobe bei 20 Jahren. Somit kann über einen Median-Split die Bewertung der jüngeren Studierenden mit der Bewertung der älteren Studierenden in der Variablen Skala 3 verglichen werden.

Statistiken

Alter		
N	Gültig	1558
	Fehlend	0
Median		20,00

Abbildung 129: Anzahl der berücksichtigten Fälle

Der Aufruf erfolgt – wie schon dargestellt – über ANALYSIEREN, MITTELWERTE VERGLEICHEN, T-TEST BEI UNABHÄNGIGEN STICHPROBEN (vgl. Abb. 130). Die Variable, deren Median zur Bildung des Faktors herangezogen werden soll, muss hier mit dem Median angegeben werden (vgl. Abb. 131).

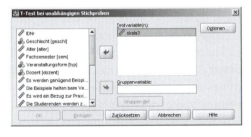

Abbildung 130: T-Test für unabhängige Stichproben

Abbildung 131: Aufteilung am Median

Analog kann der folgende Befehl verwendet werden:

T-TEST GROUPS = alter(20)
  /VARIABLES = skala3.

Gruppen können auch über den Median-Split gebildet werden

Der Befehl hat die Ausgabe in Abbildung 132 zur Folge. Auch hier werden zuerst die deskriptiven Statistiken dargestellt. In der Gruppe der älteren Studierenden werden bessere (niedrigere) Werte vergeben (2.1452 vs. 2.2432). Teil b der Ausgabe zeigt nun, dass mit einem F-Wert von 0.327 und einem p-Wert von .568 von Varianzhomogenität ausgegangen werden kann. Somit muss die obere Zeile zur Interpretation herangezogen werden. Hier wird ein p-Wert von .081 ausgegeben. Ist somit die Mittelwertdifferenz statistisch bedeutsam oder nicht?

a) **Gruppenstatistiken**

	Alter	N	Mittelwert	Standard-abweichung	Standardfehler des Mittelwertes
skala3	>= 20	822	2,1452	1,12502	,03924
	< 20	736	2,2432	1,08443	,03997

b) **Tests bei unabhängigen Stichproben**

		Levene-Test der Varianzgleichheit		T-Test für die Mittelwertgleichheit					
									95 % Konfidenzintervall der Differenz
		F	Signifi-kanz	T	df	Sig. (2-seitig)	Mittlere Differenz	Standardfehler der Differenz	Untere	Obere
skala3	Varianzen sind gleich	,327	,568	−1,747	1556	,081	−,09803	,05613	−,20813	,01206
	Varianzen sind nicht gleich			−1,750	1547,551	,080	−,09803	,05601	−,20790	,01148

Abbildung 132: Ergebnis des t-Tests

In den bisherigen Ausführungen wurde von ungerichteten Hypothesen ausgegangen. Es wurde somit die Fragestellung untersucht, ob sich zwei Stichprobenkennwerte im untersuchten Merkmal bedeutsam unterscheiden. In der psychologischen Forschung kann hingegen meist theoriefundiert eine gerichtete Hypothese definiert werden, weil eine Vermutung über die Richtung des Unterschiedes vorliegt. Somit könnte hier davon ausgegangen werden, dass in der Stichprobe der jüngeren Studierenden (aufgrund vorangegangener Studien) höhere Werte angegeben werden. Bei einer gerichteten Fragestellung wird nun bildhaft gesprochen das Niveau für einen Alphafehler nur auf einer Seite der Verteilung angeordnet. Allerdings erlaubt die hier vorgestellte Statistik-Software nicht die Überprüfung von gerichteten Hypothesen.

Um dennoch gerichtete Hypothesen testen zu können, ist folgendermaßen vorzugehen:

Drei Schritte bei der Ergebnisinterpretation

1. Liegt die Mittelwertsdifferenz in der vermuteten/gewünschten Richtung? Hier im Beispiel kann die Hypothese, dass in der Stichprobe der Jüngeren größere Werte vorliegen, bestätigt werden (Jüngere MW = 2.2432 vs. Ältere MW = 2.1452). Falls dies nicht der Fall gewesen wäre, müsste an dieser Stelle der Analyse abgebrochen werden.

2. Analog zur Testung ungerichteter Hypothesen erfolgt im zweiten Schritt die Überprüfung der Varianzhomogenität mittels Levene-Test. In diesem Beispiel ist Varianzhomogenität gegeben.
3. Im dritten, entscheidenden Schritt erfolgt nun die Signifikanzprüfung. Da gerichtet getestet wird und das Ergebnis in die erwartete Richtung geht, muss „von Hand" nun einfach der p-Wert halbiert werden. Somit wäre die gefundene Mittelwertsdifferenz bei einem p-Wert von .040 (= .081 / 2) signifikant, da der halbierte p-Wert kleiner als das Alpha-Niveau von .05 ist.

> **Anmerkung**
> Dieses Vorgehen ist nur zu vertreten, falls die Hypothesen vor der Datenerhebung definiert wurden. Ein Richten der Hypothesen im Nachhinein in die „richtige" Richtung sorgt für einen unkontrollierbaren Alpha-Fehler.

7.2.2 Verfahren für mehr als zwei Stichproben

Mehrfelder-Chi-Quadrat-Test

Der Vier-Felder-Chi-Quadrat-Test als Unterbefehl des CROSSTABS-Befehls kann auch bei mehr als nur zweifach gestuften Merkmalen (2 × 2-Test) verwendet werden.

Analyse polytomer Merkmale möglich

Im Folgenden soll als Beispiel untersucht werden, ob die Geschlechterverteilung in den Lehrveranstaltungen möglicherweise vom Dozenten abhängt. Hier wird nun die Geschlechterverteilung über alle zehn Dozenten hinweg analysiert. Hierzu erfolgt der Aufruf analog zum Vier-Felder-Chi-Quadrat-Test im Menü über ANALYSIEREN – DESKRIPTIVE STATISTIKEN – KREUZTABELLEN (vgl. Abb. 133).

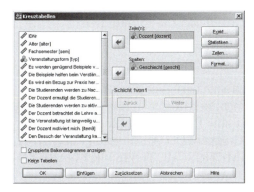

Abbildung 133:
Aufruf von Kreuztabellen

Analog kann der folgende Befehl verwendet werden:

```
CROSSTABS
  /TABLES = dozent BY geschl
  /STATISTICS = CHISQ .
```

Unterschiedliche Verteilungen bei polytomen Variablen

Für die Daten des Datensatzes Daten1.sav zeigen sich nun die in Abbildung 134 dargestellten Ergebnisse. In Teil a wird die Anzahl der gültigen Fälle (N = 1 558) dargestellt. Es folgt eine Häufigkeitsauszählung über die Merkmalskombination Geschlecht und Dozent in Teil b. In dieser Häufigkeitstabelle wird beispielsweise in der ersten Zeile ausgegeben, dass beim ersten Dozenten 38 Männer und 229 Frauen eine Lehrveranstaltung besucht haben. Ob diese Werte den erwarteten Werten entsprechen, wird in Teil c auf Signifikanz getestet. Hier zeigt der Chi-Quadrat-Wert nach Pearson mit 10.546 bei neun Freiheitsgraden einen Signifikanzwert von p = .308. Somit muss die Nullhypothese aufrechterhalten werden. Inhaltlich bedeutet dies, dass keine abweichende Präferenz der Studentinnen und Studenten bezüglich der Dozenten vorliegt.

a) **Verarbeitete Fälle**

	Fälle					
	Gültig		Fehlend		Gesamt	
	N	Prozent	N	Prozent	N	Prozent
Dozent * Geschlecht	1558	100,0%	0	,0%	1558	100,0%

b) **Dozent * Geschlecht Kreuztabelle**

Anzahl

		Geschlecht		Gesamt
		männlich	weiblich	
Dozent	1	38	229	267
	2	42	151	193
	3	45	192	237
	4	38	207	245
	5	54	227	281
	6	19	85	104
	7	12	71	83
	8	5	55	60
	9	5	21	26
	10	9	53	62
Gesamt		267	1291	1558

c) **Chi-Quadrat-Tests**

	Wert	df	Asymptotische Signifikanz (2-seitig)
Chi-Quadrat nach Pearson	10,546[a]	9	,308
Likelihood-Quotient	11,063	9	,271
Zusammenhang linear-mit-linear	,530	1	,467
Anzahl der gültigen Fälle	1558		

a. 1 Zellen (5,0%) haben eine erwartete Häufigkeit kleiner 5. Die minimale erwartete Häufigkeit ist 4,46.

Abbildung 134: Ergebnis der Mehrfelder-Chi-Quadrat-Tests

H-Test von Kruskal und Wallis

Rangdaten in mehr als zwei Gruppen

Werden mehr als zwei Stichproben bezüglich eines maximal ordinalskalierten Merkmals verglichen, so wird der H-Test von Kruskal und Wallis verwendet. Dieser ist eine Erweiterung des Mann-Whitney-U-Tests auf mehr als zwei Gruppen. Der Aufruf erfolgt über ANALYSIEREN – NICHTPARAMETRISCHE TESTS – K UNABHÄNGIGE STICHPROBEN (vgl. Abb. 135).

Abbildung 135:
H-Test von Kruskal und Wallis

Der Test kann auch über diese Syntax aufgerufen werden:

NPAR TESTS
 /K-W = item5 BY dozent(1 10).

Beide Vorgehensweisen ergeben die in Abbildung 136 dargestellte Ausgabe. In Teil a werden für alle Dozenten die Stichprobengrößen und die mittleren Ränge pro Dozent ausgegeben. Der eigentlich relevante Teil der Ausgabe ist jedoch die zweite Tabelle. In diesem Teil wird der Chi-Quadrat-Wert des Kruskal-Wallis-Tests angegeben (50.079), welcher statistisch bedeutsame Unterschiede zwischen den Dozenten belegt ($p < .001$).

a) **Ränge**

	Dozent	N	Mittlerer Rang
Der Dozent ermutigt die Studierenden zur Beteiligung.	1	266	838,82
	2	193	861,45
	3	237	765,41
	4	245	764,86
	5	281	828,61
	6	104	601,66
	7	83	723,87
	8	60	693,09
	9	26	516,77
	10	62	713,09
	Gesamt	1557	

b) **Statistik für Test[a,b]**

	Der Dozent ermutigt die Studierenden zur Beteiligung.
Chi-Quadrat	50,079
df	9
Asymptotische Signifikanz	,000

a. Kruskal-Wallis-Test
b. Gruppenvariable: Dozent

Abbildung 136: Ergebnis des Kruskal-Wallis-Tests

Varianzanalysen für unabhängige Stichproben

Die Varianzanalyse ist die Methode für Fragestellungen, die sich mit Mittelwertsvergleichen einer oder mehrerer intervallskalierter Variablen bei mehr als zwei Stichproben befassen. Prinzipiell handelt es sich hierbei um eine Erweiterung des t-Tests von zwei auf mehrere

Intervallskalierte Merkmale in mehr als zwei Gruppen

Gruppen. Auch hier wird die Gruppenzugehörigkeit durch unabhängige Variablen definiert. Im Unterschied zum t-Test sind mehr als zwei Stufen der unabhängigen Variablen (z. B. Vergleich von drei verschiedenen Experimentalbedingungen) möglich. Werden die Gruppen anhand der Merkmalsausprägung einer Variablen gebildet, wird dies als einfaktorielle Varianzanalyse bezeichnet. Erfolgt die Gruppenbildung über mehrere unabhängige Variablen (Faktoren), wird dies als mehrfaktorielle Varianzanalyse bezeichnet.

Die varianzanalytischen Verfahren werden weiter nach der Zahl der abhängigen Variablen in univariate und multivariate Varianzanalysen eingeteilt. Der folgende Abschnitt stellt die univariaten Verfahren vor. Der Bereich der multivariaten Verfahren wird in diesem Buch nicht behandelt.

Einfaktorielle Varianzanalyse

Es soll die Frage untersucht werden, ob sich die in der Datei Daten1.sav aufgeführten Dozenten bezüglich der Evaluation in der Variablen Skala 3 voneinander unterscheiden. Somit kann untersucht werden, ob sich der Dozent, beziehungsweise seine Fähigkeiten (unabhängige Variable), auf die mit Skala 3 erfasste Bewertung (abhängige Variable) auswirkt. Der Aufruf der Varianzanalyse erfolgt über ANALYSIEREN – ALLGEMEINES LINEARES MODELL UNIVARIAT (vgl. Abb. 137).

Abbildung 137: Einfaktorielle Varianzanalyse

Hierbei empfiehlt es sich immer, unter dem Menüpunkt OPTIONEN die deskriptiven Statistiken und die Schätzer der Effektgrößen, sowie die Homogenitätstests zur Überprüfung der Varianzhomogenität auszuwählen (vgl. Abb. 138).

Abbildung 138:
Optionen bei der Varianzanalyse

Analog hierzu kann die folgende Syntax verwendet werden:

```
UNIANOVA skala3 BY dozent
  /METHOD = SSTYPE(3)
  /INTERCEPT = INCLUDE
  /PRINT = ETASQ HOMOGENEITY DESCRIPTIVE
  /CRITERIA = ALPHA(.05)
  /DESIGN = dozent.
```

Dies ergibt die in Abbildung 139 dargestellte Ausgabe, welche in Schritten besprochen werden soll. An erster Stelle werden die Zellenbesetzungen dargestellt. Hier zeigt es sich, dass die Dozenten von unterschiedlich vielen Studierenden bewertet wurden. Beispielsweise

Zwischensubjektfaktoren

Dozent	N
1	267
2	193
3	237
4	245
5	281
6	104
7	83
8	60
9	26
10	62

Abbildung 139: Anzahl der Personen pro Gruppe

Deskriptive Statistiken

Abhängige Variable: skala3

Dozent	Mittelwert	Standardabweichung	N
1	2,3159	1,16966	267
2	2,1710	1,04145	193
3	2,1491	1,10864	237
4	2,1687	1,04873	245
5	2,3096	1,18231	281
6	1,8622	,82388	104
7	2,1807	1,15740	83
8	1,9667	1,02456	60
9	2,3462	1,15655	26
10	2,1559	1,19000	62
Gesamt	2,1915	1,10676	1558

Abbildung 140: Mittelwert pro Gruppe

liegen 267 Skalenwerte von Dozent 1 vor, während es nur 26 Bewertungen zu Dozent 9 gibt. Im nächsten Teil der Ausgabe werden die angeforderten deskriptiven Statistiken dargestellt (vgl. Abb. 140). Hier kann sich der Anwender anhand der Mittelwerte und der Streuung des Merkmals in den einzelnen Gruppen ein Bild zu den Gruppenunterschieden machen, jedoch ohne eine Prüfung auf Signifikanz der Differenzen.

Voraussetzungsprüfung über den Levene-Test

Anschließend wird mit Hilfe des Levene-Tests die Voraussetzung der Varianzhomogenität geprüft (vgl. Abb. 141). Dieses Prüfergebnis zeigt, dass die Voraussetzung der Varianzhomogenität nicht gegeben ist, was bei der Interpretation der Ergebnisse berücksichtigt werden muss. Abbildung 142 gibt die Signifikanzprüfung des Faktors Dozent an. Hierbei wird die Gesamtquadratsumme (Wichtig: Korrigierte Gesamtvariation, nicht bei Gesamt ablesen!) mit 1 907.207 zerlegt in eine Fehlerquadratsumme (1 883.501) und eine Quadratsumme des Faktors Dozent (23.706). Anhand der zugehörigen Freiheitsgrade (9 beziehungsweise 1 548) werden dann die mittleren Quadratsummen (in der Tabelle leider missverständlich als Mittel der Quadrate bezeichnet) zerlegt. Diese sind 2.634 für den Faktor Dozent und 1.217 für den Fehler. Der Quotient aus beiden ergibt dann den F-Wert von 2.165, welcher statistisch signifikant wird (p = .022). Allerdings zeigen das partielle Eta-Quadrat (siehe Spalte 7) und das R-Quadrat (siehe Fußnote der Tabelle) mit .012, dass der Anteil der erklärbaren Varianz gering ist.

Levene-Test auf Gleichheit der Fehlervarianzen[a]

Abhängige Variable:skala3

F	df1	df2	Sig.
2,383	9	1548	,011

Prüft die Nullhypothese, daß die Fehlervarianz der abhängigen Variablen über Gruppen hinweg gleich ist.

a. Design: Konstanter Term + dozent

Abbildung 141: Ergebnis des Levene-Tests

Tests der Zwischensubjekteffekte

Abhängige Variable:skala3

Quelle	Quadratsumme vom Typ III	df	Mittel der Quadrate	F	Sig.	Partielles Eta-Quadrat
Korrigiertes Modell	23,706[a]	9	2,634	2,165	,022	,012
Konstanter Term	4113,006	1	4113,006	3380,371	,000	,686
dozent	23,706	9	2,634	2,165	,022	,012
Fehler	1883,501	1548	1,217			
Gesamt	9389,667	1558				
Korrigierte Gesamtvariation	1907,207	1557				

a. R-Quadrat = ,012 (korrigiertes R-Quadrat = ,007)

Abbildung 142: Ergebnis der Varianzanalyse

> **Anmerkung**
> Bei der einfaktoriellen Varianzanalyse ohne Messwiederholung entspricht das partielle Eta-Quadrat dem R-Quadrat-Wert. Die Werte unterscheiden sich erst im mehrfaktoriellen Fall oder bei einer Messwiederholung (siehe Leonhart, 2009).

Hinweis: Mit der Entwicklung von SPSS sind mehrere Befehle im Laufe der verschiedenen Versionen entwickelt worden. So wurden bei den älteren Programmversionen der ONEWAY-, der ANOVA-und der MANOVA-Befehl angeboten. Seit Version 9.0 wird zusätzlich mit dem UNIANOVA- und dem GLM-Befehl gearbeitet. Jeder dieser Befehle hat seine Vor- und Nachteile. Hier werden nur der UNIANOVA- und der GLM-Befehl erklärt. *(Verschiedene Befehle für die Varianzanalyse)*

Der gefundene F-Wert deutet darauf hin, dass die Treatmentvarianz die Fehlervarianz übersteigt. Somit sind die Unterschiede zwischen den Gruppen (Treatmentvarianz) nicht auf Zufallsschwankungen zurückzuführen. Allerdings besagt ein signifikanter F-Wert – im Unterschied zum t-Test – nichts über die Art beziehungsweise Richtung des Effekts: Welche Dozenten unterscheiden sich nun von welchen anderen Dozenten bedeutsam? Um wie beim t-Test gerichtete Hypothesen formulieren zu können, können anstelle einer Varianzanalyse entweder a priori Hypothesen (Kontraste) getestet werden, oder es können im Anschluss an eine Varianzanalyse mit signifikantem Ergebnis a posteriori explorativ Mittelwertsunterschiede gesucht werden.

Die Formulierung von sogenannten Kontrasten, in denen die einzelnen Stufen eines Faktors miteinander verglichen werden, ersetzt den F-Test. Für das Beispiel des Evaluationsfragebogens könnte beispielsweise vermutet werden, dass sich die ersten fünf Dozenten und der neunte Dozent von den Dozenten 6 und 8 bedeutsam unterscheiden (zu den Regeln der Kontrastdefinition siehe Leonhart, 2009). Somit kann der folgende Kontrast formuliert werden: *(Kontraste als hypothesengeleitetes Vorgehen)*

```
1 1 1 1 1 -3 0 -3 1 0
```

> **Anmerkung**
> Kontraste (SPECIAL CONTRASTS) können nur über das Syntax-Fenster definiert werden. Eine Definition dieser speziellen Kontraste ist nicht über das „Anklicken" möglich.

```
UNIANOVA skala3 BY dozent
  /CONTRAST(dozent) = SPECIAL(1 1 1 1 1 -3 0 -3 1 0)
  /METHOD = SSTYPE(3)
  /INTERCEPT = INCLUDE
  /PRINT = ETASQ HOMOGENEITY DESCRIPTIVE
  /CRITERIA = ALPHA(.05)
  /DESIGN = dozent.
```

Dies ergibt die in Abbildung 143 dargestellten benutzerdefinierten Hypothesentests (hier wird nur auf die zusätzlichen Ausgaben bezüglich der Kontraste eingegangen). Zur richtigen Interpretation der Kontraste ist es wichtig, dass die Summe der Koeffizienten eines Kontrasts null ist. Statistisch unabhängig sind Kontraste, wenn die Summe der Produkte der jeweiligen Koeffizienten ebenfalls null ist. Es werden somit bei der paarweisen Unabhängigkeitsüberprüfung jeweils die Kontrastgewichte der jeweiligen Faktorstufen multipliziert und diese Werte dann addiert. Die Anzahl der unabhängigen Kontraste entspricht dem Freiheitsgrad des Faktors (p – 1). Im Beispiel sind somit neun unabhängige Kontraste möglich.

Bei p Gruppen sind nur p – 1 Kontraste möglich

a) **Kontrastergebnisse (K-Matrix)**

Dozent Spezieller Kontrast		Abhängige Variable skala3
L1	Kontrastschätzer	1,974
	Hypothesenwert	0
	Differenz (Schätzung - Hypothesen)	1,974
	Standardfehler	,600
	Sig.	,001
	95% Konfidenzintervall für die Differenz Untergrenze	,797
	Obergrenze	3,151

b) **Testergebnisse**

Abhängige Variable:skala3

Quelle	Quadratsumme	df	Mittel der Quadrate	F	Sig.	Partielles Eta-Quadrat
Kontrast	13,172	1	13,172	10,826	,001	,007
Fehler	1883,501	1548	1,217			

Abbildung 143: Ergebnisse der Kontrastanalyse

> **Anmerkung**
> Die Voraussetzungen für Kontraste (Summe gleich null und Unabhängigkeit) werden von SPSS nicht überprüft.

Die Kontraste werden über einen t-Test auf Signifikanz geprüft und können deshalb auch als gerichtete Hypothesen formuliert werden. Dies muss bei der Interpretation des Ausdrucks analog zum t-Test berücksichtigt werden.

Der Wert des ermittelten Kontrasts ist positiv (Kontrastwert = 1.974) und signifikant (p = .001). Neben diesen Werten werden noch der Standardfehler des Kontrasts und das Konfidenzintervall angegeben.

Neben den benutzerdefinierten Kontrasten bietet SPSS auch noch eine Reihe von vordefinierten Kontrasten an. Diese sind über den Menüpunkt KONTRASTE aufrufbar (vgl. Abb. 144).

Vordefinierte Kontraste

Abbildung 144:
Vordefinierte Kontraste

Die Berechungen, welche nach dem Aufruf einer dieser vordefinierten Kontraste durchgeführt werden, sind in Tabelle 1 zusammengefasst.

Tabelle 1: Kontrasttyp und durchgeführte Berechnungen

Kontrasttyp	Berechnungsbeispiel mit 5 Gruppen
Abweichung: Differenz der Mittelwerte jeder Faktorstufe außer der letzten Faktorstufe zum Gesamtmittelwert aus allen Faktorstufen	1 vs. Gesamtmittelwert 2 vs. Gesamtmittelwert 3 vs. Gesamtmittelwert 4 vs. Gesamtmittelwert 5 vs. Gesamtmittelwert
Einfach: Differenz jeder Faktorstufe mit der ersten (oder letzten) Faktorstufe (typisches Kontrollgruppendesign)	1 vs. 2 1 vs. 3 1 vs. 4 1 vs. 5

Tabelle 1 (Fortsetzung)**:** Kontrasttyp und durchgeführte Berechnungen

Kontrasttyp	Berechnungsbeispiel mit 5 Gruppen
Differenz: Eine Stufe wird mit dem Mittelwert der vorherigen Stufen verglichen	2 vs. 1 3 vs. Mittelwert 1 und 2 4 vs. Mittelwert 1, 2 und 3 5 vs. Mittelwert 1, 2, 3 und 4
Helmert: Jede Faktorstufe wird mit dem Mittelwert der nachfolgenden Faktorstufen verglichen (inverses Verfahren zum Differenz-Typ)	1 vs. Mittelwert 2, 3, 4 und 5 2 vs. Mittelwert 3, 4 und 5 3 vs. Mittelwert 4 und 5 4 vs. 5
Wiederholt: Paarweiser Vergleich einer Faktorstufe mit der nachfolgenden Faktorstufe	1 vs. 2 2 vs. 3 3 vs. 4 4 vs. 5
Polynomial: Prüfung auf lineare, quadratische und kubische Trends im Verlauf, empfiehlt sich bei Messwiederholungsdesigns	

Hierbei wird beispielsweise bei dem mit ABWEICHUNG aufrufbaren Kontrast zuerst die erste Gruppe mit dem Gesamtmittelwert verglichen (1 vs. Gesamtmittelwert), während unter der Option EINFACH nur ein paarweiser Vergleich der Gruppen mit einer Referenzgruppe (eventuell einer Kontrollgruppe) stattfindet.

Post-hoc-Vergleiche zur explorativen Suche

Neben der Formulierung von A-priori-Hypothesen und der hiervon abhängenden Bildung von Kontrasten gibt es die Möglichkeit, verschiedene Post-hoc-Einzelvergleiche durchzuführen. Während die Kontraste als hypothesengeleitetes Vorgehen verstanden werden, sind die Post-hoc-Verfahren als explorative, hypothesengenerierende Verfahren zu betrachten. Hierbei werden alle möglichen Mittelwertsvergleiche durchgeführt und potenzielle Untergruppen gesucht. Verfahren wie der Scheffé- oder der Tukey-Test basieren auf der Festlegung einer kritischen Mittelwertdifferenz durch die jeweiligen Verfahren. Anschließend wird geprüft, ob die vorhandenen Differenzen der Gruppenmittelwerte größer sind als die durch das Verfahren bestimmte kritische Differenz. Hierzu wird für alle möglichen Paarungen die Differenz berechnet.

Hinweis: Auf die mathematische Darstellung der einzelnen Verfahren mit einer ausführlichen Diskussion der jeweiligen Vor- und Nachteile soll an dieser Stelle verzichtet werden (siehe Leonhart, 2009). Das „Ansehen" der Post-hoc-Vergleiche wird momentan noch kontrovers diskutiert. Für einige Forschende stellen Post-hoc-Vergleiche immer nur eine Notlösung dar, wenn aus Mangel an theoretischem Wissen nicht a priori Kontraste formuliert werden konnten. Allerdings gibt es andere Forscher, welche dieses explorative Vorgehen anraten, insbesondere wenn Daten unter großem Aufwand erhoben wurden. Diese können dann zur Gewinnung neuer Hypothesen genutzt werden.

> **Achtung**
> Es sollten falls möglich aufgrund der höheren Teststärke immer Kontraste verwendet werden. Auf gar keinen Fall darf mittels der Post-hoc-Verfahren nach „geeigneten" Mittelwertsvergleichen gesucht und anschließend passend zu den Ergebnissen ein Kontrast definiert werden. Dann ist der Alpha-Fehler nicht mehr kontrollierbar.

Kontraste sind teststärker als Post-hoc-Vergleiche

Zur Ermittlung der Post-Hoc-Verfahren und als Wiederholung für die Varianzanalyse soll nun die Variable Skala 2 herangezogen werden. Hierbei wird die Fragestellung untersucht, ob sich die Dozenten bezüglich der Variable Skala 2 unterscheiden (vgl. Abb. 145). Exemplarisch soll hier das Tukey-Verfahren vorgestellt werden (vgl. Abb. 146).

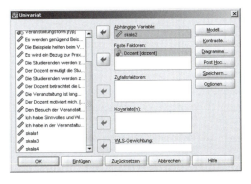

Abbildung 145: Aufruf der Varianzanalyse

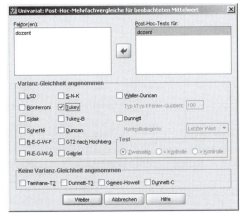

Abbildung 146: Tukey-Verfahren

Analog zum Menü ist der Aufruf der folgenden Syntax möglich.

```
UNIANOVA skala2 BY dozent
  /METHOD = SSTYPE(3)
  /INTERCEPT = INCLUDE
  /POSTHOC = dozent(TUKEY)
  /CRITERIA = ALPHA(0.05)
  /DESIGN = dozent.
```

Es ergibt sich der in Abbildung 147 (gekürzt) dargestellte Ausdruck. In Teil a wird deutlich, dass der Faktor Dozent bei der Variablen Skala 2 mit einem F-Wert von 6.104 einen statistisch bedeutsamen Einfluss hat (p < .001). Es stellt sich nun die Frage, welche Dozenten sich von welchen Dozenten bedeutsam unterscheiden. Hierüber gibt der Post-hoc-Test in Teil b Auskunft (Darstellung für die ersten beiden Dozenten). Es zeigt sich, dass sich der erste Dozent signifi-

a) **Tests der Zwischensubjekteffekte**

Abhängige Variable: skala2

Quelle	Quadratsumme vom Typ III	df	Mittel der Quadrate	F	Sig.
Korrigiertes Modell	85,703ᵃ	9	9,523	6,104	,000
Konstanter Term	3571,954	1	3571,954	2289,538	,000
dozent	85,703	9	9,523	6,104	,000
Fehler	2411,946	1546	1,560		
Gesamt	9779,111	1556			
Korrigierte Gesamtvariation	2497,648	1555			

a. R-Quadrat = ,034 (korrigiertes R-Quadrat = ,029)

b) **Multiple Comparisons**

skala2
Tukey-HSD

(I)Dozent	(J)Dozent	Mittlere Differenz (I-J)	Standardfehler	Sig.	95%-Konfidenzintervall Untergrenze	95%-Konfidenzintervall Obergrenze
1	2	-,1076	,11820	,996	-,4820	,2669
	3	,2066	,11167	,703	-,1472	,5604
	4	,1836	,11070	,819	-,1672	,5343
	5	,0262	,10695	1,000	-,3127	,3650
	6	,6968*	,14453	,000	,2389	1,1547
	7	,4229	,15711	,178	-,0748	,9207
	8	,5568	,17858	,058	-,0090	1,1226
	9	,8218*	,25669	,045	,0085	1,6351
	10	,3830	,17621	,476	-,1753	,9413
2	1	,1076	,11820	,996	-,2669	,4820
	3	,3142	,12110	,221	-,0695	,6979
	4	,2911	,12021	,313	-,0898	,6720
	5	,1337	,11677	,980	-,2363	,5037
	6	,8043*	,15194	,000	,3229	1,2857
	7	,5305*	,16395	,041	,0110	1,0499
	8	,6644*	,18462	,012	,0794	1,2493
	9	,9293*	,26094	,014	,1026	1,7561
	10	,4905	,18234	,178	-,0872	1,0682

Grundlage: beobachtete Mittelwerte.
Der Fehlerterm ist Mittel der Quadrate(Fehler) = 1,560.
*. Die mittlere Differenz ist auf dem ,05-Niveau signifikant.

c) skala2

Tukey-HSDᵃ,ᵇ,ᶜ

Dozent	N	Untergruppe 1	Untergruppe 2	Untergruppe 3	Untergruppe 4
9	26	1,5128			
6	104	1,6378	1,6378		
8	60	1,7778	1,7778	1,7778	
7	83	1,9116	1,9116	1,9116	1,9116
10	62	1,9516	1,9516	1,9516	1,9516
3	237		2,1280	2,1280	2,1280
4	245		2,1510	2,1510	2,1510
5	281			2,3084	2,3084
1	265			2,3346	2,3346
2	193				2,4421
Sig.		,370	,165	,092	,132

Mittelwerte für Gruppen in homogenen Untergruppen werden angezeigt.
 Grundlage: beobachtete Mittelwerte.
 Der Fehlerterm ist Mittel der Quadrate(Fehler) = 1,560.
a. Verwendet Stichprobengrößen des harmonischen Mittels = 87,923
b. Die Größen der Gruppen ist ungleich. Es wird das harmonische Mittel der Größe der Gruppen verwendet. Fehlerniveaus für Typ I werden nicht garantiert.
c. Alpha = ,05

Abbildung 147: Ergebnisse der Varianzanalyse

kant von Dozent 6 (Differenz = 0.6968, p < .001) und von Dozent 9 (Differenz = 0.8218, p = .045) unterscheidet. Die Mittelwerte der anderen Dozenten unterscheiden sich nicht von dem Mittelwert des Dozenten 1. Bei Dozent 2 finden sich hingegen bedeutsame Unterschiede zu den Dozenten 6, 7, 8 und 9. Auch wird hier sichtbar, dass die Ausgabe dieser Post-hoc-Vergleiche doppelt so groß wie notwendig ist. Im ersten Teil der Tabelle wurde Dozent 1 mit Dozent 2 verglichen, im zweiten Teil Dozent 2 mit Dozent 1. Dieser Vergleich ist bis auf das Vorzeichen des Ergebnisses identisch.

In Teil c der Ausgabe wird nun das Ergebnis der Suche nach homogenen Untergruppen dargestellt. Hierbei wird versucht, Dozenten mit ähnlicher Bewertung in der Variablen Skala 2 zu gruppieren. Hierbei werden die ermittelten Mittelwerte in eine aufsteigende Rangreihe gebracht. In diesem Beispiel erhält der Dozent 9 den niedrigsten Skalenwert (1.5128) und der Dozent 2 den höchsten Wert (2.4421). Insgesamt bildet sich die folgende Rangreihe ab: Dozent 9, Dozent 6, Dozent 8, Dozent 7, Dozent 10, Dozent 3, Dozent 4, Dozent 5, Dozent 1 und an letzter Stelle Dozent 2. Nun wird von unten beginnend nach homogenen Untergruppen gesucht. Eine Untergruppe wird hierbei als homogen bezeichnet, wenn sich der minimale und der maximale Gruppenmittelwert nicht bedeutsam unterscheiden. Hier wird nun durch paarweise Testung festgestellt, dass sich die erste Untergruppe aus Dozent 9, Dozent 6, Dozent 8, Dozent 7 und Dozent 10 zusammensetzt. Dozent 3 unterscheidet sich jedoch bedeutsam von Dozent 9, so dass er nicht mehr dieser Untergruppe zugefügt werden kann. Die nächste, zweite Untergruppe überlapt nun stark mit der ersten. Dozent 9 wird entfernt, wobei die Dozenten 3 und 4 noch hinzukommen. Analog hierzu werden die möglichen Untergruppen 3 und 4 gefunden. Die Ergebnisse der paarweisen Vergleiche der minimalen und maximalen Gruppenmittelwerte spiegeln die zuvor dargestellten paarweisen Vergleiche wieder.

Zwar können mit diesem Beispiel – leider – keine nicht überlappenden Untergruppen gefunden werden. Trotzdem wird dem Leser hoffentlich der Zweck dieser Analyse plausibel.

Mehrfaktorielle Varianzanalysen

Als Erweiterung der einfaktoriellen Varianzanalyse lassen sich die Anteile der erklärbaren Varianz mittels mehrfaktorieller Varianzanalysen erhöhen. Bei der mehrfaktoriellen Varianzanalyse werden weitere Fak-

Beliebig viele Faktoren können aufgenommen werden

toren und die Interaktionseffekte zwischen diesen Faktoren berücksichtigt. Diese mehrfaktoriellen Varianzanalysen werden ebenfalls mit dem UNIANOVA-Befehl ermittelt. Im folgenden Abschnitt wird „nur" eine zweifaktorielle Varianzanalyse vorgestellt, wobei die Erweiterung auf eine mehrfaktorielle Varianzanalyse analog ist.

Für das folgende Beispiel sollen der Übersicht wegen nur die ersten 5 Dozenten berücksichtigt werden. Deshalb muss der folgende Filter aktiviert werden:

COMPUTE filter = (dozent < 6).
FILTER BY filter.
EXECUTE.

Der Aufruf des Befehls erfolgt wie bei der einfaktoriellen Varianzanalyse über ANALYSIEREN – ALLGEMEINES LINEARES MODELL – UNIVARIAT, wobei hier der Dozent und der Veranstaltungstyp berücksichtigt werden sollen (vgl. Abb. 148).

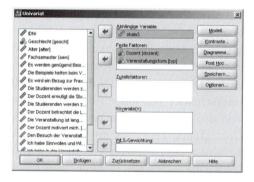

Abbildung 148:
Aufruf der Varianzanalyse

Auch sollen wieder die Effektgrößen und die deskriptiven Statistiken ausgegeben werden. Dies ergibt die folgende Syntax:

```
UNIANOVA alter BY dozent typ
  /METHOD = SSTYPE(3)
  /INTERCEPT = INCLUDE
  /PRINT = ETASQ DESCRIPTIVE
  /CRITERIA = ALPHA(.05)
  /DESIGN = dozent typ dozent*typ.
```

Nach dem BY wird zusätzlich zum Faktor Dozent noch der Faktor Typ aufgeführt, welcher sich auch beim Design (in der letzten Befehlszeile) bemerkbar macht. Die Ausgabe der deskriptiven Statistiken ist nun in Abbildung 149 zu sehen.

Deskriptive Statistiken

Abhängige Variable: skala3

Dozent	Veranstaltungsform	Mittelwert	Standardabweichung	N
1	Seminar	2,2500	1,12446	80
	Vorlesung	2,3440	1,19032	187
	Gesamt	2,3159	1,16966	267
2	Seminar	2,2571	1,06045	70
	Vorlesung	2,1220	1,03162	123
	Gesamt	2,1710	1,04145	193
3	Seminar	1,9487	,95811	78
	Vorlesung	2,2474	1,16574	159
	Gesamt	2,1491	1,10864	237
4	Seminar	2,0039	,96676	86
	Vorlesung	2,2579	1,08300	159
	Gesamt	2,1687	1,04873	245
5	Seminar	2,1581	,96955	97
	Vorlesung	2,3895	1,27556	184
	Gesamt	2,3096	1,18231	281
6	Seminar	1,8622	,82388	104
	Gesamt	1,8622	,82388	104
7	Seminar	2,1807	1,15740	83
	Gesamt	2,1807	1,15740	83
8	Seminar	1,9667	1,02456	60
	Gesamt	1,9667	1,02456	60
9	Seminar	2,3462	1,15655	26
	Gesamt	2,3462	1,15655	26
10	Seminar	2,1559	1,19000	62
	Gesamt	2,1559	1,19000	62
Gesamt	Seminar	2,0898	1,03300	746
	Vorlesung	2,2849	1,16326	812
	Gesamt	2,1915	1,10676	1558

Abbildung 149: Deskriptive Statistiken

Jeder dieser Dozenten hat sowohl Vorlesungen als auch Seminare gehalten, wobei in der Tabelle der deskriptiven Statistiken sichtbar wird, dass die Vorlesungen bei allen eine bessere Bewertung erhalten haben (geringere Werte). Abbildung 150 zeigt nun die drei relevanten Signifikanzprüfungen.

Tests der Zwischensubjekteffekte

Abhängige Variable: skala3

Quelle	Quadratsumme vom Typ III	df	Mittel der Quadrate	F	Sig.	Partielles Eta-Quadrat
Korrigiertes Modell	36,686ᵃ	14	2,620	2,162	,007	,019
Konstanter Term	5451,435	1	5451,435	4496,910	,000	,745
dozent	16,281	9	1,809	1,492	,145	,009
typ	5,932	1	5,932	4,894	,027	,003
dozent * typ	5,954	4	1,489	1,228	,297	,003
Fehler	1870,521	1543	1,212			
Gesamt	9389,667	1558				
Korrigierte Gesamtvariation	1907,207	1557				

a. R-Quadrat = ,019 (korrigiertes R-Quadrat = ,010)

Abbildung 150: Ergebnis der Varianzanalyse

Hierbei ergeben sich keine bedeutsamen Unterschiede zwischen den Dozenten. Mit einem F-Wert von 0.453 werden die Unterschiede zwischen diesen fünf Dozenten statistisch nicht bedeutsam ($p = .770$). Die Alternativhypothese bezüglich des Veranstaltungstyps kann aber angenommen werden. Mit einem F-Wert von 4.386 ist der Unterschied zwischen den Veranstaltungstypen signifikant ($p = .036$). Allerdings zeigt das partielle Eta-Quadrat von .003, dass dieser Unterschied nicht besonders groß ist. Dies hat auch schon die deskriptive Statistik per Augenschein gezeigt. Auch die Interaktion zwischen Dozent und Veranstaltungstyp wird nicht signifikant. Es gibt somit keine Dozenten, welche für einen Veranstaltungstyp besser geeignet sind als ihre Kollegen. Eine Interaktion würde hier bedeuten, dass einige Dozenten bessere Bewertungen in Seminaren erhalten, während andere Dozenten bessere Werte in Vorlesungen erzielen.

> **Anmerkung**
>
> *Anzahl der Faktoren auf die notwendigen reduzieren*
>
> Die Anzahl der Faktoren lässt sich in Abhängigkeit von der Zellenbesetzung und somit der Stichprobengröße steigern. Allerdings nimmt mit der Anzahl der Faktoren auch die Anzahl der Interaktionseffekte zu, was einerseits eventuell notwendig für die Erfassung eines Effektes sein kann, während es andererseits die Übersichtlichkeit der Ergebnisse einschränkt und möglicherweise die Interpretation erschwert.

7.3 Verfahren für abhängige Stichproben

In diesem Abschnitt werden – im Gegensatz zum vorherigen Kapitel 7.2 – Verfahren für abhängige Stichproben vorgestellt. Stichproben werden als abhängig bezeichnet, wenn die Zugehörigkeit einer Person zu einer Stichprobe die Zusammensetzung der anderen Stichprobe bestimmt. In den meisten Fällen handelt es sich bei abhängigen Stichprobe um Untersuchungen mit Messwiederholung. Hierbei werden bei identischen Personen (Stichprobe) zu mehreren Zeitpunkten und teilweise auch unter mehreren Untersuchungsbedingungen Daten erhoben. Im Allgemeinen können zur Auswertung dann teststärkere statistische Verfahren eingesetzt werden.

Wiederholte Messung bei identischen Personen reduziert die Fehlervarianz

Das Kapitel 7.3 ist analog zum Kapitel 7.2 aufgebaut und erhöht schrittweise die Anzahl der Stichproben, wobei wiederum nach den jeweils vorausgesetzten Skalenniveaus unterschieden wird. Der Abschnitt endet mit der Varianzanalyse mit unvollständiger Messwiederholung, welche eine Kombination der „normalen" Varianzanalyse und der Varianzanalyse mit Messwiederholung darstellt. Hierbei findet auf einem Faktor eine Messwiederholung statt, während es sich bei dem zweiten Faktor um einen nicht messwiederholten Faktor handelt (= unabhängige Stichproben).

7.3.1 Zwei abhängige Stichproben

In Folgenden werden Verfahren für zwei abhängige Stichproben dargestellt. Beginnend bei nominalskalierten Merkmalen, geht die Darstellung über ordinalskalierte Merkmale zu den Verfahren für intervallskalierte Variablen.

Nominalskalierte Merkmale

Zur Überprüfung von Veränderungen bei dichotomen (zweifach-gestuften) Merkmalen sollte der McNemar-Test verwendet werden.

McNemar-Test

Hinweis: Das folgende Beispiel bezieht sich wieder auf den Evaluationsfragebogen, allerdings sollte der Datensatz Daten6.sav (vgl. www.hogrefe.de/buecher/lehrbuecher/psychlehrbuchplus) verwendet werden, welcher im Gegensatz zum vorigen Abschnitt nun auch Daten des zweiten und dritten Messzeitpunkts beinhaltet. Damit die Datei übersichtlich bleibt, werden nur Skalenwerte dargestellt. Zusätzlich werden Werte der Skala 1 zu den drei Messzeitpunkten gerundet (= ordinalskaliertes Skalenniveau) und dichotomisiert (nominalskaliertes Skalenniveau).

Untersucht wird die erste Skala des Fragebogens, wobei Skalenwerte kleiner zwei als zufrieden und Werte größer/gleich zwei als unzufrieden gewertet werden.

Hinweis: Diese Dichotomisierung wurde hier nur aus didaktischen Gründen durchgeführt. Im Allgemeinen sollte immer das höchstmögliche Skalenniveau beibehalten werden.

Ob sich zwischen den Messzeitpunkten etwas verändert hat, soll für den Dozenten 3 überprüft werden. Hierbei werden insbesondere viele Personen in der Gruppe erhofft, welche bei der ersten Messung unzufrieden waren und bei der zweiten Messung zufrieden sind. Eine

Entwicklung in die andere Richtung (zuerst zufrieden, dann unzufrieden) sollte weniger oder nicht vorliegen. Die zuerst genannte Veränderung (– → +) würde eine Verbesserung der Lehre belegen.

Statistisch gesehen gibt es keine Veränderung in der Lehrqualität, wenn sich die Anzahl der Personen, die von einer negativen zu einer positiven Bewertung gewechselt haben der Anzal der Personen mit gegenläufiger Entwicklung entspricht (positiv → negativ). Falls von einer Verbesserung der Lehre ausgegangen werden soll, handelt es sich um eine gerichtete Hypothese. Dies muss später bei der Interpretation des Ergebnisausdrucks berücksichtigt werden.

Da im Folgenden nur die Daten von Dozent 3 berücksichtigt werden sollen, muss zuerst der folgende Filter gesetzt werden. (Die Auswahl über das Menü wird an dieser Stelle nicht dargestellt.)

COMPUTE filter_1 = (dozent = 3).
FILTER BY filter_1.
EXECUTE.

Der McNemar-Test wird über ANALYSIEREN – NICHTPARAMETRISCHE TESTS – ZWEI VERBUNDENE STICHPROBEN aufgerufen (vgl. Abb. 151).

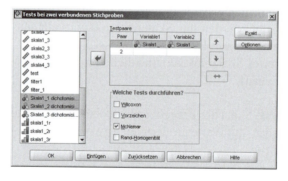

Abbildung 151: McNemar-Test aufrufen

Analog gilt der folgende Befehl:

NPAR TESTS
  /MCNEMAR = skala1_1d WITH skala1_2d (PAIRED).

Dies bewirkt die in Abbildung 152 dargestellte Ausgabe. In Teil a werden die deskriptiven Statistiken dargeboten. Zur Erinnerung: Die

Zufriedenheitswerte der ersten Skala wurden durch Dichotomisierung erzeugt; Skalenwerte kleiner zwei wurden als zufrieden definiert (1 = zufrieden, 2 = unzufrieden). Da die Variable mit den Werten 1 und 2 kodiert ist, entsteht ein Mittelwert von 1.5949 zum ersten Messzeitpunkt und ein Mittelwert von 1.5274 zum zweiten Messzeitpunkt. Da es sich hierbei um ein nominalskaliertes Merkmal handelt, sind die Voraussetzungen für die Berechung der Mittelwerte nicht gegeben, und somit machen die angegeben Mittelwerte keinen Sinn. In Teil b der Ausgabe werden nun die nominalskalierten Merkmale zu beiden Messzeitpunkten dargestellt. Somit waren 63 Personen zum ersten und zum zweiten Messzeitpunkt zufrieden, während 92 Personen zu beiden Messzeitpunkten unzufrieden waren. Diese beiden Felder der Tabelle sind allerdings für die Auswertung eher uninteressant. Von Interesse ist das Verhältnis der Personen, welche unzufrieden waren und zur zufriedenen Kategorie gewechselt haben (49 Personen), zu den Personen, welche vom zufriedenen Zustand zur unzufriedenenen Bewertung gekommen sind (33 Personen). Es wird nun in Teil c der Ausgabe dargestellt, ob sich diese beiden Wechsel zwischen den Kategorien (+ → – und – → +) „die Waage halten" und somit nur zufällig sind.

a) **Deskriptive Statistiken**

	N	Mittelwert	Standardabweichung	Minimum	Maximum
Skala1_1 dichotomisiert	237	1,5949	,49194	1,00	2,00
Skala1_2 dichotomisiert	237	1,5274	,50030	1,00	2,00

b) **Skala1_1 dichotomisiert & Skala1_2 dichotomisiert**

	Skala1_2 ...	
Skala1_1 dichotomisiert	1,00	2,00
1,00	63	33
2,00	49	92

c) **Statistik für Test[b]**

	Skala1_1 dichotomisiert & Skala1_2 dichotomisiert
N	237
Chi-Quadrat[a]	2,744
Asymptotische Signifikanz	,098

a. Kontinuität korrigiert
b. McNemar-Test

Abbildung 152: Ergebnis des McNemar-Tests

Es wird nun mittels Chi-Quadrat-Test geprüft, ob die Veränderung der Bewertung statistisch bedeutsam wird. Hier stellt sich nun die Frage, ob die Hypothesen zur Veränderung gerichtet oder ungerichtet sind. Bei einer vor der Auswertung gerichtet definierten Hypothese würde mit einem p-Wert von .098 die Nullhypothese beibehalten werden. Wurde die Hypothese aber dahingehend definiert, dass eine bessere Bewertung erwartet wird (gerichtete Hypothese), so muss der p-Wert halbiert werden. Dann kann mit einem p-Wert von .049 von einer signifikant besseren Bewertung der Veranstaltung ausgegangen werden.

Ordinalskalierte Merkmale

Wilcoxon-Test   Bei ordinalskalierten Werten empfielt sich der Wilcoxon-Test. Zur Darstellung dieses Verfahrens wurden im Datensatz Daten6.sav die Daten der Skala 1 gerundet, so dass nur noch ganzzahlige Werte vorliegen. Diese Variablen werden als skala1_1r (r für Rangdaten) und skala1_2r bezeichnet. Für dieses Beispiel sollen nur die Daten von Dozent 3 eingeschlossen sein, was über den folgenden Filter erreicht werden kann:

```
COMPUTE filter_1 = (dozent = 3).
FILTER BY filter_1.
EXECUTE.
```

Der Wilcoxon-Test für ordinalskalierte Werte wird über ANALYSIEREN – NICHTPARAMETRISCHE TESTS – ZWEI VERBUNDENE STICHPROBEN aufgerufen (vgl. Abb. 153).

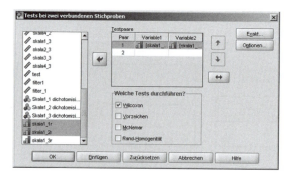

Abbildung 153: Wilcoxon-Test

Der folgende Aufruf des Befehls über die Syntax ist ebenfalls möglich:

```
NPAR TESTS
  /WILCOXON = skala1_1r WITH skala1_2r (PAIRED)
  /STATISTICS /MISSING ANALYSIS.
```

Analog zum McNemar-Test ergibt sich die in Abbildung 154 dargestellte Ausgabe. Auch hier werden in Teil a die Mittelwerte der Ränge berechnet, was bei Rangdaten weder erlaubt noch sinnvoll ist. In Teil b der Ausgabe werden nun die Veränderungen in den Rangplätzen aufgelistet. Zum besseren Verständnis dieser Ausgabe soll nun eine Kreuztabelle über die Veränderungen aufgerufen werden.

a)

Deskriptive Statistiken

	N	Mittelwert	Standardabweichung	Minimum	Maximum
skala1_1r	235	2,1404	,95713	1,00	6,00
skala1_2r	235	2,4213	1,57341	1,00	6,00

b)

Ränge

		N	Mittlerer Rang	Rangsumme
skala1_2r - skala1_1r	Negative Ränge	73[a]	68,53	5002,50
	Positive Ränge	90[b]	92,93	8363,50
	Bindungen	72[c]		
	Gesamt	235		

a. skala1_2r < skala1_1r
b. skala1_2r > skala1_1r
c. skala1_2r = skala1_1r

Abbildung 154: Vergleich der Rangplätze

Diese Zwischeninformation kann durch den folgenden Befehl erreicht werden:

```
CROSSTABS
    /TABLES =skala1_1r BY skala1_2r.
```

Abbildung 155 zeigt nun die Veränderungen und die Konstanz zwischen den Messungen. Hierbei werden in der Hauptdiagonalen jene Fälle aufgelistet, bei welchen es keine Veränderungen gab (38 + 23 + 6 + 2 + 2 + 1 = 72). Diese 72 Fälle werden als Bindungen (Rangbindungen) bezeichnet und gehen, da es hier keine Veränderungen gab, nicht in die weitere Statistik ein. Werden alle Werte oberhalb der Hauptdiagonalen addiert (8 + 7 + ... + 1), so ergibt sich ein Wert von 90 für die positiven Ränge, sprich jene Fälle, bei welchen sich der Rangplatz erhöht hat. Bei 72 Fällen hat sich hingegen der Rangplatz reduziert (46 + 13 + ... + 0). Für diese Fälle werden nun die Veränderungen in eine Rangreihe gebracht und der mittlere Rang sowie die Rangsumme ermittelt. Ob dieser Vergleich der Rangsummen statistisch bedeutsam wird, zeigt Teil b der Ausgabe. Es ergeben sich zwischen beiden Messzeitpunkten mit einem p-Wert von .004 bedeutsame Veränderungen.

a) **skala1_1r * skala1_2r Kreuztabelle**

Anzahl

		skala1_2r						Gesamt
		1,00	2,00	3,00	4,00	5,00	6,00	
skala1_1r	1,00	38	8	7	3	0	0	56
	2,00	46	23	27	9	7	4	116
	3,00	13	7	6	10	4	7	47
	4,00	1	0	1	2	0	3	7
	5,00	1	1	0	3	2	1	8
	6,00	0	0	0	0	0	1	1
Gesamt		99	39	41	27	13	16	235

b) **Statistik für Test[b]**

	skala1_2r - skala1_1r
Z	-2,881[a]
Asymptotische Signifikanz (2-seitig)	,004

a. Basiert auf negativen Rängen.
b. Wilcoxon-Test

Abbildung 155: Ergebnis des Wilcoxon-Tests

> **Anmerkung**
> Bei der Interpretation von Tabelle a in Abbildung 155 muss darauf geachtet werden, ob die Bezeichnung postive und negative Ränge auch der inhaltlichen positiven und negativen Richtung entspricht. Im hier gegebenen Beispiel wird eine Veränderung mit geringeren Werten zum zweiten Messzeitpunkt als negativ bezeichnet, obwohl dies inhaltlich einer besseren Bewertung zum zweiten Messzeitpunkt entspricht.

Intervallskalierte Merkmale

t-Test für abhängige Stichproben

Liegen intervallskalierte Merkmale bei einem Messwiederholungsdesign vor, so sollte der t-Test für abhängige Stichproben angewendet werden. Für das im Folgenden verwendete Beispiel werden ebenfalls nur die Daten von Dozent 3 verwendet, wozu der folgenden Filter (falls noch nicht geschehen) aktiviert werden muss:

COMPUTE filter_1 = (dozent=3).
FILTER BY filter_1.
EXECUTE.

Anschließend werden die Unterschiede zwischen den beiden Messzeitpunkten auf Signifikanz getestet. Der t-Test wird über ANALYSIEREN – MITTELWERTE VERGLEICHEN – T-TEST BEI VERBUNDENEN STICHPROBEN aufgerufen (vgl. Abb. 156).

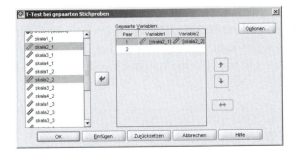

Abbildung 156:
t-Test bei verbundenen Stichproben

Der Aufruf des Befehls ist auch über die folgende Syntax möglich:

T-TEST PAIRS = skala2_1 WITH skala2_2 (PAIRED).

Dies bewirkt die in Abbildung 157 dargestellte Ausgabe. In Teil a zeigt sich deskriptiv eine Mittelwertsdifferenz zwischen den beiden Messzeitpunkten, und zwar ein höherer Wert zum zweiten Messzeitpunkt. Ob diese Differenz statistisch bedeutsam wird, zeigen die weiteren Teile der Ausgabe: Vor der eigentlichen Signifikanzprüfung wird in Teil b noch die Korrelation zwischen den beiden Messzeitpunkten dargestellt. Der Korrelationskoeffizient von r = .650 belegt, dass die Rangreihen der Werte zwischen den Messungen relativ stabil bleiben. Dieser Koeffizient wird auf Signifikanz getestet (p < .001). Somit sind die Personen, welche zum ersten Messzeitpunkt überdurchschnittlich waren mit hoher Wahrscheinlichkeit auch zum zweiten Messzeitpunkt überdurchschnittlich. Die Bewertung hat sich nicht

a) **Statistik bei gepaarten Stichproben**

		Mittelwert	N	Standardabweichung	Standardfehler des Mittelwertes
Paaren 1	skala2_1	2,1280	237	1,29719	,08426
	skala2_2	2,2827	237	1,55055	,10072

b) **Korrelationen bei gepaarten Stichproben**

		N	Korrelation	Signifikanz
Paaren 1	skala2_1 & skala2_2	237	,650	,000

c) **Test bei gepaarten Stichproben**

	gepaarte Differenzen					T	df	Sig. (2-seitig)
	Mittelwert	Standardabweichung	Standardfehler des Mittelwertes	95 % Konfidenzintervall der Differenz				
				Untere	Obere			
Paaren 1 skala2_1 – scala2_2	–,15471	1,21295	,07879	–,30993	,00051	–1,964	236	,051

Abbildung 157: Ergebnis des t-Tests

statistisch bedeutsam verändert. Es folgt in Teil c die t-Test-Berechnung für die gefilterten Fälle (N = 237). Hierbei zeigt sich, dass der ermittelte t-Wert nicht signifikant wird (t = −1.964, bei 236 Freiheitsgraden mit p = .051). Es gibt somit keine statistisch bedeutsame Veränderung.

> **Anmerkung**
>
> Falls der kritische p-Wert nicht unterschritten wurde (auch wenn es so knapp ist wie in diesem Beispiel), sollte immer von einem nicht signifikanten Beispiel gesprochen werden. Angaben von „tendenziell signifikant" und Ähnlichem sollten vermieden werden, da es sich bei Signifikanzaussagen immer um eine dichotome Aussage handelt.

7.3.2 Verfahren für mehr als zwei abhängige Stichproben

Im Folgenden wird nun auf mehr als zwei Stichproben eingegangen.

Nominalskalierte Werte

Cochran-Test Für nominalskalierte Merkmale und mehr als zwei abhängige Stichproben sollte der Cochran-Test verwendet werden. Wiederum wurden für das Beispiel die Daten von Dozent 3 verwendet, welche nach der Aktivierung des folgenden Filters vorliegen:

```
COMPUTE filter_1 = (dozent = 3).
FILTER BY filter_1.
EXECUTE.
```

Es werden nun (analog zu den Analysen bei zwei Stichproben) die Unterschiede bezüglich den dichotomisierten Werten der Skala 1 zwischen den drei Messzeitpunkten auf Signifikanz getestet. Der Test nach Cochran wird über ANALYSIEREN – NICHTPARAMETRISCHE TESTS – K VERBUNDENE STICHPROBEN aufgerufen (vgl. Abb. 158).

Der Befehl kann auch über die folgende Syntax aktiviert werden:

```
NPAR TESTS
  /COCHRAN = skala1_1d skala1_2d skala1_3d.
```

Inferenzstatistik 177

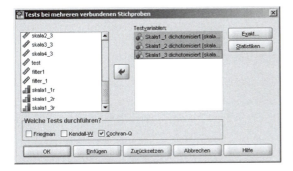

Abbildung 158: Cochran-Test

Dieser Befehl bewirkt die in Abbildung 159 dargestellte Ausgabe. In Teil a der Ausgabe werden nun die Werte für beide Merkmalsausprägungen über alle drei Messzeitpunkte ausgegeben. Es zeigt sich hier eine kontinuierliche Steigerung der Anzahl der Werte in der Kategorie 1 (= bessere Bewertung), während (natürlich hiervon abhängig) die Anzahl der Werte in der Kategorie 2 (= schlechtere Bewertung) abnimmt. Ob diese Veränderung in der Verteilung beider nominalskalierter Kategorien statistisch bedeutsam wird, zeigt Teil b der Ausgabe. Hier wird belegt, dass bei einem Q-Wert von 8.513 und 2 Freiheitsgraden die Veränderung statistisch bedeutsam ist (p = .014).

a) **Häufigkeiten**

	Wert	
	1	2
Skala1_1 dichotomisiert	96	141
Skala1_2 dichotomisiert	112	125
Skala1_3 dichotomisiert	121	116

b) **Statistik für Test**

N	237
Cochrans Q-Test	8,513[a]
df	2
Asymptotische Signifikanz	,014

a. 2 wird als Erfolg behandelt.

Abbildung 159: Ergebnis des Cochran-Tests

Ordinalskalierte Merkmale

Liegen mehr als zwei abhängige Stichproben vor, in welchen ordinalskalierte Merkmale erhoben wurden, sollte der Friedman-Test eingesetzt werden. Wie im vorherigen Abschnitt beschrieben, wurden zur Darstellung dieses Verfahrens im Datensatz Daten6.sav die Daten der Skala 1 gerundet. Die Variablen werden als skala1_1r bis skala1_3r (r für Rangdaten) bezeichnet. Auch hier werden nur die Daten von Dozent 3 verwendet.

Friedman-Test

Der Friedman-Test für ordinalskalierte Werte bei mehr als zwei abhängigen Stichproben wird über ANALYSIEREN – NICHTPARA-

METRISCHE TESTS – K VERBUNDENE STICHPROBEN aufgerufen (vgl. Abb. 160).

Abbildung 160: Friedman-Test

Der folgende Aufruf des Befehls über die Syntax ist ebenfalls möglich:

NPAR TESTS
   /FRIEDMAN = skala1_1r skala1_2r skala1_3r.

Dieser Befehl ergibt die in Abbildung 161 dargestellte Ausgabe. In Teil a der Ausgabe werden jeweils die mittleren Ränge zu den verschiedenen Messzeitpunkten ausgegeben. Hier wird ein nicht einheitlicher Trend über alle drei Zeitpunkte deutlich. In Teil b der Ausgabe wird die Signifikanz der Veränderung der Rangplätze geprüft. Hierbei kann keine signifikante Veränderung über die drei Zeitpunkte belegt werden; der Chi-Quadrat-Wert von 1.352 wird bei zwei Freiheitsgraden mit einem p-Wert von .509 nicht bedeutsam. Es ergibt sich somit keine Veränderung über die Messzeitpunkte hinweg.

a) **Ränge**

	Mittlerer Rang
skala1_1r	1,96
skala1_2r	2,05
skala1_3r	2,00

b) **Statistik für Test^a**

N	235
Chi-Quadrat	1,352
df	2
Asymptotische Signifikanz	,509

a. Friedman-Test

Abbildung 161: Ergebnis des Friedman-Tests

Intervallskalierte Merkmale

Varianzanalyse mit Messwiederholung

Bei der Varianzanalyse mit Messwiederholung wird in einer Stichprobe mehrmals ein bestimmtes Merkmal erfasst. Prinzipiell liegt hierbei im Rahmen des Allgemeinen Linearen Modells eine Erweiterung des t-Tests für abhängige Stichproben vor.

Ein wesentlicher Vorteil der Messwiederholungsdesigns ist die Kontrolle von interindividuellen Unterschieden pro Person zwischen den Messungen. Während im Falle der Varianzanalyse ohne Messwiederholung Unterschiede zwischen den Messwerten als Fehlervarianz interpretiert werden, können bei wiederholter Messung innerhalb einer Person Unterschiede durch den zufälligen Personenfaktor erklärt werden (= Ermittlung eines Personenmittelwertes). Dies führt zu einer Reduktion der Fehlervarianz.

Varianzanalyse mit Messwiederholung bei mehreren Gruppen und Messzeitpunkten

Es wird davon ausgegangen, dass die Reihenfolge der Messungen keinen systematischen Einfluss auf die Messergebnisse hat (kein sogenanntes „testing"). Dies kann bei manchen Experimenten durch Randomisierung der Darbietungsreihenfolge erreicht werden, während es beispielsweise bei der Erfolgsmessung einer Depressionstherapie nicht möglich ist, die einzelnen Therapieelemente in einer randomisierten Reihenfolge anzubieten.

Da es sich bei Messwiederholungsdesigns im Gegensatz zu einem Design ohne Messwiederholung (unabhängige Gruppen) immer um das teststärkere Vorgehen handelt, sollte dieses Design, wann immer möglich, eingesetzt werden.

Allerdings muss der Einfluss der Messwiederholung beispielsweise durch Variation der Reihenfolge der Erhebungen kontrolliert werden. Die einfaktorielle Varianzanalyse mit zwei Faktorstufen entspricht dem t-Test ($F = t^2$). Diese Kontrolle ist aber, wie schon beschrieben, bei der Erfassung des Psychotherapieerfolgs nicht möglich. Hier empfiehlt sich die Bildung einer oder mehrerer Kontrollgruppen, die beispielsweise nur eine Placebo- oder eine Standardbehandlung erhalten.

VA mit MW nicht immer notwendig

Zunächst soll das Ergebnis des t-Tests für abhängige Stichproben aus dem vorherigen Abschnitt für zwei Messzeitpunkte (Stichproben) reproduziert werden. Es soll die Hypothese untersucht werden, ob sich die Bewertung des Dozenten 3, erfasst in der Variablen Skala 2, zwischen den ersten beiden Messzeitpunkten signifikant verändert hat. Hierzu muss der folgende Filter eingesetzt werden:

```
COMPUTE filter_1 = (dozent = 3).
FILTER BY filter_1.
EXECUTE.
```

Anschließend werden über den Aufruf des Messwiederholungsbefehls die beiden Werte in der Variablen Skala 2 (skala2_1 und skala2_2) verglichen. Dies erfolgt über den Aufruf ANALYSIEREN – ALLGEMEINES LINEARES MODELL – MESSWIEDERHOLUNG (vgl. Abb. 162). Nachdem die Anzahl der Stufen des Faktors definiert wurde, muss dieses durch Hinzufügen bestätigt werden (vgl. Abb. 163).

Abbildung 162: Definition des Messwiederholungsfaktors, Teil 1

Abbildung 163: Definition des Messwiederholungsfaktors, Teil 2

Erst dann können die zugehörigen Variablen durch Betätigung des Buttons Definieren angegeben werden. Das folgende Fenster kann nur über den Menüpunkt Definieren erreicht werden, nachdem hier erfolgreich alle Faktoren angegeben wurden (vgl. Abb. 164).

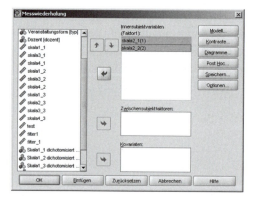

Abbildung 164: Definition des Messwiederholungsfaktors, Teil 3

Nachdem die Variablen Skala2_1 und Skala2_2 (die zweite Skala zum ersten und zweiten Messzeitpunkt) zugeordnet wurden, können über den Menüpunkt weitere Optionen ausgewählt werden (vgl. Abb. 165). Unter dem Menüpunkt Option ist immer die Auswahl der deskriptiven Statistiken und der Schätzer der Effektgrößen zu empfehlen.

Abbildung 165: Optionen bei der Varianzanalyse

Die Berechnung erfolgt auch über die folgende Syntax:

```
GLM skala2_1 skala2_2
  /WSFACTOR = Faktor1 2 Polynomial
  /METHOD = SSTYPE(3)
  /PRINT = DESCRIPTIVE ETASQ
  /CRITERIA = ALPHA(.05)
  /WSDESIGN = Faktor1.
```

Die zugegebenermaßen sehr umfangreiche Ausgabe des Programms soll nun in kleinen Schritten besprochen werden. Abbildung 166 beschreibt die beiden abhängigen Variablen. Im gegebenen Beispiel handelt es sich um die Variablen skala2_1 und skala2_2 (vgl. Teil a). Über die deskriptiven Statistiken (vgl. Teil b) werden die Mittelwerte angegeben. Es zeigt sich, dass sich die Werte zwischen den beiden Messzeitpunkten erhöht haben. In Teil c wird nun mittels mehrerer Prüfgrößen die multivariate Signifikanz des Messwiederholungsfaktors überprüft. Bei nur einer abhängigen Variablen entspricht dieser Wert dem später aufgeführten F-Wert nach Fisher.

182   Kapitel 7

a) **Innersubjektfaktoren**

Maß:MASS_1

Faktor1	Abhängige Variable
1	skala2_1
2	skala2_2

b) **Deskriptive Statistiken**

	Mittelwert	Standard-abweichung	N
skala2_1	2,1280	1,29719	237
skala2_2	2,2827	1,55055	237

c) **Multivariate Tests**[b]

Effekt		Wert	F	Hypothese df	Fehler df	Sig.	Partielles Eta-Quadrat
Faktor1	Pillai-Spur	,016	3,856[a]	1,000	236,000	,051	,016
	Wilks-Lambda	,984	3,856[a]	1,000	236,000	,051	,016
	Hotelling-Spur	,016	3,856[a]	1,000	236,000	,051	,016
	Größte charakteristische Wurzel nach Roy	,016	3,856[a]	1,000	236,000	,051	,016

a. Exakte Statistik
b. Design: Konstanter Term
 Innersubjektdesign: Faktor1

Abbildung 166: Ausgabe der Varianzanalyse, Teil 1

Pillai-Spur als teststärkster multivariater Test

Es werden vier Kennwerte angeboten:
1. Pillai-Spur,
2. Wilks-Lambda,
3. Hotelling-Spur,
4. Größte charakteristische Wurzel nach Roy.

Von diesen Werten ist die Pillai-Spur als teststärkster und robuster multivariater Test zu verwenden.

Der als nächstes ausgegebene Mauchly-Test auf Sphärizität überprüft die Sphärizitätsvoraussetzung der Varianzanalyse mit Messwiederholung (vgl. Abb. 167a). Hierbei wird die Homogenität der Kovarianzen zwischen den verschiedenen Messzeitpunkten überprüft. Es wird sozusagen die Kovarianz zwischen Messzeitpunkt 1 und Messzeitpunkt 2 mit der Kovarianz zwischen Messzeitpunkt 2 und 3 etc. verglichen. Da es sich um ein Design mit nur zwei Messzeitpunkten handelt, kann kein Sphärizitätstest ermittelt werden (es liegt nur eine Kovarianz vor). Ansonsten würde der Signifikanzwert eine Aussage über die Varianzhomogenität erlauben (signifikantes Ergebnis bedeutet keine Varianzhomogenität). Falls die Sphärizität nicht gegeben ist, empfielt sich immer die Korrektur nach Greenhouse-Geisser (vgl. Abb. 167b). Die Korrektur nach Greenhouse-Geisser sowie auch andere Korrekturen werden vom Programm automatisch angeboten. Primär handelt es sich um eine Korrektur der Freiheitsgrade. Da hier ein Freiheitsgrad von 1 vorliegt, verändert diese Korrektur am Ergebnis nichts. Mit einem F-Wert von 3.856, einem Zählerfreiheitsgrad von 1 und einem Nennerfreiheitsgrad von 236 wird der Einfluß des Messwiederholungsfaktors nicht signifikant. Die Werte zu den verschiedenen Zeitpunkten unterscheiden sich nicht bedeutsam. Dieses Ergebnis ist analog zum zuvor berichteten t-Test zu sehen. (Hier gilt der folgende Zusammenhang: $F = t^2$.) Das partielle Eta-Quadrat zur Schätzung der Effektgröße liegt bei .016.

a) **Mauchly-Test auf Sphärizität**[b]

Maß: MASS_1

Innersubjekteffekt	Mauchly-W	Approximiertes Chi-Quadrat	df	Sig.	Epsilon[a]		
					Greenhouse-Geisser	Huynh-Feldt	Untergrenze
Faktor1	1,000	,000	0	.	1,000	1,000	1,000

Prüft die Nullhypothese, daß sich die Fehlerkovarianz-Matrix der orthonormalisierten transformierten abhängigen Variablen proportional zur Einheitsmatrix verhält.

a. Kann zum Korrigieren der Freiheitsgrade für die gemittelten Signifikanztests verwendet werden. In der Tabelle mit den Tests der Effekte innerhalb der Subjekte werden korrigierte Tests angezeigt.

b. Design: Konstanter Term
   Innersubjektdesign: Faktor1

b) **Tests der Innersubjekteffekte**

Maß: MASS_1

Quelle		Quadratsumme vom Typ III	df	Mittel der Quadrate	F	Sig.	Partielles Eta-Quadrat
Faktor1	Sphärizität angenommen	2,836	1	2,836	3,856	,051	,016
	Greenhouse-Geisser	2,836	1,000	2,836	3,856	,051	,016
	Huynh-Feldt	2,836	1,000	2,836	3,856	,051	,016
	Untergrenze	2,836	1,000	2,836	3,856	,051	,016
Fehler(Faktor1)	Sphärizität angenommen	173,608	236	,736			
	Greenhouse-Geisser	173,608	236,000	,736			
	Huynh-Feldt	173,608	236,000	,736			
	Untergrenze	173,608	236,000	,736			

Bei Voraussetzungsverletzungen Korrektur nach Greenhouse-Geisser verwenden

Abbildung 167: Ausgabe der Varianzanalyse, Teil 2

Im nächsten Teil der Ausgabe wird nun versucht, die Veränderung zwischen den Messzeitpunkten linear zu modellieren (vgl. Abb 168a). Bei „nur" zwei Messzeitpunkten ist „nur" eine lineare, aber keine quadratische oder kubische Modellierung möglich. Da es sich um einen linearen Kontrast bei nur zwei Stufen handelt, entspricht das Ergebnis dem zuvor vorgestellten multivariaten Test. Somit ist dieser Teil der Ausgabe von eher geringerem Interesse. In Teil b folgt dann noch die im gegebenen Beispiel nicht sinnvolle Überprüfung der nicht vorhandenen Zwischensubjekteffekte, des nicht vorhandenen Gruppenfaktors. Da keine Gruppenfaktoren definiert wurden, wird hier nur der konstante Term des Allgemeinen Linearen Modells auf Signifikanz getestet.

a) **Tests der Innersubjektkontraste**

Maß:MASS_1

Quelle	Faktor1	Quadratsumme vom Typ III	df	Mittel der Quadrate	F	Sig.	Partielles Eta-Quadrat
Faktor1	Linear	2,836	1	2,836	3,856	,051	,016
Fehler(Faktor1)	Linear	173,608	236	,736			

b) **Tests der Zwischensubjekteffekte**

Maß:MASS_1
Transformierte Variable:Mittel

Quelle	Quadratsumme vom Typ III	df	Mittel der Quadrate	F	Sig.	Partielles Eta-Quadrat
Konstanter Term	15349,142	1	15349,142	5001,574	,000	,763
Fehler	4772,081	1555	3,069			

Abbildung 168: Ausgabe der Varianzanalyse, Teil 3

Zur weiteren Erläuterung wird nun das bisherige Beispiel um eine weitere Faktorstufe erweitert (= 3 Messzeitpunkte). Hierbei sollen nun auch die Daten aller Dozenten ausgewertet werden. Dies wird durch das Menü oder den folgenden Befehl erreicht:

FILTER OFF.
USE ALL.
EXECUTE.

Es muss nun die Varianzanalyse mit Messwiederholung für die drei Variablen der Skala 2 (skala2_1, skala2_2 und skala2_3) aufgerufen werden. Dies erfolgt über den Aufruf ANALYSIEREN – ALLGEMEINES LINEARES MODELL – MESSWIEDERHOLUNG (vgl. Abb. 169).

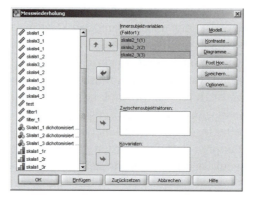

Abbildung 169: Varianzanalyse mit Messwiederholung

Die zugehörige Syntax lautet:

```
GLM skala2_1 skala2_2 skala2_3
  /WSFACTOR = Faktor1 3 Polynomial
  /METHOD = SSTYPE(3)
  /PRINT = DESCRIPTIVE ETASQ
  /CRITERIA = ALPHA(.05)
  /WSDESIGN = Faktor1.
```

Bei den folgenden Ausgaben sollen primär nur die Unterschiede dieser Ausgabe zur vorherigen Berechnung mit zweifach gestuftem Faktor besprochen werden.

Für den Anwender wird in Abbildung 170 (Teil a) deutlich erkennbar, dass es sich um drei abhängige Variablen handelt, welche zu einem Messwiederholungsfaktor zusammengefasst werden. Die deskriptiven Statistiken in Teil b zeigen eine Tendenz zu höheren Werten zwischen den ersten beiden Messzeitpunkten, aber nicht mehr zwischen dem zweiten und dem dritten Erhebungszeitpunkt. Die multivariaten Tests in Teil c zeigen ein signfikantes Ergebnis an. Allerdings ist der Anteil der erklärbaren Varianz sehr gering, was am geringen partiellen Eta-Quadrat ablesbar ist.

Eta-Quadrat als Effektgröße

a) **Innersubjektfaktoren**

Maß:MASS_1

Faktor1	Abhängige Variable
1	skala2_1
2	skala2_2
3	skala2_3

b) **Deskriptive Statistiken**

	Mittelwert	Standardabweichung	N
skala2_1	2,1632	1,26736	1556
skala2_2	2,2785	1,48374	1556
skala2_3	2,2873	1,57525	1556

c) **Multivariate Tests**[b]

Effekt		Wert	F	Hypothese df	Fehler df	Sig.	Partielles Eta-Quadrat
Faktor1	Pillai-Spur	,009	7,339[a]	2,000	1554,000	,001	,009
	Wilks-Lambda	,991	7,339[a]	2,000	1554,000	,001	,009
	Hotelling-Spur	,009	7,339[a]	2,000	1554,000	,001	,009
	Größte charakteristische Wurzel nach Roy	,009	7,339[a]	2,000	1554,000	,001	,009

a. Exakte Statistik
b. Design: Konstanter Term
   Innersubjektdesign: Faktor1

Abbildung 170: Varianzanalyse mit drei Messzeitpunkten, Teil 1

Da drei Messzeitpunkte gegeben sind, kann auch der Mauchly-Test auf Sphärizität durchgeführt werden (vgl. Abb. 171a). Bei diesem wird die Kovarianz der abhängigen Variablen des ersten und des zweiten Messzeitpunktes mit der Kovarianz der abhängigen Variablen des zweiten und dritten Messzeitpunkts verglichen. Dieser Vergleich fällt hierbei signifikant aus, was bedeutet, dass die Sphärizitätsvoraussetzung nicht gegeben ist. Somit muss in Teil b der Ausgabe die Korrektur nach Greenhouse-Geisser gewählt werden. Hier zeigt sich, dass der Messwiederholungsfaktor mit einem F-Wert von 8.724 statistisch bedeutsam wird ($p < .001$). Somit unterscheiden sich die Messwerte über die Messzeitpunkte hinweg. Da drei Messzeitpunkte vorhanden

a)

Mauchly-Test auf Sphärizität[b]

Maß:MASS_1

Innersubjekteffekt	Mauchly-W	Approximiertes Chi-Quadrat	df	Sig.	Epsilon[a]		
					Greenhouse-Geisser	Huynh-Feldt	Untergrenze
Faktor1	,845	261,732	2	,000	,866	,867	,500

Prüft die Nullhypothese, daß sich die Fehlerkovarianz-Matrix der orthonormalisierten transformierten abhängigen Variablen proportional zur Einheitsmatrix verhält.

a. Kann zum Korrigieren der Freiheitsgrade für die gemittelten Signifikanztests verwendet werden. In der Tabelle mit den Tests der Effekte innerhalb der Subjekte werden korrigierte Tests angezeigt.

b. Design: Konstanter Term
Innersubjektdesign: Faktor1

b)

Tests der Innersubjekteffekte

Maß:MASS_1

Quelle		Quadratsumme vom Typ III	df	Mittel der Quadrate	F	Sig.	Partielles Eta-Quadrat
Faktor1	Sphärizität angenommen	14,909	2	7,455	8,724	,000	,006
	Greenhouse-Geisser	14,909	1,732	8,610	8,724	,000	,006
	Huynh-Feldt	14,909	1,733	8,601	8,724	,000	,006
	Untergrenze	14,909	1,000	14,909	8,724	,003	,006
Fehler(Faktor1)	Sphärizität angenommen	2657,609	3110	,855			
	Greenhouse-Geisser	2657,609	2692,629	,987			
	Huynh-Feldt	2657,609	2695,362	,986			
	Untergrenze	2657,609	1555,000	1,709			

c)

Tests der Innersubjektkontraste

Maß:MASS_1

Quelle	Faktor1	Quadratsumme vom Typ III	df	Mittel der Quadrate	F	Sig.	Partielles Eta-Quadrat
Faktor1	Linear	11,969	1	11,969	10,092	,002	,006
	Quadratisch	2,940	1	2,940	5,620	,018	,004
Fehler(Faktor1)	Linear	1844,197	1555	1,186			
	Quadratisch	813,412	1555	,523			

d)

Tests der Zwischensubjekteffekte

Maß:MASS_1
Transformierte Variable:Mittel

Quelle	Quadratsumme vom Typ III	df	Mittel der Quadrate	F	Sig.	Partielles Eta-Quadrat
Konstanter Term	23484,979	1	23484,979	5127,691	,000	,767
Fehler	7121,947	1555	4,580			

Abbildung 171: Varianzanalyse mit 3 Messzeitpunkten, Teil 2

sind, können nun neben den linearen auch quadratische Zusammenhänge untersucht werden (vgl. Abb. 171c). Hierbei wird über die Größe des F-Wertes deutlich, dass lineare Kontraste besser passen als quadratische Kontraste. Der dort ermittelte F-Wert ist größer. Teil d veranschaulicht den nicht sinnvollen, beziehungsweise nicht nützlichen Ausdruck der Zwischensubjekteffekte. Die Tabelle kann ignoriert werden, denn diese Effekte treten nur auf, falls es einen Gruppenfaktor gibt. Dies wird im folgenden Abschnitt zum Thema zweifaktorielle Varianzanalyse mit einem Messwiederholungsfaktor dargestellt.

Zweifaktorielle Varianzanalyse mit einem Messwiederholungsfaktor

In diesem Abschnitt soll neben dem Messwiederholungsfaktor (Messzeitpunkte) auch ein Gruppenfaktor eingeführt werden. Dieser kann beispielsweise zum Vergleich von Kontroll- und Experimentalgruppe verwendet werden. Hierbei sollte der Interaktionseffekt eine signifikante Veränderung aufzeigen. So kann beispielsweise von Interesse sein, ob sich die Dozenten unterschiedlich verändern. Für das gegebene Beispiel muss die Varianzanalyse mit Messwiederholung für die drei Variablen der Skala 2 (skala2_1, skala2_2 und skala2_3) und den Gruppenfaktor Dozent aufgerufen werden. Dies erfolgt über ANALYSIEREN – ALLGEMEINES LINEARES MODELL – MESSWIEDERHOLUNG (vgl. Abb. 172). Zum besseren Verständnis der Interaktionseffekte sollten immer die beiden Grafiken der Interaktion definiert werden. Hierzu müssen unter der Option Diagramme diese angefordert werden (vgl. Abb. 173).

Messwiederholung nur auf einem Faktor

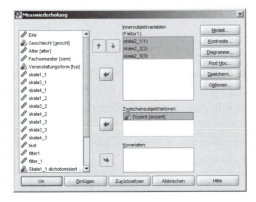

Abbildung 172: Aufruf der Varianzanalyse

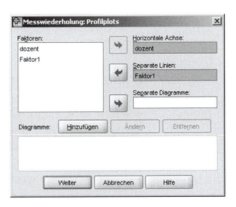

Abbildung 173: Aufruf von Grafiken, Teil 1

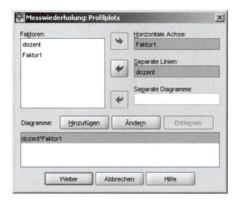

Abbildung 174: Aufruf von Grafiken, Teil 2

Abbildung 175: Aufruf von Grafiken, Teil 3

Nachdem beide Variablen ausgewählt wurden, muss durch den Menüpunkt Hinzufügen noch bestätigt werden, dass dieses Diagramm auch wirklich erwünscht ist (vgl. Abb. 174). Analog hierzu wird die zweite Grafik mit vertauschten „Rollen" angefordert. Erst wenn das verlangte Diagramm im unteren Fenster erscheint, kann im Menü fortgefahren werden (vgl. Abb. 175).

Die zugehörige Syntax lautet:

```
GLM skala2_1 skala2_2 skala2_3 BY dozent
   /WSFACTOR = Faktor1 3 Polynomial
   /METHOD = SSTYPE(3)
   /PLOT = PROFILE(Faktor1*dozent dozent*Faktor1)
   /PRINT = DESCRIPTIVE ETASQ
   /CRITERIA = ALPHA(.05)
   /WSDESIGN = Faktor1
   /DESIGN = dozent.
```

Es folgt nun die schrittweise Besprechung der Ausgabe. Zu Beginn wird die Anzahl der Stufen angegeben (vgl. 176a). Neben dem Messwiederholungsfaktor werden nun die Stufen des Gruppenfaktors mit der jeweiligen Zellenbesetzung aufgeführt (vgl. Abb. 176b). Da die deskriptiven Statistiken angefordert wurden, werden in Teil c nun die Mittelwerte der einzelnen Zellen ausgegeben.

Die multivariaten F-Tests in Teil a der Abbildung 177 zeigen einen signifikanten Einfluss des Messwiederholungsfaktors (F = 14.644)

a)

Innersubjektfaktoren

Maß:MASS_1

Faktor1	Abhängige Variable
1	skala2_1
2	skala2_2
3	skala2_3

b)

Zwischensubjektfaktoren

Dozent	N
1	265
2	193
3	237
4	245
5	281
6	104
7	83
8	60
9	26
10	62

c)

Deskriptive Statistiken

	Dozent	Mittelwert	Standardabweichung	N
skala2_1	1	2,3346	1,28265	265
	2	2,4421	1,42612	193
	3	2,1280	1,29719	237
	4	2,1510	1,24113	245
	5	2,3084	1,37717	281
	6	1,6378	,90439	104
	7	1,9116	,96284	83
	8	1,7778	,93814	60
	9	1,5128	,55161	26
	10	1,9516	1,01867	62
	Gesamt	2,1632	1,26736	1556
skala2_2	1	2,3925	1,53284	265
	2	2,4145	1,62153	193
	3	2,2827	1,55055	237
	4	2,1837	1,44205	245
	5	2,4520	1,49050	281
	6	1,8814	1,21027	104
	7	2,1767	1,48556	83
	8	2,1111	1,26024	60
	9	2,2821	1,57957	26
	10	1,9032	1,05649	62
	Gesamt	2,2785	1,48374	1556
skala2_3	1	2,3031	1,50669	265
	2	2,3161	1,68006	193
	3	2,3615	1,66558	237
	4	2,1769	1,56158	245
	5	2,4259	1,63304	281
	6	1,9135	1,31295	104
	7	2,4819	1,60306	83
	8	1,9944	1,29826	60
	9	2,7308	1,73594	26
	10	2,1183	1,39227	62
	Gesamt	2,2873	1,57525	1556

Abbildung 176: Deskriptive Statistiken

und einen statistisch bedeutsamen Interaktionseffekt (F = 2.159). Zur Interpretation dieses Interaktionseffekts sollten ebenfalls die zugehörigen Grafiken angefordert werden. Der Mauchly-Test auf Sphärizität wird signifikant und belegt, dass die Voraussetzungen der Varianzanalyse mit Messwiederholung nicht gegeben sind (vgl. Abb. 177b). Bedingt durch die Voraussetzungsverletzung (keine Sphärizität) sollte nun die Zeile mit der Korrektur nach Greenhouse-Geisser berücksichtigt werden (vgl. Abb. 177c). Hier ergibt sich ein F-Wert von 19.676 für den Messwiederholungsfaktor und ein F-Wert von 2.690 für den Interaktionseffekt. In Teil d der Abbildung 177 wird wiederum das Ergebnis der Suche nach linearen oder quadratischen Effekten auf dem Messwiederholungsfaktor ausgegeben. Bedingt durch den sig-

a)

Multivariate Tests c

Effekt		Wert	F	Hypothese df	Fehler df	Sig.	Partielles Eta-Quadrat
Faktor1	Pillai-Spur	,019	14,644 a	2,000	1545,000	,000	,019
	Wilks-Lambda	,981	14,644 a	2,000	1545,000	,000	,019
	Hotelling-Spur	,019	14,644 a	2,000	1545,000	,000	,019
	Größte charakteristische Wurzel nach Roy	,019	14,644 a	2,000	1545,000	,000	,019
Faktor1 * dozent	Pillai-Spur	,025	2,159	18,000	3092,000	,003	,012
	Wilks-Lambda	,975	2,163 a	18,000	3090,000	,003	,012
	Hotelling-Spur	,025	2,167	18,000	3088,000	,003	,012
	Größte charakteristische Wurzel nach Roy	,021	3,537 b	9,000	1546,000	,000	,020

a. Exakte Statistik
b. Die Statistik ist eine Obergrenze auf F, die eine Untergrenze auf dem Signifikanzniveau ergibt.
c. Design: Konstanter Term + dozent
Innersubjektdesign: Faktor1

b)

Mauchly-Test auf Sphärizität b

Maß:MASS_1

Innersubjekteffekt	Mauchly-W	Approximiertes Chi-Quadrat	df	Sig.	Epsilon a		
					Greenhouse-Geisser	Huynh-Feldt	Untergrenze
Faktor1	,850	250,895	2	,000	,870	,876	,500

Prüft die Nullhypothese, daß sich die Fehlerkovarianz-Matrix der orthonormalisierten transformierten abhängigen Variablen proportional zur Einheitsmatrix verhält.

a. Kann zum Korrigieren der Freiheitsgrade für die gemittelten Signifikanztests verwendet werden. In der Tabelle mit den Tests der Effekte innerhalb der Subjekte werden korrigierte Tests angezeigt.
b. Design: Konstanter Term + dozent
Innersubjektdesign: Faktor1

c)

Tests der Innersubjekteffekte

Maß:MASS_1

Quelle		Quadratsumme vom Typ III	df	Mittel der Quadrate	F	Sig.	Partielles Eta-Quadrat
Faktor1	Sphärizität angenommen	33,302	2	16,651	19,676	,000	,013
	Greenhouse-Geisser	33,302	1,739	19,147	19,676	,000	,013
	Huynh-Feldt	33,302	1,751	19,016	19,676	,000	,013
	Untergrenze	33,302	1,000	33,302	19,676	,000	,013
Faktor1 * dozent	Sphärizität angenommen	40,978	18	2,277	2,690	,000	,015
	Greenhouse-Geisser	40,978	15,654	2,618	2,690	,000	,015
	Huynh-Feldt	40,978	15,761	2,600	2,690	,000	,015
	Untergrenze	40,978	9,000	4,553	2,690	,004	,015
Fehler(Faktor1)	Sphärizität angenommen	2616,631	3092	,846			
	Greenhouse-Geisser	2616,631	2688,949	,973			
	Huynh-Feldt	2616,631	2707,388	,966			
	Untergrenze	2616,631	1546,000	1,693			

d)

Tests der Innersubjektkontraste

Maß:MASS_1

Quelle	Faktor1	Quadratsumme vom Typ III	df	Mittel der Quadrate	F	Sig.	Partielles Eta-Quadrat
Faktor1	Linear	31,256	1	31,256	26,741	,000	,017
	Quadratisch	2,045	1	2,045	3,906	,048	,003
Faktor1 * dozent	Linear	37,176	9	4,131	3,534	,000	,020
	Quadratisch	3,802	9	,422	,807	,610	,005
Fehler(Faktor1)	Linear	1807,022	1546	1,169			
	Quadratisch	809,610	1546	,524			

e)

Tests der Zwischensubjekteffekte

Maß:MASS_1
Transformierte Variable:Mittel

Quelle	Quadratsumme vom Typ III	df	Mittel der Quadrate	F	Sig.	Partielles Eta-Quadrat
Konstanter Term	12404,608	1	12404,608	2742,680	,000	,640
dozent	129,691	9	14,410	3,186	,001	,018
Fehler	6992,257	1546	4,523			

Abbildung 177: Ergebnis der Varianzanalyse

nifikanten Interaktionseffekt können diese aber nicht interpretiert werden (siehe Grafiken, welche später folgen). In Teil e zeigt sich ein signifikanter Einfluss des Faktors Dozent, wobei bei dessen Interpretation der Interaktionseffekt berücksichtigt werden muss.

Abbildung 178 verdeutlicht den Interaktionseffekt. Es können keine Aussagen über die Rangreihe der Dozenten über alle Messzeitpunke hinweg gemacht werden, das heißt, kein Dozent ist über alle Messzeitpunkte hinweg besser oder schlechter als andere in seiner Bewertung. Auch kann keine Aussage über eine generelle Verbesserung/Verschlechterung der Evaluationsbewertung erfolgen. Die signifikante disordinale Interaktion macht die Interpretation der Haupteffekte unmöglich, so dass nur die Interaktion interpretiert werden kann.

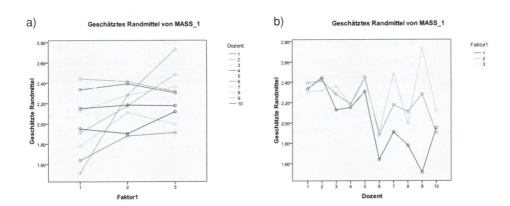

Abbildung 178: Interaktionseffekt

7.4 Verfahren zur Analyse von Zusammenhängen

In diesem Kapitel werden die Verfahren zur Analyse von Zusammenhängen dargestellt. Hierbei wird sozusagen der Schritt von der reinen Korrelation als Zusammenhangsmaß zur Regression unternommen. Die Regression ist hierbei das Verfahren, welches von einem kausalen Zusammenhang zwischen zwei oder mehreren Variablen ausgeht. Bei der Regressionsanalyse wird der Zusammenhang zwischen einer oder mehreren unabhängigen Variablen mit einer abhängigen Variablen untersucht. Die unabhängige Variable beziehungsweise die unabhängigen Variablen werden als Prädiktorvariablen bezeichnet, während die abhängige Variable als Kriteriumsvariable oder Kriterium bezeichnet wird. Ziel der Analyse ist die Vorhersage des Kriteriums

Regression als Werkzeug für die Vorhersage

mittels der Merkmalsausprägungen der Probanden in einem oder mehreren Prädiktoren.

Einsatzgebiete: Im Allgemeinen wird eine Regressionsgleichung verwendet, wenn leicht zugängliche und/oder kostengünstig erhebbare Prädiktorvariablen zur Vorhersage der Kriteriumsvariablen herangezogen werden können. Beispielsweise möchte eine Universität den Erfolg ihrer Studierenden mit Hilfe eines Eignungstests vorhersagen können, so dass dieser Test schon vor dem eigentlichen Studienbeginn zur Prognose und Auswahl der geeigneten Kandidaten dienen soll. In früheren Zeiten wurde dies beispielsweise mit dem sogenannten Medizinertest versucht.

Die Regressionsrechnung spielt auch eine große Rolle bei der Überprüfung der Validität von psychologischen Testverfahren, wie beispielsweise von Fragebögen. Hierbei stellen die Testergebnisse die Prädiktorvariablen dar und die Regressionsgleichung soll anhand der Empirie überprüft werden. Im Beispiel für dieses Kapitel sollen die verschiedenen Ergebnisse einer Eignungsprüfung für Bürokräfte an einem später erhobenen Kriterium, dem späteren Berufserfolg, validiert werden. Häufig wird eine Regressionsanalyse eingesetzt, wenn eine direkte Erhebung der Kriteriumsvariablen zu aufwändig, beziehungsweise momentan nicht möglich ist.

Hinweis: In diesem Abschnitt wird „nur" die lineare Regression behandelt. Hierbei wird, wie der Name schon sagt, von linearen Zusammenhängen zwischen Prädiktoren und Kriterium ausgegangen. Nicht lineare Zusammenhänge können über diese Form der Regression nicht abgebildet werden.

In den folgenden Abschnitten wird je nach Anzahl der Prädiktorvariablen zwischen der einfachen Regression mit nur einem Prädiktor und der multiplen Regression mit mehreren Prädiktoren unterschieden. Aufbauend auf dieser Unterteilung wird im nächsten Abschnitt die lineare Regression und im übernächsten Abschnitt die multiple Regression besprochen.

7.4.1 Einfache Regression

Einfache Regression = ein Prädiktor, ein Kriterium

Bei der einfachen Regression wird der korrelative Zusammenhang zweier Variablen als kausaler Zusammenhang gesehen. Hierbei werden ein Prädiktor und ein Kriterium definiert.

Die Berechnung der einfachen Regression wird an einem Beispiel zur „Testvalidierung" verdeutlicht. Hierzu soll in einer (fiktiven) Untersuchung die Aussagekraft der Ergebnisse der Abschlussprüfungen einer Schule für Bürofachkräfte anhand der späteren beruflichen Laufbahn untersucht werden. Die Variablen des Datensatzes Daten4.sav (vgl. www.hogrefe.de/buecher/lehrbuecher/psychlehrbuchplus) sind hierbei:
- vp: Versuchspersonennummer

Als vorherzusagendes Kriterium dient die folgende Variable:
- krit: Experteneinschätzung der Arbeitsleistung durch ein Arbeitszeugnis

Zur Vorhersage stehen die folgenden möglichen Prädiktoren zur Auswahl:
- masch: Leistung (Anzahl der Tippfehler) beim Maschinenschreiben
- steno: Leistung beim Stenografietest
- sozial: Verhalten und Mitarbeit im Unterricht

Über eine einfache lineare Regression soll überprüft werden, ob die Leistung im Maschinenschreiben (masch) einen signifikanten Einfluss auf die spätere Bewertung (krit) hat. Dieser Einfluss wird durch eine Regressionsanalyse ermittelt. Der Befehlsaufruf erfolgt über ANALYSIEREN – REGRESSION – LINEAR (vgl. Abb. 179).

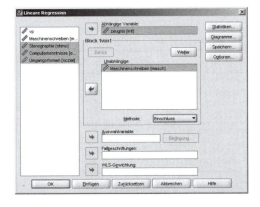

Abbildung 179: Lineare Regression

Da nur eine unabhängige Variable zur Auswahl steht, soll die Standardmethode ENTER (Einschluss) ausgewählt beziehungsweise beibehalten werden. Auf die verschiedenen angebotenen Methoden wird, da sich bei der einfachen linearen Regression keine Unterschiede ergeben, erst im nächsten Abschnitt zur multiplen Regression intensiv eingegangen. Analog zum Menü ist diese Syntax anwendbar:

```
REGRESSION
    /DEPENDENT krit
    /METHOD = ENTER masch.
```

Dies ergibt den in Abbildung 180 dargestellten Ausdruck. In Teil a werden die Variablen, welche bei der Analyse berücksichtigt werden, angegeben. Hierbei wird als abhängige Variable das Arbeitszeugnis definiert, während als alleiniger Prädiktor das Merkmal Maschinenschreiben dient. In Teil b wird unter der Modellzusammenfassung

a) **Aufgenommene/Entfernte Variablen**[b]

Modell	Aufgenommene Variablen	Entfernte Variablen	Methode
1	Maschinen-schreiben[a]	.	Einschluß

a. Alle gewünschten Variablen wurden eingegeben.
b. Abhängige Variable: zeugnis

b) **Modellzusammenfassung**

Modell	R	R-Quadrat	Korrigiertes R-Quadrat	Standardfehler des Schätzers
1	,497[a]	,247	,232	2,196

a. Einflußvariablen : (Konstante), Maschinenschreiben

c) **ANOVA**[b]

Modell		Quadratsumme	df	Mittel der Quadrate	F	Sig.
1	Regression	80,754	1	80,754	16,742	,000[a]
	Nicht standardisierte Residuen	246,001	51	4,824		
	Gesamt	326,755	52			

a. Einflußvariablen : (Konstante), Maschinenschreiben

d) **Koeffizienten**[a]

Modell		Nicht standardisierte Koeffizienten		Standardisierte Koeffizienten		
		Regressionskoeffizient B	Standardfehler	Beta	T	Sig.
1	(Konstante)	,454	1,218		,373	,711
	Maschinen-schreiben	,104	,025	,497	4,092	,000

a. Abhängige Variable: zeugnis

Abbildung 180: Ergebnisse der linearen Regression

der multiple Korrelationskoeffizient angegeben; im Falle der einfachen linearen Regression die Korrelation zwischen Prädiktor und Kriterium. Mit R-Quadrat wird der gemeinsame Varianzanteil der beiden Variablen angegeben. Da dieser Wert nicht erwartungstreu ist, wird für eine bessere Schätzung ein korrigierter Wert ausgegeben. Im gegebenen Beispiel können mit Hilfe des Prädiktors 24.7 Prozent der Varianz des Kriteriums durch den Prädiktor erklärt werden. Der korrigierte Wert liegt bei 23.2 Prozent. In Teil c der Ausgabe wird nun das Verhältnis zwischen der durch den Prädiktor erklärbaren und der nicht erklärbaren Varianz (Residuen) dargestellt. Der F-Wert beträgt bei einem Zählerfreiheitsgrad und 51 Nennerfreiheitsgraden 16.742 und wird mit $p < .001$ signifikant. Das bedeutet, dass ein substanzieller Varianzanteil des Kriteriums durch den Prädiktor erklärt wird. In Teil d der Ausgabe erscheinen nun (endlich) die Koeffizienten der Regressionsgleichung.

Die Koeffizienten für die nicht standardisierte Regressionsgleichung (siehe Spalte mit den B-Gewichten) lauten für die Konstante .454 und für den Prädiktor Maschinenschreiben .104. Es ergibt sich demnach ein positiver Zusammenhang, das heißt, je höher der Prädiktorwert, desto höher die Merkmalsausprägung in der abhängigen Variablen. Der Beta-Koeffizient in der nächsten Spalte beschreibt den Zusammenhang zwischen Prädiktor und Kriterium in standardisierter Form. Das Vorzeichen des Beta-Koeffizienten sollte in jedem Fall kontrolliert werden, damit nicht fälschlicherweise ein nicht zu erwartender Zusammenhang (falsches Vorzeichen) in einer Publikation bejubelt wird. Die Signifikanzberechnungen prüfen den Einfluss der einzelnen Komponenten der Regression und sind insbesondere für die im folgenden Abschnitt vorgestellte multiple Regression von Belang.

7.4.2 Multiple Regression

Bei der multiplen Regression wird nicht nur eine Prädiktorvariable zur Vorhersage der Ausprägung in der abhängigen Variablen verwendet, sondern eine Linearkombination aus mehreren Prädiktoren. Hierdurch kann die Vorhersage des Kriteriums in den meisten Fällen verbessert werden. Grundsätzlich werden hierbei zwei Fälle unterschieden:

Multiple Regression = mehrere Prädiktoren, ein Kriterium

1. Die Prädiktorvariablen sind voneinander unabhängig, das heißt, sie korrelieren nicht untereinander.
2. Die einzelnen Prädiktorvariablen korrelieren untereinander, so dass das Problem der Multikollinearität auftreten kann.

Wenn die Prädiktorvariablen hoch untereinander korreliert sind, beispielsweise bei Suppressionseffekten, kann die inhaltliche Interpretation der Regressionsgleichung unter Umständen schwierig werden, da dann Prädiktoren aufgenommen werden, welche nicht mit dem Kriterium korrelieren. Auch sind dann gegebenenfalls die Partialregressionskoeffizienten nur schwer interpretierbar, da hier unerwartete, „falsche", nicht hypothesenkonforme Vorzeichen auftreten können. Bei sehr hohen Interkorrelationen zwischen den Prädiktoren kann im schlimmsten Fall keine Regressionsgleichung mehr aufgestellt werden. Wenn die Prädiktorvariablen hingegen weitgehend voneinander unabhängig sind, bereitet die Interpretation der Regressionskoeffizienten für den Anwender keine Probleme. Deshalb sollte der Anwender immer die Korrelationen zwischen den Prädiktoren überprüfen.

Wegen der Probleme mit korrelierten Prädiktoren gibt es verschiedene Möglichkeiten (Methoden) eine multiple Regression durchzuführen. Diese unterscheiden sich in der Auswahl der Prädiktorvariablen, welche unterschiedliche Varianzanteile am Kriterium erklären. Ziel der Auswahl ist es, nur die „guten" Prädiktoren, welche eigenständig viel Varianz erklären, auszuwählen.

Verschiedene Auswahlverfahren werden angeboten

Dem Anwender stehen nun mehrere Methoden zur Wahl, nach denen er die Auswahl der Prädiktoren vorbestimmen kann. Zum Verständnis dieser Methoden sollen nun alle angeboten Methoden dargestellt werden (vgl. Abb. 181).

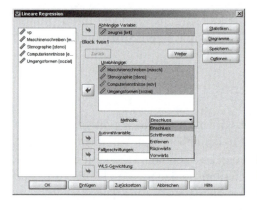

Abbildung 181: Mögliche Auswahlverfahren für Prädiktoren

Die von SPSS angebotenen Auswahlverfahren sind somit:
- Einschluss,
- Schrittweise,

- Entfernen,
- Rückwärts,
- Vorwärts.

Aus didaktischen Gründen werden diese Optionen hier in anderer Reihenfolge erläutert. Bei der multiplen Regression wird im Allgemeinen beabsichtigt, mit einer möglichst minimalen Anzahl von Prädiktoren eine maximale Varianzaufklärung an der abhängigen Variablen zu realisieren.

Um beim Beispiel mit der Mitarbeiterbenotung zu bleiben: Mit möglichst wenigen Testverfahren soll der Berufserfolg optimal vorhergesagt werden. Hierzu gibt es mehrere Vorgehensweisen, um zu bestimmen, welche Prädiktoren zur Vorhersage aufgenommen werden:

1. *Die A-priori-Auswahl:* Theorie- und evidenzgeleitet werden alle inhaltlich bedeutsamen Prädiktoren in die Regressionsgleichung aufgenommen. Ob diese dann allerdings auch statistisch bedeutsam sind, ist a priori nicht klar.
2. *Die A-posteriori-Auswahl:* Die Prädiktorenauswahl erfolgt über mehrere, nacheinander durchgeführte Regressionsanalysen mit verschiedenen Gruppen von potenziellen Prädiktoren. Hierbei wird iterativ in mehreren Durchgängen aus der Menge der vom Anwender vorgeschlagenen, möglichen Prädiktoren die (Teil-)Menge der statistisch sinnvollen Prädiktoren ausgewählt. Hierzu gibt es mehrere Vorgehensvarianten:
    a) Einschluss/Entfernen,
    b) Vorwärtsselektion,
    c) Rückwärtselimination,
    d) schrittweise Regression.

Wie immer hat jede dieser Vorgehensweisen ihre Vor- und Nachteile, welche hier kurz besprochen werden sollen. Mehr ist bei Leonhart (2009) zu finden.

Inhaltliche Auswahl a priori

Durch Vorwissen und theoretische Vorüberlegungen werden hierbei die jeweiligen Prädiktoren festgelegt. Darauf aufbauend wird „nur" eine einzige Regressionsanalyse durchgeführt.

Vorteil: Keine Probleme mit einer Alphafehler-Inflationierung.

Nachteil: Eventuell werden nicht bedeutsame oder zu viele Prädiktoren in die Regressionsgleichung aufgenommen. Dieses Problem tritt insbesondere auf, wenn die Prädiktoren hoch miteinander korrelieren (= Multikollinearität). Wird bei der inhaltlichen Auswahl ein Prädiktor „übersehen", so wird er nicht berücksichtigt. Hier muss der Anwender selbst „bestimmen", wie er ein Maximum an Varianzerklärung bei einem Minimum an Prädiktoren erreicht. Deshalb sollte so nur vorgegangen werden, wenn die Prädiktoren gering korreliert sind. SPSS bietet hier die Einschluss-Methode (ENTER) an.

Alle möglichen Untermengen

Eine Mischung zwischen dem A-priori-Vorgehen und dem rein explorativen und iterativen Suchen ist das Hinzufügen beziehungsweise Weglassen von einer Untergruppe von potenziell verfügbaren Prädiktoren (Einschluss beziehungsweise Entfernen). Hierbei werden vom Anwender bestimmte Untermengen von Prädiktoren bestimmt und dann jeweils Regressionsanalysen mit und ohne diese Untermengen durchgeführt. Deshalb handelt es sich hierbei um ein iteratives Verfahren.

Nachteil: Es müssen je nach Struktur der Untergruppen viele Berechnungen durchgeführt werden. Dies führt zu einer „Capitalization of Chance" und somit zu einer stark erhöhten Gefahr eines Alphafehlers.

Vorwärtsselektion

Bei den schrittweisen Verfahren werden bei der Vorwärtsselektion (Forward-Methode) einfach nacheinander Prädiktoren in Abhängigkeit von der Größe ihres Zusammenhangs mit dem Kriterium in die Regressionsgleichung aufgenommen. Schrittweise werden die Prädiktoren mit der höchsten inkrementellen Validität einbezogen. Im ersten Analyseschritt ist dies der Prädiktor, welcher am stärksten mit dem Kriterium korreliert, danach wird nach der inkrementellen Validität jener Prädiktor ausgewählt, welcher die Vorhersage am stärksten verbessert (mit der höchsten Semipartialkorrelation). Dieses Verfahren wird in Schleifen (Iterationen) so lange fortgeführt, bis die verbleibenden Prädiktoren keine inkrementelle Validität mehr besitzen und der Anteil der erklärbaren Varianz nicht mehr substanziell verbessert werden kann.

Vorteil: Die Anzahl der notwendigen Regressionsanalysen ist durch die Anzahl der Prädiktoren eingeschränkt und es werden – zumindest theoretisch – nur Prädiktoren aufgenommen, welche der Vorhersage tatsächlich dienen. Somit ist das Verfahren der Vorwärtsselektion sehr ökonomisch.

Nachteil: Bei hoher Multikollinearität kann es dazu kommen, dass von den zuerst aufgenommenen Prädiktoren einige zwar hoch mit dem Kriterium korrelieren, aber nach der Aufnahme anderer Prädiktoren nichts mehr oder nur noch wenig zur Vorhersage beitragen. Somit könnte bei der Vorhersage auf diese Prädiktoren im Nachhinein verzichtet werden.

Rückwärtselimination

Bei der Rückwärtselimination (Backward-Methode) wird sozusagen das Vorgehen der Vorwärtsselektion umgedreht. Im Rahmen der ersten Iteration werden alle vorgeschlagenen Prädiktoren in die Regressionsanalyse aufgenommen. Nach der Analyse wird überprüft, ob es Variablen gibt, welche keine inkrementelle Validität besitzen. Der „schlechteste Kandidat" unter den Prädiktoren wird dann entfernt; er erhält sozusagen umgangssprachlich ausgedrückt „die Kündigung". Dann erfolgt eine neue Berechnung mit einer neuen Überprüfung der Kandidaten. Es werden so schrittweise alle „unnötigen", statistisch nicht bedeutsamen Prädiktoren entfernt.

Vorteil: Hohe Effektivität beim Vorliegen von Multikollinearität.

Nachteil: Bei sehr vielen potenziellen Prädiktoren müssen gegebenenfalls viele Regressionsanalysen durchgeführt werden, bis die wenigen notwendigen Prädiktoren gefunden wurden.

Falls keine oder nur geringe Multikollinearität vorliegt, müssten die Vorwärtsselektion und die Rückwärtselimination auf identische Ergebnisse kommen. Von der Anzahl der vorgeschlagenen und der Anzahl der notwendigen Prädiktoren hängt es ab, bei welcher der beiden Vorgehensweisen weniger Analysen durchgeführt werden müssen. Falls beispielsweise 20 Prädiktoren zur Auswahl stehen und „nur" drei benötigt werden, ist eine Vorwärtsselektion sinnvoller als eine Rückwärtselimination. Umgekehrt könnte die Rückwärtselimination das bessere Verfahren sein, falls 15 Prädiktoren notwendig sind.

Schrittweise Regression

Schrittweise Regression = Kombination aus Vorwärtsselektion und Rückwärtselimination

Bei der schrittweisen Regression (Stepwise) handelt es sich um eine Kombination der Vorwärtsselektion und der Rückwärtselimination. Hierdurch sollen die Vorteile beider Verfahren ohne deren Nachteile genutzt werden. Schrittweise werden hierbei Prädiktoren analog zur Vorwärtsselektion aufgenommen, wobei nach jeder Aufnahme eines Prädiktors überprüft wird (analog zur Rückwärtselimination) ob möglicherweise einer der aufgenommenen Prädiktoren wieder ausgeschlossen werden kann. Somit ist es ein abwechselndes Forward- und Backward-Vorgehen, bis es statistisch nicht mehr sinnvoll ist, einen Prädiktor hinzuzunehmen oder auszuschließen.

Vorteil: Maximale Varianzerklärung ohne überflüssige Prädiktoren, beziehungsweise eine Vorhersage mit einem Minimum an Prädiktoren.

Nachteil: Durch eine Bevorzugung jener Prädiktoren, welche hoch mit dem Kriterium korrelieren, entsteht eine systematische Erhöhung der „Capitalization of Chance".

> **Tipp**
> Insbesondere wenn von vorneherein deutlich ist, dass die Variablen, welche vermutlich in die Regressionsgleichung aufgenommen werden, hoch miteinander korrelieren, sollte die STEPWISE-Methode zum schrittweisen Aufbau der Regressionsgleichung verwendet werden.

Vorsicht! Bei iterativen Verfahren sollte wann immer möglich eine Kreuzvalidierung erfolgen. Dieses Vorgehen wird im folgenden Abschnitt vorgestellt.

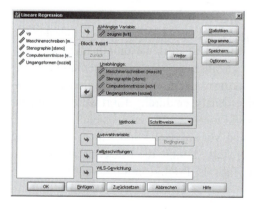

Abbildung 182: Aufruf einer multiplen Regression

Hier nun soll das Verfahren der schrittweisen Regression am Datensatz Daten4.sav durchgeführt werden. Der Programmaufruf erfolgt über ANALYSIEREN – REGRESSION – LINEARE REGRESSION. Alle vier potenziellen Prädiktoren werden hierbei eingeschlossen. Als Methode wird „schrittweise" ausgewählt (vgl. Abb. 182).

Analog kann auch der folgende Syntax-Befehl verwendet werden:

REGRESSION
    /DEPENDENT krit
    /METHOD = STEPWISE masch steno edv sozial.

Beim obigen Beispiel führt dies zu dem in Abbildung 183 dargestellten Ergebnis. In Teil a ist zu sehen, dass in zwei Schritten je eine Variable aufgenommen und keiner der Prädiktoren in einem zweiten Schritt entfernt wurde. Zur Signifikanzprüfung wurden hierbei die bei SPSS voreingestellten p-Werte verwendet. Das Kriterium für die Aufnahme eines Prädiktors liegt bei $p < .05$, während das Kriterium für den Ausschluss eines aufgenommenen Prädiktors bei $p < .10$ liegt. Somit wird einem schon aufgenommenen Prädiktor sozusagen „verziehen", wenn der Wert seiner inkrementellen Validität durch die Aufnahme anderer Prädiktoren ein wenig zurückgeht. Die anderen vorgeschlagenen Prädiktoren tragen nichts zusätzlich zur Vorhersage bei. Ihre Partialkorrelation mit dem Kriterium ist nicht statistisch bedeutsam. Somit steht das Ergebnis dieser multiplen Regression in interessantem Gegensatz zum Ergebnis der einfachen Regression. Dort konnten ja über 23 Prozent der Varianz durch den hier nicht aufgenommenen Prädiktor „Maschinenschreiben" erklärt werden. In diesem Teil der Ausgabe zeigt sich schon, dass die typische Ausgabe dem ungeübten Anwender Probleme bei der Interpretation einer schrittweisen Regression bereiten kann. Es werden jeweils blockweise die Ergebnisse für beide Schritte/Analysen dargestellt, so dass es leicht zu einer Verwechslung der Modelle kommen kann. Im ersten Schritt wurden die Umgangsformen aufgenommen, im zweiten zusätzlich die Computerkenntnisse. Diese „Doppelung" zeigt sich auch in Teil b der Ausgabe. Mit Hilfe der Regression mit nur einem Prädiktor (hier Umgangsformen im Modell 1) können immerhin fast 77 Prozent der Varianz erklärt werden (korrigiertes R-Quadrat bei .765). Nach der Hinzunahme des zweiten Prädiktors (Computerkenntnisse) wird dieser Wert auf .822 gesteigert. In beiden Fällen kann ein signifikanter Anteil der Varianz am Kriterium erklärt werden ($p < .001$). Durch die Hinzunahme des zweiten Prädiktors verändern sich hierbei die Freiheitsgrade für die Regression, was wiederum über die mittleren Quadratsummen zu einer Reduktion des F-Wertes führt (vgl. Teil c). In Teil d der Ausgabe werden nun – ebenfalls für beide Modelle – alle Koeffizienten der Regressionsgeraden angegeben.

a) **Aufgenommene/Entfernte Variablen[a]**

Modell	Aufgenommene Variablen	Entfernte Variablen	Methode
1	Umgangsformen	.	Schrittweise Selektion (Kriterien: Wahrscheinlichkeit von F-Wert für Aufnahme <= ,050, Wahrscheinlichkeit von F-Wert für Ausschluß >= ,100).
2	Computerkenntnisse	.	Schrittweise Selektion (Kriterien: Wahrscheinlichkeit von F-Wert für Aufnahme <= ,050, Wahrscheinlichkeit von F-Wert für Ausschluß >= ,100).

a. Abhängige Variable: zeugnis

b) **Modellzusammenfassung**

Modell	R	R-Quadrat	Korrigiertes R-Quadrat	Standardfehler des Schätzers
1	,877[a]	,770	,765	1,214
2	,910[b]	,829	,822	1,057

a. Einflußvariablen : (Konstante), Umgangsformen
b. Einflußvariablen : (Konstante), Umgangsformen, Computerkenntnisse

c) **ANOVA[c]**

Modell		Quadratsumme	df	Mittel der Quadrate	F	Sig.
1	Regression	251,584	1	251,584	170,689	,000[a]
	Nicht standardisierte Residuen	75,170	51	1,474		
	Gesamt	326,755	52			
2	Regression	270,858	2	135,429	121,141	,000[b]
	Nicht standardisierte Residuen	55,897	50	1,118		
	Gesamt	326,755	52			

a. Einflußvariablen : (Konstante), Umgangsformen
b. Einflußvariablen : (Konstante), Umgangsformen, Computerkenntnisse
c. Abhängige Variable: zeugnis

d) **Koeffizienten[a]**

Modell		Nicht standardisierte Koeffizienten		Standardisierte Koeffizienten		
		Regressionskoeffizient B	Standard-fehler	Beta	T	Sig.
1	(Konstante)	-1,792	,567		-3,163	,003
	Umgangsformen	,148	,011	,877	13,065	,000
2	(Konstante)	-2,069	,498		-4,155	,000
	Umgangsformen	,124	,011	,735	10,839	,000
	Computerkenntnisse	,043	,010	,282	4,152	,000

a. Abhängige Variable: zeugnis

Abbildung 183: Ergebnis der multiplen Regression, Teil 1

Also ergibt sich für das zweite Modell die folgende unstandardisierte Regressionsgleichung, welche im folgenden Abschnitt bei der Kreuzvalidierung nochmals Verwendung findet:

vorkrit = -2.069 + 0.124 * sozial + 0.043 * edv .

Der vorhergesagte Kriteriumswert wird über eine Konstante (-2.069) und die beiden Regressionsgewichte (B-Gewichte) ermittelt. Hierbei handelt es sich um die unstandardisierte Lösung. Analog hierzu wird die standardisierte Lösung in der Spalte mit den Beta-Gewichten dargeboten. Diese Gleichung lautet:

vorkrit = 0.735 * z-Wert-sozial + 0.282 * z-Wert-edv .

Abschließend werden in dieser Ausgabe noch Informationen über die nicht berücksichtigten Variablen dargestellt (vgl. Abb. 184). Hier werden die potenziell noch hinzuzuziehenden, bisher unberücksichtigten Prädiktoren über den sogenannte Toleranzwert bewertet. Die Toleranz beschreibt den Varianzanteil eines Prädiktors, welcher nicht mittels der schon aufgenommenen Prädiktoren erklärt werden kann. Ist dieser Wert hoch, so korreliert der Prädiktor wenig mit den anderen Prädiktoren. Ist die Toleranz hingegen gering, so liegt Kollinearität vor. Beispielsweise ändert sich dieser Wert für den potenziellen Prädiktor Maschinenschreiben von Modell 1 mit .862 zu .555 im zweiten Modell. Für die Auswahl sinnvoller Prädiktoren sollte die Toleranz auf jeden Fall größer als .3, noch besser größer als .5 sein. Allerdings ist für die Auswahl eines Prädiktors neben der Toleranz auch noch die Signifikanz des Beta-Gewichts (Beta-In) entscheidend. Falls hier kein signifikanter Beitrag vorliegt, wird der potenzielle Prädiktor nicht aufgenommen.

Ausgeschlossene Variablen[c]

Modell		Beta In	T	Sig.	Partielle Korrelation	Kollinearitäts statistik Toleranz
1	Maschinenschreiben	,199[a]	2,950	,005	,385	,862
	Stenographie	,257[a]	3,192	,002	,411	,592
	Computerkenntnisse	,282[a]	4,152	,000	,506	,744
2	Maschinenschreiben	,066[b]	,842	,404	,119	,555
	Stenographie	,125[b]	1,405	,166	,197	,427

a. Einflußvariablen im Modell: (Konstante), Umgangsformen
b. Einflußvariablen im Modell: (Konstante), Umgangsformen, Computerkenntnisse
c. Abhängige Variable: zeugnis

Abbildung 184: Ergebnis der multiplen Regression, Teil 2

Schrittweise Regression = hypothesengenerisierendes Vorgehen

Abschließend soll nochmals betont werden, dass es sich bei der schrittweisen Regression nicht um ein hypothesentestendes (konfirmatorisches) Verfahren, sondern um ein hypothesengenerierendes (exploratives) Vorgehen handelt, dessen Ergebnisse immer über eine Kreuzvalidierung an einem anderen Datensatz zu bestätigen sind. Der Nachteil der schrittweisen Regression ist die „Capitalization of Chance", da bei diesem Vorgehen systematisch Prädiktoren mit einer hohen Korrelation bevorzugt werden. Hierbei gilt, je höher die Korrelation, desto höher ist auch die Fehlerkomponente, welche zur Regressionsanalyse hinzugefügt wird.

7.4.3 Kreuzvalidierung

Bei den schrittweisen Verfahren immer kreuzvalidieren

Gerade bei der schrittweisen Methode kann sich der Untersucher nur unzureichend gegen eine Alphafehler-Inflationierung schützen. Es sollte daher immer eine Kreuzvalidierung durchgeführt werden, mit deren Hilfe das Regressionsmodell in einem anderen Datensatz getestet wird. Damit die Kreuzvalidierung die Validität der Ergebnisse verbessern kann, darf nicht der Datensatz verwendet werden, welcher zur Ermittlung der Regressionsgleichung verwendet wurde.

> **Tipp**
> Gegebenenfalls kann die Gesamtstichprobe auch in zwei Teilstichproben aufgeteilt werden, so dass getrennt innerhalb der Teilstichproben A und B gerechnet werden kann. Dies sollte durch zufällige Auswahl oder nach dem Odd-even-Prinzip (121212 …) geschehen.

Die Kreuzvalidierung erfolgt (über Kreuz) in zweimal drei Schritten:
1. Ermittlung der Regressionsgleichung im ersten Datensatz. Dies ist in den vorangegangenen Abschnitten beschrieben worden.
2. Verwendung der ermittelten Regressionsgleichung zur Vorhersage der Kriteriumswerte an einem anderen, zweiten (neuen) Datensatz.
3. Durch die Ermittlung der Korrelation der vorhergesagten Werte (Schritt 2) mit den wahren Kriteriumswerten des zweiten Datensatzes findet eine Bewertung der ermittelten Gleichung statt. Eine hohe Korrelation spricht für das Modell, eine geringe Korrelation ist hingegen ein Zeichen für eine mangelnde Validität.

Anschließend wird diese Berechnung noch vom zweiten Datensatz ausgehend über Kreuz wiederholt.

Es soll nun eine Kreuzvalidierung der im vorherigen Abschnitt schrittweise ermittelten Regressionsgleichung durchgeführt werden. Hierzu steht mit Daten5.sav (vgl. www.hogrefe.de/buecher/lehrbuecher/psychlehrbuchplus) ein weiterer Datensatz mit denselben Variablen zur Verfügung. Anhand der im ersten Datensatz (vgl. Daten4.sav) ermittelten Gleichung werden in diesem zweiten Datensatz (vgl. Daten5.sav) zunächst die Kriteriumswerte vorhergesagt. Dann wird die Korrelation mit den beobachteten Werten berechnet (vgl. Abb. 185).

COMPUTE
vorkrit = -2.069 + 0.124 * sozial + 0.043 * edv.
EXECUTE.

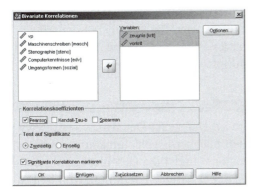

Abbildung 185: Aufruf des Korrelationsbefehls

Zur Bewertung werden nun in diesem „Testdatensatz" die vorhergesagten Werte mit den vorhandenen, wahren Werten korreliert. Dies ist über die folgende Korrelation durchführbar:

CORRELATION
krit WITH vorkrit.
EXECUTE.

Es wird die in Abbildung 186 dargestellte Ausgabe erzeugt. Da die Korrelation mit .719 unter dem multiplen R, dem Zusammenhang zwischen Kriterium und allen aufgenommenen Prädiktoren des ersten Datensatzes mit .910 liegt, können die Ergebnisse nur mit Einschränkungen interpretiert werden. Generell muss davon ausgegangen werden, dass diese Korrelation zwischen den vorhergesagten und den wahren Werten zwar geringer ist als die ursprüngliche multiple Korrelation, doch sollte diese Reduktion nicht zu groß sein. Leider gibt es hier keinen Signifikanztest für diese Differenz der erklärbaren Varianzanteile.

Korrelationen

		vorkrit
zeugnis	Korrelation nach Pearson	,719
	Signifikanz (2-seitig)	,000
	N	53

Abbildung 186: Ergebnis der Korrelationsberechnung

Zusammenfassung

In diesem Kapitel wurden die grundlegenden inferenzstatistischen Prüfverfahren besprochen. Hierbei wurden die Kapitel 7.1 bis 7.3 so aufgebaut, dass jeweils von Nominalskalenniveau über Ordinalskalenniveau zum Intervallskalenniveau vorgegangen wurde. In Kapitel 7.1 wurden Verfahren für eine Stichprobe vorgestellt, während in den beiden folgenden Abschnitten die Verfahren für unabhängige Stichproben (Kapitel 7.2) und für abhängige Stichproben (Kapitel 7.3) vorgestellt wurden. Abgeschlossen wurde dieses Kapitel mit einfachen und multiplen Regressionsanalysen.

Übungsaufgaben

1. Analysieren Sie bitte im Datensatz Daten1.sav (vgl. www.hogrefe.de/buecher/lehrbuecher/psychlehrbuchplus), ob sich jeweils bei den Dozenten 3 und 4 die Geschlechtsverteilung der Studierenden von der erwarteten Verteilung von 80 Prozent Frauen und 20 Prozent Männern unterscheidet.
2. Ermitteln Sie bitte im Datensatz Daten1.sav, ob sich die Bewertungen der Dozenten 2 und 3 bezüglich der Skalen 1, 2 und 3 unterscheiden.
3. Wiederholen Sie bitte die Analysen von Aufgabe 2, wobei Sie für alle drei Skalen bei den Dozenten 2 und 3 untersuchen, ob es in der Bewertung signifikante Unterschiede zwischen den Geschlechtern gibt.
4. Untersuchen Sie mittels eines t-Tests und eines Median-Splits, ob sich die Bewertungen der älteren Studierenden von der Bewertung der jüngeren Studierenden in der Variablen Skala 1 bei den Dozenten 4 und 5 unterscheiden.
5. Vergleichen Sie mit Hilfe einer Varianzanalyse, ob sich die Dozenten (alle Dozenten) bezüglich der Variablen Skala 1 unterscheiden. Falls sie sich nicht unterscheiden, suchen Sie paarweise nach Paaren mit signifikanten Differenzen.
6. Analysieren Sie, ob sich bei Dozent 5 signifikante Veränderungen in den Variablen Skala 1 bis Skala 3 zwischen den ersten beiden Messzeitpunkten ergeben haben.

Kapitel 8
Testkonstruktion

Inhaltsübersicht

8.1	Testkonstruktion	208
8.2	Beurteilerübereinstimmung/Interraterreliabilität	213
Zusammenfassung		216
Übungsaufgaben		217

Schlüsselbegriffe

- Beurteilerübereinstimmung
- Cronbachs Alpha
- Intra-Klassen-Korrelationskoeffizient
- Itemanalyse
- Itemauswahl
- Konsistenz, interne
- Reliabilität
- RELIABILITY
- Reliabilitätsanalyse
- Skalenanalyse
- Trennschärfe

8.1 Testkonstruktion

Was sind die Ziele der Testkonstruktion?

Bis zu dieser Stelle des Buchs wurde davon ausgegangen, dass die vorliegenden Skalen des Fragebogens zur Bewertung der Lehre im Sinne der Testkonstruktion wissenschaftlich bezüglich der Kriterien Objektivität, Reliabilität und Validität evaluiert wurden. Dies ist beispielsweise der Fall, wenn ein Fragebogen über einen wissenschaftlichen Verlag inklusive eines Manuals (Handbuchs) veröffentlicht wird oder entsprechende Studien/Analysen verfügbar sind. Ist hingegen der Fragebogen im Rahmen einer Abschlussarbeit erst in der Entstehung und wurde somit noch nicht auf seine Reliabilität hin überprüft, muss dies nach den Grundlagen der Testkonstruktion mit Hilfe eines Statistik-Programms erfolgen. Im vorliegenden Kapitel soll dieses Vorgehen dargestellt werden.

Grundlagen zu den Kennwerten der Testkonstruktion

Bei der Entwicklung eines neuen Testverfahrens – meist eines Fragebogens – müssen nach den Regeln der Klassischen Testkonstruktion Item- und Skalenanalysen durchgeführt werden. Einerseits findet mittels der Kennwerte für die Items eine individuelle Bewertung der Güte der einzelnen Fragen statt (Mittelwerte und Standardabweichung der Items sowie eine korrigierte sogenannte Item-zu-Skalen-Korrelation), während andererseits auch eine Analyse der internen Konsistenz durchgeführt wird, indem beispielsweise Cronbachs Alpha als Reliabilitätskennwert bestimmt wird.

> **Anmerkung**
> Als Ergebnisse von Reliabilitätsanalysen werden rein statistische Kennwerte ermittelt. Diese erlauben keine Aussagen über die Validität des Fragebogens. Es ist hierdurch nicht beweisbar, ob der Fragebogen misst, was er zu messen vorgibt. Eine hohe Reliabilität ist eine Voraussetzung für eine gute Validität, aber kein Beweis hierfür.

Reliabilität ist nicht Validität

Hinweis: Es ist auch anzumerken, dass von der SPSS-Prozedur RELIABILITY selbst keine gegebenenfalls notwendige Umpolung der Items durchgeführt wird. Eventuell wurden bei der Konstruktion des Fragebogens die Items so gestaltet, dass es positive (hohe Werte sind gut) und negative (niedrige Werte sind gut) Fragen gibt. Auch ist die Ausgabe der Skalenwerte von individuellen Personen nicht möglich. Diese Berechnungen müssen über den RECODE- beziehungsweise den COMPUTE-Befehl erfolgen.

Die Reliabilitätsanalyse erfolgt bei SPSS für jede einzelne Skala. Falls ein Fragebogen aus mehreren Skalen besteht, müssen diese nacheinander analysiert werden. Die Bestimmung der Korrelation mit anderen Skalen (konvergente Validität) ist mit dieser SPSS-Prozedur ebenfalls nicht möglich. Das Programmmodul wird über ANALYSIEREN – SKALIERUNG – RELIABILITÄTSANALYSE aufgerufen (vgl. Abb. 187).

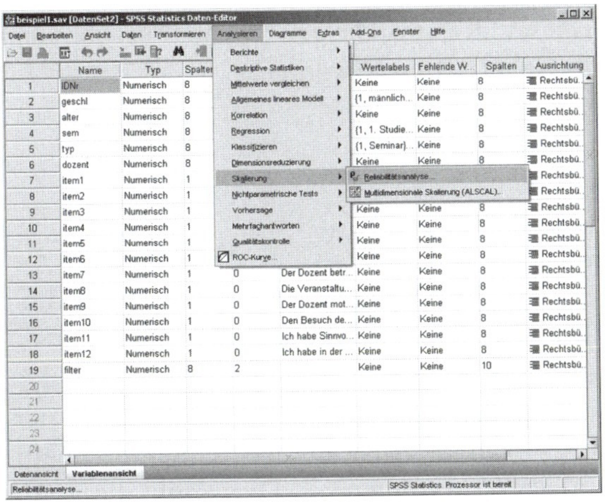

Abbildung 187: Aufruf einer Reliabilitätsanalyse

In der SPSS-Dialogbox müssen die Items pro Skala ausgewählt werden. Für die Bestimmung der internen Konsistenz der Skala ist „Alpha" für Cronbachs Alpha voreingestellt (vgl. Abb. 188). Andere, weniger gebräuchliche Reliabilitätskoeffizienten sind ebenfalls wählbar (Split-Half, Guttman, Parallel und Streng parallel).

Cronbachs Alpha als Standard

Abbildung 188: Auswahl der Items zur Reliabilitätsanalyse

Zur Erinnerung: Neben diesen Items sollen nun noch vier Skalen ermittelt werden, welche aus dem Mittelwert von jeweils drei Items bestehen. Diese sind wie folgt definiert:
- skala1: Mittelwert aus Item 1 bis 3
- skala2: Mittelwert aus Item 4 bis 6
- skala3: Mittelwert aus Item 7 bis 9
- skala4: Mittelwert aus Item 10 bis 12

Sehr sinnvoll ist es, die deskriptiven Kennwerte auf Item- und Skalenebene anzufordern. Im unteren Teil des Menüs kann der Intra-Klassen-Korrelationskoeffizient (ICC) aufgerufen werden. Dieser Koeffizient wird zur Ermittlung der Raterübereinstimmung verwendet. Hierzu später mehr in diesem Kapitel. Die gewünschte Ausgabe kann auch über die folgende Syntax erreicht werden:

ICC als Maß für die Beurteilerübereinstimmung

```
RELIABILITY
  /VARIABLES = item1 item2 item3
  /SCALE('ALL VARIABLES') ALL
  /MODEL = ALPHA
  /STATISTICS = DESCRIPTIVE SCALE
  /SUMMARY = TOTAL.
```

Für den Anwender sind hierbei der Aufruf der Items zur fokussierten Skala (/VARIABLES) und die Auswahl der Reliabilitätskoeffizienten (/MODEL = ALPHA) von Interesse. Dies ergibt die in Abbildung 189 dargestellten Ausgaben. Bei Teil a der Ausgabe muss berücksichtigt werden, dass in die Reliabilitätsanalyse nur jene Fälle einfließen, welche innerhalb der untersuchten Skala vollständige Werte beinhalten. Es wird somit das sogenannte listenweise Ausschlussverfahren verwendet, was insbesondere bei Skalen mit vielen Items in Abhängigkeit vom Muster der fehlenden Werte zu vielen Ausschlüssen führen kann. Dies wiederum kann die Repräsentativität der Stichprobe einschränken. Fehlende Werte können zwar vor der Reliabilitätsanalyse ersetzt werden, oft wird aber das Problem der fehlenden Werte in den Manualen von Fragebögen nicht erwähnt oder es wird keine akzeptable Lösung im Umgang mit diesem Problem geboten. In Teil b der Ausgabe wird nun der gewünschte Reliabilitätskoeffizient (Cronbachs Alpha) ausgegeben. Hier wurde mit .792 ein gerade noch akzeptabler Wert erreicht. Von einer guten Reliabilität wird in Abhängigkeit von der Anzahl der Items von Werten über .8 gesprochen. Dieser Teil der Ausgabe beinhaltet den wichtigsten Auswertungsteil – den Kennwert der Skala. In Teil c der Ausgabe folgen nun Mittelwerte und Standardabweichungen für die einzelnen Items des Fragebogens. Diese Werte können ein Hinweis auf Decken- oder Bodeneffekte sein, welche wiederum die Varianz der Items einschränken und somit zu geringeren Reliabilitätskoeffizienten führen können. Im Allgemeinen empfiehlt sich schon vor der Reliabilitätsanalyse die Durchführung einer explorativen Datenanalyse, so dass die Probleme von Decken- und/oder Bodeneffekten rechtzeitig erkannt werden und nicht erst an dieser Stelle. Gibt es keine Varianz in den Items, so kann auch keine Varianz in den Skalen folgen. Dies verschlechtert die Reliabilitätskennwerte massiv. In Teil c der Ausgabe wird nun in der dritten Ergebnisspalte die sogenannte part-whole-korrigierte Korrelation zwischen den Items und der Skala dargestellt (Trennschärfe). Hierbei wird die Korrelation zwischen jedem einzelnen Item und der Skala ohne genau dieses Item verwendet. Dies bedeutet beispielsweise, dass das erste Item („Es werden genügend Beispiele verwendet.") zu .698 mit der „Restskala", der Summe aus den beiden anderen Items, korreliert. Die anderen Teile der Tabelle sind eine „Was-wäre-wenn"-Ausgabe. Hier wird ermittelt, wie sich die Skala verändern würde, wenn das jeweilige Item ausgeschlossen werden würde. In dieser Ausgabe zeigt sich, dass die Skala durch das Ausscheiden des letzten Items einen leicht verbesserten Reliabilitätswert (.808 statt .792) erreichen würde. Somit kann dieser Teil der Ausgabe bei der Testentwicklung sehr hilfreich sein. Abgeschlossen wird die Ausgabe nun in Teil e mit den deskriptiven Kennwerten der zugrunde gelegten Skala. Dies gibt Hinweise auf die Variabilität der Skala.

a) **Zusammenfassung der Fallverarbeitung**

		N	%
Fälle	Gültig	1552	99,6
	Ausgeschlossen a	6	,4
	Gesamt	1558	100,0

a. Listenweise Löschung auf der Grundlage aller Variablen in der Prozedur.

b) **Reliabilitätsstatistiken**

Cronbachs Alpha	Anzahl der Items
,792	3

c) **Itemstatistiken**

	Mittelwert	Standardabweichung	N
Es werden genügend Beispiele verwendet.	2,34	1,128	1552
Die Beispiele helfen beim Verständnis der Theorien.	1,92	1,013	1552
Es wird ein Bezug zur Praxis hergestellt.	2,43	1,244	1552

d) **Item-Skala-Statistiken**

	Skalenmittelwert, wenn Item weggelassen	Skalenvarianz, wenn Item weggelassen	Korrigierte Item-Skala-Korrelation	Cronbachs Alpha, wenn Item weggelassen
Es werden genügend Beispiele verwendet.	4,35	3,956	,651	,698
Die Beispiele helfen beim Verständnis der Theorien.	4,76	4,185	,709	,652
Es wird ein Bezug zur Praxis hergestellt.	4,26	3,859	,562	,808

e) **Skala-Statistiken**

Mittelwert	Varianz	Standardabweichung	Anzahl der Items
6,69	8,152	2,855	3

Abbildung 189: Ergebnis der Reliabilitätsanalyse

> **Anmerkung**
>
> Mit Hilfe einer Reliabilitätsanalyse kann nur über den Ausschluss einzelner Items entschieden werden. Sobald ein Item ausgeschlossen wird, sollte eine erneute Analyse über die restlichen Items erfolgen. Dann kann in einem nächsten Schritt darüber entschieden werden, ob es möglicherweise sinnvoll ist, noch ein weiteres Item auszuschließen. Dieser Prozess stoppt, sobald keine Optimierung mehr möglich ist.

Hinweis: SPSS ermittelt hierbei keine neue Variable im Datenfile, welche die Werte der einzelnen Personen in der Skala beinhaltet. Die potenziellen Skalenwerte der einzelnen Personen müssten „von

Hand" über den COMPUTE-Befehl ermittelt werden. Die vorliegende Problematik fehlender Werte wurde schon in Kapitel 4 besprochen.

Auch soll an dieser Stelle angemerkt werden, dass mit der Hilfe von SPSS eine Skala nur nach den Grundlagen der Klassischen Testkonstruktion untersucht werden kann. Für eine Überprüfung nach den Grundlagen der Probabilistischen Testkonstruktion werden Programme wie beispielsweise WINMIRA oder WINSTEPS benötigt.

8.2 Beurteilerübereinstimmung/Interraterreliabilität

Neben der Beurteilung von Skalen und Fragebögen nach den Vorgaben der Klassischen Testkonstruktion gibt es auch noch ein weiteres Einsatzgebiet für Reliabilitätsanalysen. Falls mehrere Beurteiler bei verschiedenen Objekten oder Personen eine oder mehrere Merkmalsausprägungen bestimmen, sollte ebenfalls die Reliabilität dieser Urteile/Messungen bestimmt werden.

Während bei Cronbachs Alpha nur die gemeinsame Varianz der Items im Vordergrund steht, kann bei der Beurteilerübereinstimmung auch die Höhe der Bewertung berücksichtigt werden. Dies wird über den Intra-Klassen-Korrelationskoeffizienten (ICC) erreicht.

Der ICC berücksichtigt auch Mittelwertsdifferenzen

Beispiel: Gegeben seien zwei Beurteiler (A und B). Diese sollen drei Personen auf einer zehnstufigen Likertskala beurteilen. A gibt die folgenden drei Werte ab: 1, 2, 3. B hingegen urteilt auf dieser Skala mit 8, 9, 10. Die Korrelation dieser beiden Werte wäre zwar sehr hoch (r = 1.0), trotzdem kann bei einem Vergleich der beiden Messreihen nicht von reliablen Werten gesprochen werden, da die Beurteiler zu unterschiedlichen Bewertungen kommen. Diese Unterschiede in der absoluten Höhe der Bewertungen werden beim ICC berücksichtigt.

Der ICC kann sowohl für die Analyse von Studiendaten verwendet werden, bei welchen alle Rater alle Objekte bewertet haben, als auch für jene Fälle, bei welchen die Rater nur einen Teil der Objekte bewertet haben.

Für das folgende Beispiel wurde im gegebenen Datensatz folgender Filter verwendet:

```
COMPUTE filter1 = (dozent = 1) and (typ = 1) and (sem = 1).
FILTER BY filter1.
EXECUTE.
```

Nach der Aktivierung des Filters sind noch 42 Fälle von einem Dozenten (Dozent 1) bei Studierenden des ersten Semesters und einem Veranstaltungstyp (1) aktiv. Dies sollen nun als Beurteiler einer Person gesehen werden, wobei die Übereinstimmung zwischen den Urteilen im Fokus der Untersuchung steht. Für dieses Beispiel stellt sich somit nicht die Frage, wie die Studierenden den Dozenten im Mittel bewerten, sondern ob die Annahme bestätigt werden kann, dass die Studierenden zum gleichen Urteil (= Beurteilerübereinstimmung) bei dem Dozenten kommen.

In der folgenden Beispielsberechnung entsprechen nun Item 1 bis Item 3 den drei Urteilen der Bewerter. Diese Interpretation entspricht nicht dem eigentlichen Zweck dieser Variablen im Datensatz, soll aber hier zu Demonstrationszwecken so angenommen werden.

Der Befehl wird über ANALYSIEREN – SKALIERUNG – RELIABILITÄTSANALYSE aufgerufen. Neben den bisherigen Einstellungen kann nun unter dem Menüpunkt STATISTIKEN der Korrelationskoeffizient in Klassen aufgerufen werden. Hierbei gibt es die beiden Untermenüpunkte Modell und Typ.

Unter Modell kann zwischen den Optionen „Zwei-Weg, gemischt", „Zwei-Weg, zufällig" und „Ein-Weg, zufällig" ausgewählt werden. Hierbei geht man bei der ersten Option davon aus, dass im varianzanalytischen Modell für abhängige Stichproben die zu bewertenden Personen zufällig gezogen wurden, nicht jedoch die Beurteiler. Bei der zweiten Option wird auch der Faktor Rater als Zufallsauswahl gesehen. Diese Auswahl hat Folgen für die Interpretation der Ergebnisse. Bei der dritten Option wird davon ausgegangen, dass nicht alle Rater alle Objekte/Personen bewertet haben, sprich, dass nicht alle Personen von demselben Rater beurteilt worden sind.

Beim Typ kann zwischen den Optionen „Konsistenz" und „absolute Übereinstimmung" gewählt werden. Bei der Option „Konsistenz" werden nur korrelative Zusammenhänge untersucht, während beim Typ „absolute Übereinstimmung" auch die Niveauunterschiede zwischen den Beurteilern berücksichtigt werden.

Über das Menü sollte unter STATISTIKEN die ANOVA-Tabelle für den F-Test aufgerufen werden (vgl. Abb. 190).

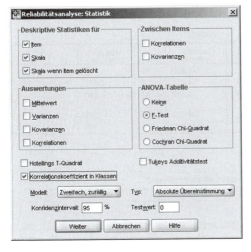

Abbildung 190: Optionen bei der Reliabilitätsanalyse

Die Auswahl „Zwei-Wege, zufällig" und „absolute Übereinstimmung" kann auch mit der folgenden Syntax erreicht werden:

```
RELIABILITY
    /VARIABLES = item1 item2 item3
    /SCALE('ALL VARIABLES') ALL
    /MODEL = ALPHA
    /STATISTICS=DESCRIPTIVE SCALE ANOVA
    /SUMMARY = TOTAL
    /ICC = MODEL(RANDOM) TYPE(ABSOLUTE) CIN = 95 TESTVAL
    = 0.
```

Analog zur „normalen" Reliabilitätsanalyse werden Cronbachs Alpha und die Trennschärfen ausgegeben. Auf diesen Teil der Ausgabe soll hier nicht eingegangen werden. Im nächsten Abschnitt der Ausgabe wird nun mit Hilfe einer Varianzanalyse die Signifikanz des Ratereinflusses geprüft (vgl. Abb. 191a). Hierbei wird der Unterschied zwischen den Ratern mit einem F-Wert von 4.427 ($df1 = 2$, $df2 = 82$, $p = .015$) statistisch bedeutsam. Aus dieser Tabelle könnten nun die ICC ermittelt werden, wobei SPSS die Ermittlung dieser Kennwerte selbst durchführt, wie Teil b des Ausdrucks verdeutlicht. Hier zeigt sich ein ICC von .577 für die einzelnen Maße, also für jede einzelne

Beurteilung, während die Reliabilität der Mittelwerte bei .804 liegt. Für beide Intra-Klassen-Korrelationen werden jeweils die Konfidenzintervalle angegeben (.406 bis .726, beziehungsweise .672 bis .888).

a)

ANOVA

		Quadratsumme	df	Mittel der Quadrate	F	Sig.
Zwischen Personen		122,540	41	2,989		
Innerhalb Personen	Zwischen Items	4,873	2	2,437	4,427	,015
	Nicht standardisierte Residuen	45,127	82	,550		
	Gesamt	50,000	84	,595		
Gesamt		172,540	125	1,380		

Gesamtmittelwert = 2,30

b)

Korrelationskoeffizient in Klassen

	Korrelation innerhalb der Klasse[a]	95%-Konfidenzintervall		F-Test mit wahrem Wert 0		
		Untergrenze	Obergrenze	Wert	df1	df2	Sig.
Einzelne Maße	,577[b]	,406	,726	5,431	41	82	,000
Durchschnittliche Maße	,804	,672	,888	5,431	41	82	,000

Modell mit Zwei-Weg-Zufallseffekten, bei dem sowohl Personeneffekte als auch Maßeffekte zufällig sind.
a. Korrelationskoeffizienten des Typs A innerhalb der Klasse unter Verwendung einer Definition der absoluten Übereinstimmung.
b. Der Schätzer ist derselbe, unabhängig davon, ob ein Wechselwirkungseffekt vorliegt oder nicht.

Abbildung 191: Ergebnis der Reliabilitätsanalysen

Zusammenfassung

> Als Voraussetzung für die Validität eines psychometrischen Messverfahrens muss mittels einer Reliabilitätsanalyse überprüft werden, ob die Items eines Fragebogens möglichst viel gemeinsame Varianz besitzen, was bedeutet, dass das zugrunde gelegte Konstrukt (latente Merkmal) gut gemessen wurde. Gegebenenfalls muss mit Hilfe der korrigierten Item-zu-Skalen-Korrelation entschieden werden, welche Items bei der Skalendefinition nicht berücksichtigt werden können. Analog zur Bewertung der Reliabilität eines Fragebogens kann auch die Übereinstimmung zwischen mehreren Beurteilern mit Hilfe der Intra-Klassen-Korrelation erfasst werden.

Übungsaufgaben

1. Ermitteln Sie die Reliabilität für die Skala 2, welche aus den Items 4, 5 und 6 besteht.
2. Ist es möglich, aus allen Items des Fragebogens eine Gesamtskala zu bilden? Welche Items sind für eine solche Skala geeignet, welche nicht?
3. Berechnen Sie eine Reliabilitätsanalyse, bei welcher Sie die vier Skalenwerte wie Items betrachten.
4. Ermitteln Sie die ICC (Intra-Klassen-Korrelationskoeffizient) für die Items 1, 2 und 3 nicht wie im Text beschrieben über 42 Fälle, sondern über alle Fälle des Datensatzes hinweg.

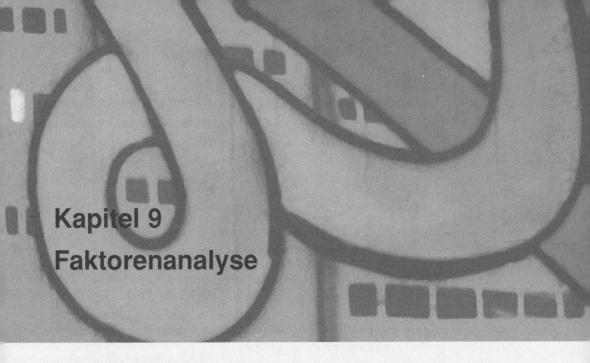

Kapitel 9
Faktorenanalyse

Inhaltsübersicht

9.1	Hauptkomponentenanalyse	220
9.2	Hauptachsenanalyse	228
Zusammenfassung		231
Übungsaufgaben		233

Schlüsselbegriffe

- Bartlett-Test
- Eigenwert
- FACTOR
- Faktorladung
- Hauptachsenanalyse
- Hauptkomponentenanalyse
- Kaiser-Guttman-Kriterium
- KMO-Test
- Kommunalität
- Scree-Plot
- Varimax-Rotation

Hinweis: Auch beziehungsweise insbesondere für das folgende Kapitel zur Faktorenanalyse gilt, dass das grundlegende statistische Konzept dem Leser bekannt sein sollte. Da das Verfahren etwas komplexer ist, unterscheidet sich auch der Aufbau dieses Kapitels von den anderen Abschnitten dieses Buches.

SPSS kann „nur" explorative Faktorenanalysen ermitteln

Bei der im Folgenden vorgestellten Faktorenanalyse handelt es sich eigentlich um ein Bündel von Verfahren, welche Zusammenhänge zwischen einer Vielzahl von Variablen untersuchen. Die Faktorenanalyse wird primär in der Fragebogenentwicklung eingesetzt. Hier wird die sogenannte explorative (suchende) Faktorenanalyse beschrieben, welche in SPSS integriert ist. Für eine konfirmatorische (bestätigende) Faktorenanalyse können Programme wie AMOS, welches ebenfalls von der Firma SPSS® vertrieben wird, verwendet werden. Für eine Erläuterung des statistisch-mathematischen Hintergrunds wird beispielsweise Leonhart (2009) empfohlen.

Aus dem Bündel der explorativen Faktorenanalyseverfahren sollen die zwei gebräuchlichsten Analysearten hier vorgestellt werden: Die Hauptkomponentenanalyse und die Hauptachsenanalyse. Im folgenden Abschnitt wird zuerst detailliert auf die in der Psychologie häufiger verwendete Hauptkomponentenanalyse eingegangen, bevor die Hauptachsenanalyse dargestellt wird.

9.1 Hauptkomponentenanalyse

Aus der gegebenen Beispieldatei Daten1.sav sollen die Items 1 bis 12 für eine Faktorenanalyse verwendet werden. Hierbei soll mittels einer Hauptkomponentenanalyse nach dem Kaiser-Guttman-Kriterium und mit Varimax-Rotation eine Suche der Faktoren (= zugrunde liegenden latenten Variablen) durchgeführt werden. Über das Menü erfolgt der Aufruf über DIMENSIONSREDUKTION – FAKTORENANA-LYSE (vgl. Abb. 192).

Abbildung 192: Faktorenanalyse

Unter dem Menüpunkt „Deskriptive Statistik" können die Statistiken, die Anfangslösung, der KMO-Test und der Bartlett-Test auf Sphärizität angefordert werden. Insbesondere die letzten beiden Testverfahren dienen zur Überprüfung der Voraussetzungen einer Faktorenanalyse und sollten auf jeden Fall berichtet werden (vgl. Abb. 193).

Voraussetzungsüberprüfungen mittels KMO- und Bartlett-Test

Abbildung 193: Aufruf von KMO-Test und Bartlett-Test auf Sphärizität

Unter dem Menüpunkt „Extraktion" wird von SPSS die Hauptkomponentenanalyse angeboten. Mit der Voreinstellung der Faktoren größer 1 bei der Extraktion wird das Kaiser-Guttman-Kriterium gewählt. An dieser Stelle könnte aber auch die Anzahl der Faktoren vom Anwender vorgegeben werden (vgl. Abb. 194). Unter dem Menüpunkt Rotation empfiehlt sich die am häufigsten eingesetzte Varimax-Rotation, welche eine orthogonale (rechtwinklige) Rotation erlaubt (vgl. Abb. 195).

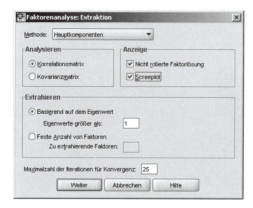 

Abbildung 194: Extraktion **Abbildung 195:** Varimax-Rotation

Um die Ausgabe übersichtlicher zu machen, ist immer ein Sortieren der Items nach der Größe der Faktorladungen und ein Unterdrücken von Absolutwerten empfehlenswert. Hierbei wird teilweise sogar empfohlen, dass Werte unter .30 nicht angegeben/interpretiert werden.

Das bisherige Vorgehen ist auch mit der folgenden Syntax erreichbar:

```
FACTOR
    /VARIABLES item1 item2 item3 item4 item5 item6 item7 item8
    item9 item10 item11 item12
    /MISSING LISTWISE
    /ANALYSIS item1 item2 item3 item4 item5 item6 item7 item8
    item9 item10 item11 item12
    /PRINT UNIVARIATE INITIAL KMO EXTRACTION ROTATION
    /FORMAT SORT BLANK(.30)
    /PLOT EIGEN
    /CRITERIA MINEIGEN(1) ITERATE(25)
    /EXTRACTION PC
    /CRITERIA ITERATE(25)
    /ROTATION VARIMAX
    /METHOD = CORRELATION.
```

Nach dem Schlüsselwort FACTOR werden alle zu berücksichtigenden Variablen angegeben, die in die Hauptkomponentenanalyse eingehen sollen (item1 bis item12). Mit der Option „/PRINT = ..." werden die relevanten Statistiken ausgegeben. INITIAL gibt hierbei die erste, unrotierte Faktorenlösung aus, wobei in diesem Stadium der Analyse genau so viele Faktoren erzeugt werden, wie Variablen in die Hauptkomponentenanalyse eingehen. Entsprechend sind in dieser Phase der Analyse die Kommunalitäten der Variablen jeweils 1. Die Option KMO führt den Kaiser-Meyer-Olkin-Test und den Sphärizitätstest nach Bartlett aus, welcher überprüft, ob die Korrelationsmatrix signifikant von der Einheitsmatrix abweicht. Ein signifikantes Ergebnis ist Voraussetzung für die Berechnung einer Faktorenanalyse. Der KMO-Wert hingegen sollte möglichst nahe bei 1 liegen. Unter EXTRACTION wird die Lösung für die extrahierten Faktoren ausgegeben, wobei mit ROTATION die Ausgabe um die Lösung für die rotierten Faktoren ergänzt wird. Der Scree-Plot der Eigenwerte aller Faktoren (/PLOT = EIGEN) sollte den charakteristischen „Knick" zwischen den Faktoren mit hohen und niedrigen Eigenwerten zeigen. Dieser Knick ist neben dem Kaiser-Guttman-Kriterium eine weitere Entscheidungshilfe, welche Variablen insbesondere bei sehr vielen Items in Betracht gezogen werden sollten. Nach dem Kaiser-Guttman-Kriterium werden nur Faktoren mit Eigenwerten über 1 aufgenommen, so dass ein Faktor mindestens soviel Varianz erklärt wie eine beobachtete Variable. Dieses Kriterium wird bei /CRITERIA = MINEIGEN (1) festgelegt. Die Extraktionsmethode in der gegebenen Syntax ist die Hauptkomponentenanalyse (oder Principal Components Analysis, PCA oder PC; /EXTRACTION = PC). Die Faktoren sollen unkorreliert, das heißt orthogonal, sein(/ROTATION = VARIMAX), was die Interpretation des Ergebnisses erleichtert. Hierbei wird versucht, die Faktoren so zu rotieren, dass die Varianz der Faktorladungen (= Korrelationen zwischen den Variablen und den Faktoren) entweder nahe bei 1 oder nahe bei 0 liegt (= Einfachstruktur der Faktorlösung). Die Faktoren als Ergebnis der Hauptkomponentenanalyse sind dann latente Variablen, welche die Gesamtvarianz der Stichprobe zu einem bestimmten Anteil erklären können.

Es soll im Folgenden die gekürzte Ausgabe besprochen werden. Als erstes folgt die Ausgabe der deskriptiven Statistiken, welche einen Einblick in die Verteilung der Variablen geben (vgl. Abb. 196).

In Abbildung 197 folgen der KMO-Wert und der Bartlett-Test, welcher wie erwünscht signifikant wird. Der KMO-Wert liegt bei 0.894 und damit in einem guten Bereich. Ein Wert größer .8 wird als gut angesehen, mehr hierzu bei Leonhart (2009). Somit ist die Durchführung einer Faktorenanalyse sinnvoll.

Deskriptive Statistiken

	Mittelwert	Standard-abweichung	Analyse N
Es werden genügend Beispiele verwendet.	2,34	1,129	1548
Die Beispiele helfen beim Verständnis der Theorien.	1,92	1,014	1548
Es wird ein Bezug zur Praxis hergestellt.	2,43	1,245	1548
Die Studierenden werden zu Nachfragen und Diskussion aufgefordert.	2,09	1,359	1548
Der Dozent ermutigt die Studierenden zur Beteiligung.	2,13	1,337	1548
Die Studierenden werden zu aktiver Teilnahme aufgefordert.	2,27	1,367	1548
Der Dozent betrachtet die Lehre als lästige Pflichtübung.	1,98	1,318	1548
Die Veranstaltung ist langweilig und humorlos.	2,49	1,399	1548
Der Dozent motiviert mich.	2,11	1,293	1548
Den Besuch der Veranstaltung kann ich uneingeschränkt weiter empfehlen.	2,04	1,271	1548
Ich habe Sinnvolles und Wichtiges für mein weiteres Studium gelernt.	2,12	1,199	1548
Ich habe in der Veranstaltung viel Neues gelernt.	2,26	1,228	1548

Abbildung 196: Deskriptive Statistiken

KMO- und Bartlett-Test

	Maß der Stichprobeneignung nach Kaiser-Meyer-Olkin,	,894
Bartlett-Test auf Sphärizität	Ungefähres Chi-Quadrat	12395,346
	df	66
	Signifikanz nach Bartlett	,000

Abbildung 197: KMO- und Bartlett-Test

Im folgenden Teil der Ausgabe zeigen sich nun die Kommunalitäten zu Beginn und am Ende der Analyse (vgl. Abb. 198). Da zu Beginn alle Kommunalitäten bei 1.0 liegen, handelt es sich um eine Hauptkomponentenanalyse.

Kommunalitäten

	Anfänglich	Extraktion
Es werden genügend Beispiele verwendet.	1,000	,721
Die Beispiele helfen beim Verständnis der Theorien.	1,000	,779
Es wird ein Bezug zur Praxis hergesellt.	1,000	,653
Die Studierenden werden zu Nachfragen und Diskussion aufgefordert.	1,000	,846
Der Dozent ermutigt die Studierenden zur Beteiligung.	1,000	,877
Die Studierenden werden zu aktiver Teilnahme aufgefordert.	1,000	,877
Der Dozent betrachtet die Lehre als lästige Pflichtübung.	1,000	,333
Die Veranstaltung ist langweilig und humorlos.	1,000	,594
Der Dozent motiviert mich.	1,000	,645
Den Besuch der Veranstaltung kann ich uneingeschränkt weiter empfehlen.	1,000	,822
Ich habe Sinnvolles und Wichtiges für mein weiteres Studium gelernt.	1,000	,793
Ich habe in der Veranstaltung viel Neues gelernt.	1,000	,762

Extraktionsmethode: Hauptkomponentenanalyse.

Abbildung 198: Hauptkomponentenanalyse – Kommunalitäten

Es folgt nun die Faktorenlösung, welche in drei Abschnitten besprochen werden soll. Anzumerken ist hierbei, dass in der deutschen Übersetzung von SPSS der Begriff Komponente von Principal Component Analysis als Synonym für Faktor verwendet wird, was den Anwender meist verwirrt.

Im linken Teil der in Abbildung 199 dargestellten Ausgabe werden so viele Faktoren wie Variablen extrahiert. Hierdurch kann die gesamte Varianz der beobachteten Variablen erklärt werden. Alle ermittelten Kommunalitäten liegen bei 1.0, wobei hier die Anzahl der Faktoren der Anzahl der Variablen entspricht und es (noch) keine Dimensionsreduktion gegeben hat. Der erste Faktor hat einen Eigenwert von 5.897 und erklärt 49.145 % der Gesamtvarianz. Die drei ersten Faktoren haben einen Eigenwert größer 1 (= Kaiser-Guttman-Kriterium) und erklären 72.511 % der Gesamtvarianz. Im mittleren Teil der Ausgabe wird beschrieben, wie viele Faktoren nach dem Kaiser-Guttman-Kriterium (Eigenwert >1) ausgewählt werden. Hier sind die Kommunalitäten vor der Rotation dargestellt, während im rechten Teil der Ausgabe die Kommunalitäten nach der Rotation aufgelistet werden.

Erklärte Gesamtvarianz

Komponente	Anfängliche Eigenwerte			Summen von quadrierten Faktorladungen für Extraktion			Rotierte Summe der quadrierten Ladungen		
	Gesamt	% der Varianz	Kumulierte %	Gesamt	% der Varianz	Kumulierte %	Gesamt	% der Varianz	Kumulierte %
1	5,897	49,145	49,145	5,897	49,145	49,145	3,643	30,360	30,360
2	1,768	14,731	63,876	1,768	14,731	63,876	2,802	23,346	53,706
3	1,036	8,636	72,511	1,036	8,636	72,511	2,257	18,805	72,511
4	,871	7,256	79,768						
5	,535	4,461	84,228						
6	,451	3,756	87,985						
7	,375	3,125	91,109						
8	,312	2,599	93,709						
9	,213	1,779	95,487						
10	,211	1,756	97,244						
11	,183	1,521	98,765						
12	,148	1,235	100,000						

Extraktionsmethode: Hauptkomponentenanalyse

Abbildung 199: Erklärte Gesamtvarianz bei der Hauptkomponentenanalyse

Sree-Plot In Abbildung 200 folgt der Factor-Scree-Plot, der zur Veranschaulichung des Verlaufs der Eigenwerte dient. Der Scree-Plot kann als steiler Abhang angesehen werden (Faktoren mit Eigenwerten größer 1), welcher in eine Geröllhalde übergeht (Faktoren mit Eigenwerten unter 1). Die Entscheidung bezüglich der Anzahl der zu extrahierenden Faktoren wird über den Schnittpunkt zweier Geraden definiert, von denen die erste Gerade relativ senkrecht fallend den Abhang hinunter geht, während die zweite Gerade auf der Geröllhalde liegt. Der Schnittpunkt wäre hier zwischen dem dritten und vierten Faktor.

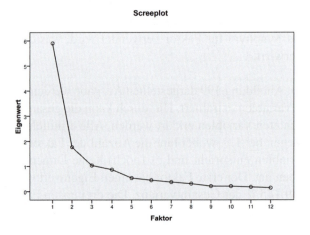

Abbildung 200: Scree-Plot

> **Anmerkung**
> Bei besonders vielen Faktoren (> 30) ist der Scree-Plot sehr zu empfehlen.

Da die Faktoren nach dem Eigenwertkriterium extrahiert wurden, liegen nur Eigenwerte über 1 vor. Faktoren mit Eigenwerten unter 1 erklären weniger Varianz als eine beobachtete Variable in dem Modell. Deshalb werden diese Faktoren auch als „unökonomisch" bezeichnet.

Für die drei Faktoren wird in Abbildung 201 nun die unrotierte Faktormatrix (Komponentenmatrix) angezeigt. Hierbei werden die Korrelationen der beobachteten (manifesten) Variablen mit den unrotierten Faktoren dargestellt (= Faktorenladungen). Im nächsten Schritt wird die rotierte Faktormatrix als „Endprodukt" der Analyse ausgegeben (vgl. Abb. 202). Da Werte kleiner 0.3 nicht ausgegeben werden, ist somit die Ausgabe um einiges reduziert und besser interpretierbar.

Komponentenmatrix[a]

	Komponente 1	Komponente 2	Komponente 3
Es werden genügend Beispiele verwendet.	,709	-,147	,444
Die Beispiele helfen beim Verständnis der Theorien.	,699	-,125	,524
Es wird ein Bezug zur Praxis hergestellt.	,592	-,099	,541
Die Studierenden werden zu Nachfragen und Diskussion aufgefordert.	,612	,681	-,089
Der Dozent ermutigt die Studierenden zur Beteiligung.	,696	,625	-,038
Die Studierenden werden zu aktiver Teilnahme aufgefordert.	,675	,642	-,092
Der Dozent betrachtet die Lehre als lästige Pflichtübung.	,562	-,029	-,129
Die Veranstaltung ist langweilig und humorlos.	,720	-,200	-,190
Der Dozent motiviert mich.	,798	-,034	-,079
Den Besuch der Veranstaltung kann ich uneingeschränkt weiter empfehlen.	,800	-,338	-,260
Ich habe Sinnvolles und Wichtiges für mein weiteres Studium gelernt.	,741	-,416	-,267
Ich habe in der Veranstaltung viel Neues gelernt.	,761	-,355	-,238

Extraktionsmethode: Hauptkomponentenanalyse.
a. 3 Komponenten extrahiert

Abbildung 201: Komponentenmatrix

Rotierte Komponentenmatrix[a]

	Komponente 1	Komponente 2	Komponente 3
Es werden genügend Beispiele verwendet.	,349	,173	,755
Die Beispiele helfen beim Verständnis der Theorien.	,291	,176	,814
Es wird ein Bezug zur Praxis hergestellt.	,194	,142	,772
Die Studierenden werden zu Nachfragen und Diskussion aufgefordert.	,141	,901	,119
Der Dozent ermutigt die Studierenden zur Beteiligung.	,202	,889	,213
Die Studierenden werden zu aktiver Teilnahme aufgefordert.	,206	,900	,154
Der Dozent betrachtet die Lehre als lästige Pflichtübung.	,476	,275	,174
Die Veranstaltung ist langweilig und humorlos.	,703	,217	,228
Der Dozent motiviert mich.	,621	,383	,335
Den Besuch der Veranstaltung kann ich uneingeschränkt weiter empfehlen.	,864	,149	,231
Ich habe Sinnvolles und Wichtiges für mein weiteres Studium gelernt.	,864	,053	,208
Ich habe in der Veranstaltung viel Neues gelernt.	,834	,112	,233

Extraktionsmethode: Hauptkomponentenanalyse.
Rotationsmethode: Varimax mit Kaiser-Normalisierung.
a. Die Rotation ist in 5 Iterationen konvergiert.

Abbildung 202: Rotierte Komponentenmatrix

Im gegebenen Datensatz sind beispielsweise die letzten drei aufgelisteten Items sehr gut Faktor 1 zuordnenbar, während das Item „Der Dozent motiviert mich" auf mehreren Faktoren lagert (mittlere Korrelation mit jedem Faktor). Es wird zwar dem ersten Faktor (der ersten Komponente) zugeordnet, und doch hat diese Variable nicht unerhebliche Zweitladungen auf den anderen beiden Faktoren.

Der Rest der Ausgabe ist weniger relevant (Komponententransformationsmatrix) und soll an dieser Stelle nicht dargestellt werden. Die Interpretation der rein mathematisch gewonnenen Faktoren muss inhaltlich erfolgen und ist schwierig, da es keine Unterstützung bei der Benennung durch das Programm gibt. Wie sollen diese Faktoren benannt werden? Welche Zusammenhänge spiegeln sie wider? Möglicherweise ist bei Problemen mit der Interpretation eine nicht rechtwinklige (oblique) Rotation sinnvoll. Hieraus resultieren dann gegebenenfalls voneinander abhängige Faktoren, über die wiederum eine Faktorenanalyse zweiter Ordnung gerechnet werden kann.

Keine inhaltliche Interpretation durch das Programm

9.2 Hauptachsenanalyse

Die Hauptkomponentenanalyse (principle component analysis, PCA) und die Hauptachsenanalyse (principle factor analysis, PFA) unterscheiden sich hauptsächlich in einem Punkt, in der Bestimmung der Kommunalität, beziehungsweise des Startwertes für die Kommunalitätenschätzung. Die Kommunalität ist, wie schon beschrieben, der Anteil der Varianz einer Variablen, welcher durch alle Faktoren erklärt werden kann. Die Kommunalität kann Werte zwischen 0 (= 0 % der Varianz der Variablen wird erklärt) und 1 (= 100 % der Varianz der Variablen wird erklärt) annehmen. Eine Kommunalität von 1 ist theoretisch nur möglich, wenn die Anzahl der Faktoren mit der Anzahl der Variablen übereinstimmt. Dies widerspricht aber dem Ziel der Datenreduktion bei der Faktorenanalyse. Somit gibt es also immer eine Kommunalität kleiner 1.

Es stellt sich die Frage, wie die Kommunalität in der ersten Berechnungsrunde (Iteration) ermittelt wird. Hier unterscheiden sich die beiden Methoden. Die Hauptkomponentenanalyse geht davon aus, dass die Varianz jeder Variablen vollständig erklärt werden kann (Startwert = 1). Bei der Hauptachsenanalyse wird hingegen schon zu Beginn angenommen, dass die Varianz einer Variablen nicht vollständig erklärt werden kann. Deshalb wird der Startwert für die Kommunalitäten der einzelnen Variablen geschätzt und ist immer kleiner als 1. Unterschiede zwischen beiden Verfahren werden ausführlicher bei Leonhart (2009) erläutert. Da aber beide Verfahren iterativ vorgehen, handelt es sich hierbei um einen Unterschied im Startwert und in der Interpretation der Faktoren und nicht um eine Differenz in der Berechnung. Dies als statistischer Hintergrund zu den Verfahren.

In diesem Abschnitt soll mit dem Beispieldatensatz der Hauptkomponentenanalyse eine Hauptachsenanalyse berechnet werden. Die Syntax unterscheidet sich kaum, wie im Folgenden zu sehen ist.

```
FACTOR
    /VARIABLES item1 item2 item3 item4 item5 item6 item7 item8
    item9 item10 item11 item12
    /MISSING LISTWISE
    /ANALYSIS item1 item2 item3 item4 item5 item6 item7 item8
    item9 item10 item11 item12
    /PRINT UNIVARIATE INITIAL KMO EXTRACTION ROTATION
    /FORMAT SORT BLANK(.30)
    /PLOT EIGEN
    /CRITERIA MINEIGEN(1) ITERATE(25)
    /EXTRACTION PAF
    /CRITERIA ITERATE(25)
    /ROTATION VARIMAX
    /METHOD = CORRELATION.
```

Es folgt nun ein kommentierter und gekürzter Ausdruck der Ausgabe nach Aufruf dieses Befehls. Hierbei werden die Unterschiede im Ergebnis zur Hauptkomponentenanalyse dargestellt. Interessant sind hier die Kommunalitäten, welche bei der Hauptachsenanalyse vor der ersten Iteration zu Beginn der Analyse geschätzt werden und somit in dieser Ausgabe alle schon kleiner als 1 sind (vgl. Abb. 203).

Die in Abbildung 204 dargestellte Faktorenlösung mit der erklärten Gesamtvarianz entspricht nicht dem Ergebnis der Hauptkomponentenanalyse, da mit nur 65.182% weniger Gesamtvarianz erklärt wird (dort 72.511%). Die Anzahl der Faktoren ist allerdings gleich.

Kommunalitäten

	Anfänglich	Extraktion
Es werden genügend Beispiele verwendet.	,540	,632
Die Beispiele helfen beim Verständnis der Theorien.	,555	,733
Es wird ein Bezug zur Praxis hergesellt.	,353	,381
Die Studierenden werden zu Nachfragen und Diskussion aufgefordert.	,691	,747
Der Dozent ermutigt die Studierenden zur Beteiligung.	,772	,845
Die Studierenden werden zu aktiver Teilnahme aufgefordert.	,764	,846
Der Dozent betrachtet die Lehre als lästige Pflichtübung.	,316	,255
Die Veranstaltung ist langweilig und humorlos.	,492	,484
Der Dozent motiviert mich.	,585	,582
Den Besuch der Veranstaltung kann ich uneingeschränkt weiter empfehlen.	,733	,814
Ich habe Sinnvolles und Wichtiges für mein weiteres Studium gelernt.	,728	,777
Ich habe in der Veranstaltung viel Neues gelernt.	,704	,726

Extraktionsmethode: Hauptachsen-Faktorenanalyse.

Abbildung 203: Hauptachsenanalyse – Kommunalitäten

Erklärte Gesamtvarianz

Faktor	Anfängliche Eigenwerte			Summen von quadrierten Faktorladungen für Extraktion			Rotierte Summe der quadrierten Ladungen		
	Gesamt	% der Varianz	Kumulierte %	Gesamt	% der Varianz	Kumulierte %	Gesamt	% der Varianz	Kumulierte %
1	5,897	49,145	49,145	5,573	46,445	46,445	3,098	25,820	25,820
2	1,768	14,731	63,876	1,557	12,977	59,421	2,623	21,856	47,676
3	1,036	8,636	72,511	,691	5,761	65,182	2,101	17,507	65,182
4	,871	7,256	79,768						
5	,535	4,461	84,228						
6	,451	3,756	87,985						
7	,375	3,125	91,109						
8	,312	2,599	93,709						
9	,213	1,779	95,487						
10	,211	1,756	97,244						
11	,183	1,521	98,766						
12	,140	1,235	100,000						

Extraktionsmethode: Hauptachsen-Faktorenanalyse

Abbildung 204: Erklärte Gesamtvarianz bei der Hauptachsenanalyse

Die resultierenden Faktoren unterscheiden sich leicht vom Ergebnis der Hauptkomponentenanalyse (vgl. Abb. 205). Die Passung der Variablen, das heißt die Korrelation der Items mit dem jeweiligen Faktor, unterscheidet sich ebenfalls leicht, wobei die beiden Lösungen

Rotierte Faktorenmatrix[a]

	Faktor		
	1	2	3
Ich habe Sinnvolles und Wichtiges für mein weiteres Studium gelernt.	,846		
Den Besuch der Veranstaltung kann ich uneingeschränkt weiter empfehlen.	,842		
Ich habe in der Veranstaltung viel Neues gelernt.	,798		
Die Veranstaltung ist langweilig und humorlos.	,565		,340
Der Dozent motiviert mich.	,528	,361	,415
Der Dozent betrachtet die Lehre als lästige Pflichtübung.	,340		
Die Studierenden werden zu aktiver Teilnahme aufgefordert.		,882	
Der Dozent ermutigt die Studierenden zur Beteiligung.		,868	
Die Studierenden werden zu Nachfragen und Diskussion aufgefordert.		,841	
Die Beispiele helfen beim Verständnis der Theorien.			,799
Es werden genügend Beispiele verwendet.	,320		,706
Es wird ein Bezug zur Praxis hergestellt.			,535

Extraktionsmethode: Hauptachsen-Faktorenanalyse.
Rotationsmethode: Varimax mit Kaiser-Normalisierung.
a. Die Rotation ist in 5 Iterationen konvergiert.

Abbildung 205:
Hauptachsenanalyse – Rotierte Faktorenmatrix

trotzdem als ähnlich bezeichnet werden können. Da es Unterschiede zwischen den verschiedenen Typen der Faktorenanalyse gibt, sollten bei einer Publikation oder in einer Abschlussarbeit immer das Extraktions- und auch das Rotationsverfahren angegeben werden. Die Entscheidung, welches Verfahren eingesetzt wird, ist allerdings keine statistische Frage, sondern vielmehr eine inhaltliche Überlegung.

Zusammenfassung

Mit Hilfe der in diesem Kapitel vorgestellten explorativen Faktorenanalyse können viele korrelierte Variablen in wenigen Faktoren gebündelt werden. Bei der Durchführung einer explorativen Faktorenanalyse gibt es mehrere Entscheidungsmöglichkeiten bezüglich des Extraktions- und Rotationsverfahrens. Primär muss der Anwender entscheiden, ob er eine Hauptkomponenten- oder eine Hauptachsenanalyse durchführt. Die Anzahl der Faktoren wird meist nach dem Kaiser-Guttman-Kriterium oder dem Scree-Plot gewählt. Zur Bewertung der Passung der Variablen wird die

Kommunalität als die durch alle Faktoren erklärbaren Varianzanteile an dieser Variablen herangezogen. Ein Faktor wird hingegen mittels des Eigenwerts bewertet, welcher die durch den Faktor an allen Variablen erklärte Varianz beschreibt. Nach der Extraktion sollte ein orthogonales (rechtwinkliges) oder obliques (schiefwinkliges) Rotationsverfahren eingesetzt werden.

Übungsaufgaben

Berechnungsgrundlage ist die Datei Daten1.sav. Die benötigten Dateien sind unter www.hogrefe.de/buecher/lehrbuecher/psychlehrbuchplus abrufbar.

1. Ursprünglich sind die Autoren des Fragebogens von vier Faktoren ausgegangen. Führen Sie eine Hauptkomponentenanalyse mit Varimax-Rotation durch, bei welcher Sie vom Programm die Ausgabe von vier Faktoren verlangen.
2. Führen Sie eine Hauptkomponentenanalyse mit Varimax-Rotation über die ersten sechs Items durch.
3. Vergleichen Sie die Ergebnisse aus Aufgabe 2 mit einer Hauptachsenanalyse.

Anhang

Literatur

Bortz, J. (2005). *Statistik für Human- und Sozialwissenschaftler* (6. Aufl.). Berlin: Springer.
Clauß, G., Finze, F.-R. & Partzsch, L. (1995). *Statistik für Soziologen, Pädagogen, Psychologen und Mediziner* (Bd. 1, 2. Aufl.). Frankfurt: Thun.
Holling, H. & Gediga, G. (in Vorb. a). *Statistik 1 – Deskriptive Statistik*. Göttingen: Hogrefe.
Holling, H. & Gediga, G. (in Vorb. b). *Statistik 2 – Wahrscheinlichkeitstheorie*. Göttingen: Hogrefe.
Holling, H. & Gediga, G. (in Vorb. c). *Statistik 3 – Statistische Verfahren*. Göttingen: Hogrefe.
Leonhart, R. (2009). *Lehrbuch Statistik* (2. Aufl.). Bern: Huber.
Monka, M., Schöneck, N. & Voß, W. (2008). *Statistik am PC*. München: Hanser.
Norušis, M. J. (2008a). *Advanced Statistical Procedures Companion*. Englewood Cliffs: Prentice Hall.
Norušis, M. J. (2008b). *SPSS 17.0 Guide to Data Analysis*. Englewood Cliffs: Prentice Hall.
Norušis, M. J. (2008c). *Statistical Procedures Companion*. Englewood Cliffs: Prentice Hall.
Sachs, L. & Hedderich, J. (2006). *Angewandte Statistik* (12. Aufl.). Berlin: Springer.
SPSS Inc. (2008a). *SPSS® 17.0 Brief Guide*. Chicago: SPSS Inc.
SPSS Inc. (2008b). *SPSS® Statistics Base 17.0 User's Guide*. Chicago: SPSS Inc.
Wirtz, M. & Nachtigall, C. (2009). *Deskriptive Statistik* (5. Aufl.). Weinheim: Juventa.

Glossar

abhängige Stichprobe
Bezeichnet im Allgemeinen Stichproben in Messwiederholungsdesigns, bei welchen bei identischen Personen zu mehreren Zeitpunkten Daten erhoben werden. Somit ist die Zugehörigkeit zur zweiten Stichprobe abhängig von der Zugehörigkeit zur ersten Stichprobe.

Allgemeines Lineares Modell
Grundlage der statistischen Hypothesenprüfung, welche besagt, dass jede individuelle Merkmalsausprägung in einer abhängigen Variablen in eine gewichtete Summe von Ausprägungen in den unabhängigen Variablen plus einen Vorhersagefehler zerlegt werden kann.

Analyse fehlender Werte
Die Suche nach Mustern und Gründen von und für fehlende Werte. Wichtige Voraussetzung für die Ersetzung von fehlenden Werten.

Anteil der erklärbaren Varianz
Prozentualer Anteil der Varianz einer abhängigen Variablen, welcher durch Prädiktoren, Faktoren bzw. unabhängige Variablen erklärt werden kann.

Ausgabe drucken
Die Möglichkeit, Textausgaben und Grafiken über einen Drucker auszugeben.

Balkendiagramm
Grafische Darstellung der Häufigkeitsverteilung von nominalskalierten Merkmalen.

Bartlett-Test
Mit Hilfe des Bartlett-Tests wird überprüft, ob eine Korrelationsmatrix bedeutsame Korrelationen enthält. Hierbei wird getestet, ob die Korrelationsmatrix signifikant von der Einheitsmatrix abweicht. In der Einheitsmatrix liegen außerhalb der Hauptdiagonalen nur Nullkorrelationen vor.

Beurteilerübereinstimmung
Grad der Übereinstimmung mit der mehrere Rater eine Person/ein Objekt beurteilt haben. Als statistisches Maß wird bei intervallskalierten Merkmalen der Intra-Klassen-Korrelationskoeffizient ermittelt (siehe dort).

Box-Plot
Grafische Darstellungsform für intervallskalierte Merkmale, welche neben der Darstellung des Medians auch die Abbildung der Merkmalsverteilung erlaubt.

Chi-Quadrat-Test
Ein Verfahren zur statistischen Prüfung der Verteilung von nominalskalierten Daten. Hierbei wird eine empirische Merkmalsverteilung mit einer erwarteten Verteilung verglichen und die Differenz dieser Werte auf Signifikanz geprüft.

Cochran-Test	Prüfverfahren zur Prüfung der Zentralen Tendenz bei nominalskalierten Merkmalen, welche in mehr als zwei abhängigen Stichproben erhoben wurden.
COMPUTE	Befehl zur Berechnung neuer Variablen/Daten, der mit beliebigen Operationen kombiniert werden kann (arithmetische, relationale, logische usw.). Das erste Syntaxbeispiel zeigt die Berechnung einer neuen Variablen durch Addition von N vorhandenen Variablen, das zweite Syntaxbeispiel demonstriert die Bildung einer neuen Variablen durch Berechnung des arithmetischen Mittels aus N vorhandenen Variablen (Variable 1 bis Variable N). Die Anzahl der zu verknüpfenden Variablen kann beliebig verändert werden.

Syntax:
Beispiel 1:
COMPUTE neuevariable = variable1 + variable2 + ... + variableN.
Beispiel 2:
COMPUTE neuevariable = MEAN(variable1 to variableN).

Anschließend müssen ein EXECUTE sowie ein Punkt folgen.

Confounder-Variablen	Störvariablen, die möglicherweise neben der unabhängigen Variablen einen Einfluss auf die Ausprägungen der abhängigen Variablen haben und versuchsplanerisch oder statistisch kontrolliert werden müssen.
CORRELATIONS	Befehl zur Berechnung von Produkt-Moment-Korrelationen zwischen zwei oder mehreren Variablen. Mit dem Subkommando /MISSING wird der Umgang mit fehlenden Werten definiert. Bei PAIRWISE werden vorliegende Variablen in die Berechnungen aufgenommen, auch wenn sie in weiteren (Dritt-)Variablen fehlende Werte haben, während bei LISTWISE in allen Variablen vollständige Werte vorliegen müssen. Mithilfe des Subkommandos /PRINT kann spezifiziert werden, ob ein- oder zweiseitig auf Signifikanz geprüft werden soll.

Syntax:[1]
CORRELATIONS VARIABLES = variable1 variable2 ... variableN
   /MISSING = {PAIRWISE}
                  {LISTWISE}
   /PRINT =   {TWOTAIL}
                  {SIG ONETAIL}.

---

[1] In diesem Glossar werden optionale Anweisungen nach Unterbefehlen in geschweiften Klammern gesetzt: {...}. Diese Befehle können weggelassen werden. Im Allgemeinen gibt es hier einen voreingestellten Wert (Default-Wert), welchen das Programm verwendet.

Cronbachs Alpha	Statistischer Kennwert, mit dessen Hilfe überprüft wird, ob verschiedene Items einer Skala die gleiche latente Variable (das gleiche Merkmal) messen. Somit der Anteil der gemeinsamen Varianz aller Items einer Skala.
CROSSTABS	Befehl zur Erstellung von Häufigkeitstabellen für mehrere Variablen (hier variablenliste1), wobei über mehrere Variablen (hier variablenliste2) Untergruppen gebildet werden können. *Syntax:* CROSSTABS TABLES = variablenliste1 BY variablenliste2.
Datei sortieren	Möglichkeit, einen Datensatz nach bestimmten Kriterien (z. B. Alter) zu sortieren.
Datei zusammenfügen	Möglichkeit, mehrere Datendateien (beispielsweise aus mehreren Studien) zu einer Gesamtdatei zusammenzufügen.
Datenansicht	Fenster, in welchem die Daten eingegeben, aber auch betrachtet werden können.
Datenexport	Ausgabe von Daten in verschiedenen Formaten, zum Beispiel als EXCEL-Datei.
Datenformate	SPSS kann Daten anderer Datenverwaltungsprogramme, wie beispielsweise EXCEL, einlesen.
Datenimport	Import von Daten, welche in anderen Formaten vorliegen.

DESCRIPTIVES	Befehl zur Berechnung verschiedener deskriptiver Kennwerte für eine oder mehrere Variablen. Mit dem Subkommando /STATISTICS kann festgelegt werden, welche Kennzahlen berechnet werden sollen. Es stehen als Schlüsselwörter zur Verfügung: Mittelwert (MEAN), Minimum (MIN), Schiefe (SKEWNESS), Standardabweichung (STDDEV), Standardfehler des Mittelwertes (SEMEAN), MAX (Maximum), Wölbung (KURTOSIS), Varianz (VARIANCE), Summe (SUM) und Spannweite (RANGE). Sollen alle deskriptiven Kennzahlen gleichzeitig berechnet werden, wird dies durch „ALL" gekennzeichnet. In diesem Fall können die übrigen Schlüsselwörter weggelassen werden.
	
	Syntax:
	DESCRIPTIVES VARIABLES = variable1 variable2
	  /STATISTICS = {MEAN} {MIN} {SKEWNESS} {STDDEV}
	  {SEMEAN} {MAX} {KURTOSIS} {VARIANCE} {SUM}
	  {RANGE} {ALL}.

Deskriptive Statistiken	Beschreibende Kennwerte einer Stichprobe, z. B. Mittelwert und Standardabweichung.
Diagramme	Grafische Darstellungsmöglichkeiten für statistische Kennwerte.
Eigenwert	Maßzahl dafür, wie viel Varianz ein Faktor an allen Variablen erklärt. Ein Eigenwert von eins bedeutet, dass durch einen Faktor so viel an der Gesamtvarianz wie durch eine Variable erklärt wird.
Ermittlung doppelter Fälle	Wichtige Funktion zur Datenkontrolle, welche verhindern soll, dass mit fälschlicherweise doppelt eingegebenen Daten eine Analyse durchgeführt wird.
EXAMINE VARIABLES	Befehl für die explorative Datenanalyse. Durch Verwendung des Schlüsselwortes BY können innerhalb des Befehls EXAMINE Variablen in Gruppen aufgeteilt werden. *Syntax:* Beispiel 1 (Explorative Datenanalyse für eine ungruppierte Variablenliste): EXAMINE VARIABLES = variablenliste1. Beispiel 2 (Explorative Datenanalyse für nach variablenliste2 gruppierte Daten): EXAMINE VARIABLES = variablenliste1 BY variablenliste2.
EXECUTE	Befehl zur Aktivierung bestimmter vorheriger Befehle, beispielsweise von COMPUTE. *Syntax:* EXECUTE.
Explorative Datenanalyse	Überprüfung der Datenqualität vor der „eigentlichen" Auswertung mittels deskriptiver Statistik und Box-Plots.
Exzess	Angabe der Breite der Verteilung, welche mit Hilfe des vierten zentralen Moments ermittelt wird.
F-Test	Signifikanztest zur Überprüfung der Homogenität zweier Varianzen. Wird zur Voraussetzungsprüfung bei verschiedenen statistischen Prüfverfahren vorgeschaltet oder bei Varianzanalysen zur Testung des Einflusses eines Faktors verwendet.
FACTOR	Befehl für die Berechnung einer Faktorenanalyse. Es müssen mindestens zwei Variablen eingegeben werden. Im Subkommando /METHOD kann festgelegt werden, ob auf Ebene der Korrelationsmatrix (CORRELATION) oder der Kovarianzmatrix (COVARI-

ANCE) analysiert werden soll. Mit dem Subkommando /ROTATION kann festgelegt werden, welche Rotationsmethode benutzt werden soll. Im Allgemeinen empfiehlt sich hierbei die Auswahl des VARIMAX-Verfahrens.

Syntax:
FACTOR VARIABLES = variablenliste1
   /MISSING = {LISTWISE} {INCLUDE} {PAIRWISE} {MEANSUB}
   /METHOD = {CORRELATION} {COVARIANCE}
   /ANALYSIS = variablenliste1
   /PRINT = {DEFAULT} {INITIAL} {EXTRACTION} {ROTATION} {UNIVARIATE} {CORRELATION} {COVARIANCE} {DET} {INV} {REPR} {AIC} {KMO} {FSCORE} {SIG} {ALL}
   /PLOT = {EIGEN} {ROTATION}
   /FORMAT = SORT
   /EXTRACTION = PC
   /ROTATION = {VARIMAX} {PA1} {EQUAMAX} {PAF} {QUARTIMAX} {ALPHA} {OBLIMIN(0)} {IMAGE} {ULS} {PROMAX} {GLS} {ML} {DEFAULT}.

Faktor — Unabhängige Variable, welche bei der Varianzanalyse die verschiedenen Treatmentstufen beschreibt.

Faktorladung — Korrelationen zwischen den manifesten Variablen und dem zugrunde liegenden, geschätzten latenten Merkmal (Faktor).

Fehlende Werte — Werte, welche eigentlich im Datensatz/in der Stichprobe vorliegen müssten, aber nicht erhoben/erfasst/angegeben worden sind.

Fehlerquadratsumme — Summe der quadrierten Differenzen zwischen individuellen Werten und Gruppenmittelwerten, Grundlage der Hypothesenprüfung bei der Varianzanalyse.

FILTER — Befehl zur Auswahl bestimmter Teilstichproben. Mit dem Zusatz BY wird der Filter aktiviert, mit dem Zusatz OFF wird ein zuvor aktivierter Filter wieder deaktiviert. Die Filterbedingung muss zuvor definiert sein.

Syntax:
FILTER BY variable1.
FILTER OFF.

Filter — Im Rahmen einer statistischen Auswertung wird ein Filter verwendet, um Analysen (nur) in Subgruppen/Teilstichproben durchzuführen.

FREQUENCIES	Befehl zur Erstellung von Häufigkeitstabellen der Variablen variable1.

Syntax:
FREQUENCIES VARIABLES = variable1. |
| **Friedman-Test** | Prüfverfahren zur Testung auf Unterschiede in der zentralen Tendenz für ordinalskalierte Merkmale, welche in mehr als zwei abhängigen Stichproben erhoben wurden. |
| **GET FILE** | Befehl zum Öffnen einer Datendatei (hier der Datei „filename"), wobei auch ein Verzeichnispfad mit angegeben werden kann.

Syntax:
GET FILE
   /FILE = 'filename'. |
| **GLM (Allgemeines lineares Modell)** | Befehl zur Berechnung einer uni- oder multivariaten Varianzanalyse mit einem oder mehreren Faktoren und eventuell einer Kovariaten. Hierbei werden neben den deskriptiven Statistiken auch die Effektgrößen ausgegeben.

Syntax:
GLM dependent variablenliste BY faktorenliste WITH covariate
   /WSFACTOR = faktorenliste anzahl Polynomial
   /METHOD = SSTYPE(3)
   /PRINT = {DESCRIPTIVE} {ETASQ}
   /CRITERIA = ALPHA(.05)
   /WSDESIGN = faktorliste. |
Grafiken	Darstellungsmöglichkeiten zur Verdeutlichung von statistischen Ergebnissen.
Häufigkeitsverteilungen	Funktion, die zu jeder möglichen Merkmalsausprägung bei nominalskalierten Variablen angibt, wie häufig diese auftritt. Auch können prozentuale Anteile ermittelt werden.
Hauptachsenanalyse („principle factor analysis", PFA)	Bei der Hauptachsenanalyse wird versucht, maximal viel gemeinsame Varianz der latenten Variablen zu ermitteln. Hierzu werden die Kommunalitäten der Variablen vor der ersten Iteration geschätzt und im Allgemeinen kleiner eins gesetzt.
Hauptkomponentenanalyse („principle component analysis", PCA)	Bei der Hauptkomponentenanalyse wird von einer maximalen Aufklärung der Varianz ausgegangen. Die Diagonalelemente der Korrelationsmatrix werden vor der ersten Iteration auf eins gesetzt. Es wird versucht, ein Maximum an Varianz pro Variable zu erklären.

Interaktionseffekte	Zusammenwirken von zwei oder mehreren Faktoren, wobei zwischen ordinaler, hybrider und disordinaler Interaktion unterschieden wird.
Intra-Klassen-Korrelationskoeffizient	Kennwert zur Ermittlung der Raterübereinstimmung zwischen mehreren Beurteilern für intervallskalierte Daten.
Itemanalyse	Dient bei der Fragebogenkonstruktion zur Analyse der deskriptiven Kennwerte der einzelnen Items einer Skala, beispielsweise zur Entdeckung von Decken- und Bodeneffekten als Ursache von geringer Itemvarianz.
Itemauswahl	Schrittweises Vorgehen bei der Testkonstruktion, bei welchem schrittweise die ungeeigneten Items entfernt werden.
Kaiser-Guttman-Kriterium	Auswahlkriterium für die Ermittlung der Faktorenanzahl im Rahmen der Faktoranalyse. Ein Faktor wird nur dann in das Modell aufgenommen, wenn er einen Eigenwert größer eins hat und somit mehr Varianz als eine aufgenommene Variable erklären kann.
KMO-Test	Die Prüfgröße des Kaiser-Mayer-Olkin-Tests wird auch als „measure of sampling adequacy" (MSA) bezeichnet und erfasst die Stärke der Zusammenhänge zwischen Variablen.
Kolmogorov-Smirnov-Test	Statistisches Prüfverfahren, welches testet, ob eine vorliegende (empirische) Merkmalsverteilung von einer Normalverteilung signifikant abweicht. Erlaubt somit eine Testung der Voraussetzungen vieler statistischer Verfahren.
Kommunalität	Im Rahmen der Faktoranalyse verwendetes Maß, welches den Anteil der durch alle Faktoren an einer Variablen erklärbaren Varianz angibt.
Konfidenzintervall	Intervall, in welchem mit einer bestimmten Wahrscheinlichkeit (meist 95 Prozent) der wahre Wert liegt.
Konsistenz, interne	Eine gute interne Konsistenz einer Skala ist eine Voraussetzung für eine gute Reliabilität. Hierbei wird die Homogenität der Skala untersucht: Wenn die Items das Gleiche messen, müssen sie auch viel gemeinsame Varianz haben (Kennwert: Cronbachs Alpha).
Kontrast	Möglichkeit, den F-Test der Varianzanalyse durch einen hypothesengeleiteten Mittelwertsvergleich zu ersetzen. Bei p Gruppen können $p-1$ unabhängige Kontraste definiert werden.
Korrelationen	Zusammenhänge zwischen Variablen, welche Werte zwischen -1 und 1 annehmen können.

Kreisdiagramm	Grafische Darstellungsmöglichkeit, bei welcher die Verteilung der relativen Häufigkeiten als Anteile eines Kreises dargestellt wird.
Kreuztabelle	Deskriptive Darstellung der Häufigkeit der Ausprägungen von zwei nominalskalierten Merkmalen in einer Stichprobe.
Kreuzvalidierung	Überprüfung einer gefundenen Regressionsgleichung durch Testung dieses Modells an einer weiteren Stichprobe.
Labeling	Verknüpfung zwischen eingegebenen Zahlen mit empirischen Merkmalsausprägungen innerhalb der Variablendefinition (z. B. 1 = männlich, 2 = weiblich), so dass der Programmanwender auch später noch die Bedeutung der Zahlen erfährt. Wichtig zur Dokumentation der Berechnungen und zum Verständnis der Ergebnisse.
linksschief	Eine Verteilung ist linksschief, wenn gilt: Mittelwert < Median < Modalwert.
linkssteil	Synonym für rechtsschief (siehe dort).
Mann-Whitney-U-Test	Ein Prüfverfahren zur Testung auf Unterschiede bezüglich der zentralen Tendenz für ordinalskalierte Merkmale, welche in zwei unabhängigen Stichproben erhoben wurden.
Mauchly-Test	Prüfverfahren, welches bei Varianzanalyse mit Messwiederholung die Voraussetzung der Sphärizität prüft. Ein signifikantes Ergebnis bedeutet, dass diese Voraussetzung verletzt ist.
McNemar-Test	Ein Prüfverfahren zur Testung auf Unterschiede bezüglich der zentralen Tendenz für nominalskalierte Merkmale, welche in zwei abhängigen Stichproben erhoben wurden.
MEANS	Befehl für die Ermittlung von Mittelwerten. *Syntax:* MEANS = variablenliste.
MEANS TABLES	Befehl für die Erstellung von Mittelwertstabellen, auch in Abhängigkeit von Faktoren. Mit dem Unterbefehl CELLS können bspw. Mittelwerte (MEANS), Anzahl (COUNT) und Standardabweichung (STDDEV) sowie viele weitere Statistiken angefordert werden. *Syntax:* MEANS TABLES = variablenliste1 BY variablenliste2 /CELLS = {MEAN} {COUNT} {STDDEV}.

Median	Wert, der die geordnete Reihe der Daten in die unteren und oberen 50 Prozent aufteilt.
Menüsteuerung	Möglichkeit innerhalb eines Programms, Befehle mit der Maus über Menüleisten zu steuern.
Merkmale	In der Empirie vorkommende Eigenschaftsausprägungen (z. B. männlich, weiblich), welche mittels einer Messvorschrift in Zahlen umgewandelt werden sollen (männlich = 1, weiblich = 2).
missing value	Fehlende Werte; alle Werte, welche theoretisch vorliegen könnten (in der Empirie vorhanden sind), aber nicht erhoben wurden.
Missing value Analysis	siehe Analyse fehlender Werte
Mittelwert	Summe aller Merkmalsausprägungen durch deren Anzahl dividiert.
Mittlere Quadratsumme	Summe der Abweichungsquadrate, das heißt der quadrierten Differenzen zwischen individuellen Werten und Gruppenmittelmittelwert.
Modalwert	Ausprägung eines Merkmals, welche am häufigsten in der Stichprobe vorliegt.

MVA	Befehl zur Durchführung einer Missing value Analysis, einer Analyse von fehlenden Werten. Zuerst werden die mindestens intervallskalieren Variablen angegeben (hier variablenliste1), dann mit dem Unterbefehl CATEGORICAL die kategorialen Variablen (hier variablenliste2).
	
	Syntax:
	MVA VARIABLES = variablenliste1
	   /CATEGORICAL = variablenliste2
	   /EM.

Nicht parametrische Tests	Gruppe von Testverfahren, welche im Gegensatz zu den parametrischen Tests keine Verteilungsannahmen haben. Es sind voraussetzungsärmere Testverfahren, welche im Allgemeinen auch weniger Teststärke (power) haben.
NONPAR CORR	Befehl zur Ermittlung von nicht parametrischen Korrelationen zwischen zwei und mehr Variablen (hier zwischen variablenliste1 und variablenliste2). Mit Hilfe des Unterbefehls PRINT kann bestimmt werden, welche Statistik ausgegeben werden soll: z. B. die Rangkorrelation nach Spearman (SPEARMAN), nach Kendalls Tau (KENDALL) oder beide (BOTH) sowie die einseitige Irrtums-

wahrscheinlichkeit (ONETAIL) oder zweiseitige Irrtumswahrscheinlichkeit (TWOTAIL SIG) und Markierung signifikanter Korrelationen mit einem Sternsymbol. Auf diese Ausgabe kann auch verzichtet werden (NOSIG).

Syntax:
NONPAR CORR VARIABLES = variablenliste1 WITH variablenliste2
    /PRINT = {TWOTAIL SIG} {SPEARMAN} {ONETAIL}
    {NOSIG} {KENDALL} {BOTH}.

Normalverteilung
Voraussetzung vieler statistischer Verfahren, welche mittels des Kolmogorov-Smirnov-Tests geprüft wird. Eine Normalverteilung ist unimodal, symmetrisch und kann über die Normalverteilungsgleichung nach Euler approximiert werden.

NPAR TESTS
Befehl zur Durchführung von verschiedenen nicht parametrischen Testverfahren. Hierbei kann der Chi-Quadrat-, der Kolmogorov-Smirnov-, der McNemar-, der Wilcoxon-, der Cochran-, der Friedman-, der Kendall- oder weitere Tests optional aufgerufen werden. Der Anwender selbst muss das nach den Voraussetzungen passende Verfahren auswählen.

Syntax:
NPAR TESTS CHISQUARE = variablenliste1
    /EXPECTED = EQUAL
    /K-S(NORMAL)
    /MCNEMAR = variablenliste1 WITH variablenliste2 PAIRED
    /WILCOXON = variablenliste1 WITH variablenliste2 PAIRED
    /COCHRAN = variablenliste1
    /FRIEDMAN = variablenliste1
    /KENDALL = variablenliste1.

Plausibilitätsprüfung
Notwendigkeit der Prüfung eines Datensatzes auf Korrektheit der Daten und der Dateneingabe.

Polygon
Grafische Darstellungsmöglichkeit für intervallskalierte Variablen.

Präsentation erstellen
Möglichkeiten innerhalb des Programms, die Ausgabe in einer Powerpoint-Präsentation umzuwandeln.

Q-Q-Diagramm
Grafische Analyse zur Überprüfung der Normalverteilungsannahme.

Quadratsumme
Grundlage der Varianzanalyse, bei welcher die gesamte Quadratsumme in Treatmentquadratsumme und Fehlerquadratsumme zerlegt wird.

Randsumme	Zeilen- oder Spaltensumme einer Kreuztabelle.
Randsummen-verteilung	Aufgrund der Randsummenverteilung werden die Erwartungswerte innerhalb einer Kreuztabelle ermittelt.
Range	Differenz zwischen kleinstem und größtem Wert einer Verteilung.
Rangsumme	Im Rahmen der nicht parametrischen Verfahren werden bei ordinalskalierten Daten die Rangplätze pro Gruppe summiert, so dass eine Rangsumme entsteht.
rechtsschief	Eine Verteilung ist rechtsschief, wenn gilt: Modalwert < Median < Mittelwert.
rechtssteil	Synonym für linksschief (siehe dort).
RECODE	Befehl zum Umkodieren von Merkmalsausprägungen einer oder mehrerer Variablen in dieselbe (variablenliste1) oder eine andere (variablenliste2) Variable.

Syntax:
RECODE variablenliste1 (wert1_alt = werte1_neu) ... (wertN_alt = wertN_neu) INTO variablenliste2. |
| **Regression** | Vorhersage einer abhängigen Variablen (Kriterium) durch einen oder mehrere Prädiktoren (einfache oder multiple Regression). |
| **REGRESSION** | Befehl zur Berechnung einer linearen Regression. Eine abhängige Variablen (hier kriterium) soll durch ein oder mehrere erklärende Variablen (hier prädiktor1 bis prädiktorN) vorhergesagt werden, wobei die Prädiktoren mit inkrementeller Validität schrittweise nach dem Anteil der erklärbaren Varianz am Kriterium aufgenommen werden. Mit Hilfe des Unterbefehls DEPENDENT wird das Kriterium definiert. Mit Hilfe des Unterbefehls METHOD werden die Prädiktoren sowie die Methode der Variablenselektion spezifiziert (bspw. STEPWISE).

Syntax:
REGRESSION
   /DEPENDENT kriterium
   /METHOD = {STEPWISE} {BACKWARD} {FORWARD} {ENTER} {REMOVE} {TEST} prädiktor1 prädiktor2 prädiktor2 ... prädiktorN. |
| **Reliabilität** | Die Zuverlässigkeit eines Messverfahrens, welche im Allgemeinen durch Wiederholung der Messung unter vergleichbaren Bedingungen erhoben wird. Hohe Reliabilität ist eine Voraussetzung für gute Validität. |

Reliabilitätsanalyse	Statistische Prüfung einer Skala bei der Testkonstruktion auf Reliabilität.

RELIABILITY	Befehl zur Durchführung einer Reliabilitätsanalyse im Rahmen der Testkonstruktion. Hierbei werden mehrere Variablen (hier item1 bis item3) zu einer Skala zusammengefasst. Mit dem Unterbefehl SCALE kann spezifiziert werden, ob nur bestimmte oder alle Variablen bei der Skalenberechnung verwendet werden (hier ALL). Mit dem Unterbefehl MODEL kann der Typ der Reliabilitsanalyse festgelegt werden (hier ALPHA, d. h. Cronbachs Alpha). Mit dem Unterbefehl STATISTICS können zusätzliche deskriptive Statistiken ausgegeben werden: im Beispiel werden mit DESCRIPTIVES Mittelwerte und Standardabweichungen der Items und mit SCALE Mittelwert und Varianz der Skala angezeigt. Mit dem Unterbefehl SUMMARY werden zusammenfassende Statistiken für jedes einzelne Item der Skala angezeigt.
	
	Syntax:
	RELIABILITY
	   /VARIABLES = item1 item2 item3
	   /SCALE ('ALL VARIABLES') ALL
	   /MODEL = ALPHA
	   /STATISTICS = {DESCRIPTIVE} {SCALE}
	   /SUMMARY = TOTAL.

Scatterplot	Grafische Darstellung eines Zusammenhangs zwischen zwei intervallskalierten Variablen.
Schiefe	Form der Verteilung, welche über das dritte zentrale Moment ermittelt wird.
Scree-Plot	Grafische Analyse zur Ermittlung der optimalen Faktorenanzahl durch die Ausgabe der in eine Rangreihe gebrachten Eigenwerte.
Signifikanz	Wahrscheinlichkeit eines gefundenen Ergebnisses unter der Voraussetzung, dass die Nullhypothese in der Population gilt.
Signifikanzprüfung	Gruppe statistischer Prüfverfahren zur Bestimmung der Alpha-Fehler-Wahrscheinlichkeit, die in parametrische und nicht parametrische Verfahren unterteilt wird.
Skalenanalyse	Analyse bei der Testkonstruktion. Mit Hilfe deskriptiver Kennwerte wird eine Skala überprüft.
Skalenniveau	In Abhängigkeit von Messvorschrift und Merkmal entstandenes Niveau, das festlegt, welche statistischen Analysemethoden anwendbar sind. Unterschieden wird zwischen Daten auf Nominalskalen-, Ordinalskalen-, Intervallskalen- und Verhältnisskalen-Niveau.

SORT CASES	Befehl zum Sortieren des Datensatzes nach bestimmten Sortierkriterien. Zuerst wird nach variable1, dann nach dem Kriterium zweiter Ordnung variable2 sortiert, wobei die Sortierordnung nach variable1 gültig bleiben muss. *Syntax:* SORT CASES BY variable1 variable2 … variableN.
Sphärizität	Voraussetzung der Homogenität der Varianzen bei der Varianzanalyse mit Messwiederholung. Muss mit dem Mauchly-Test überprüft werden.
Stem-and-Leaf-Plot	Grafische Darstellungsform, welche erlaubt, eine Verteilungsform und einzelne Werte einer Variablen gleichzeitig darzustellen.
Streuung	Synonym Standardabweichung; Summe der quadrierten Differenz zwischen individuellen Werten und Gruppenmittelwert.

SUMMARIZE	Befehl zur Ausgabe von deskriptiven Kennwerten einer oder mehrerer Variablen (hier variable1 bis variableN). Mit dem Unterbefehl TABLES wird eine Tabelle angefordert. Mit dem Unterbefehl MISSING wird der Umgang mit fehlenden Werten spezifiziert: In der Beispielsyntax werden durch die Anweisung VARIABLE jene Fälle ausgeschlossen, welche in allen eingeschlossenen Variablen fehlende Werte haben. Mit dem Unterbefehl CELLS werden in diesem Fall die Häufigkeiten (COUNT) angefordert, wobei andere statistische Kennwerte ebenfalls möglich sind.
	
	Syntax:
	SUMMARIZE
	  /TABLES = variable1 variable2 … variableN
	  /MISSING = VARIABLE
	  /CELLS = COUNT.

Suppressionseffekt	Liegt vor, wenn bei der linearen Regression durch die Hinzunahme einer weiteren Variablen der Anteil der erklärbaren Varianz steigt, obwohl diese Variable nicht mit dem Kriterium korreliert.
Syntax	Möglichkeit, mittels Befehlen Berechnungen oder grafische Ausgaben durchzuführen.
Systemvoraussetzungen	Notwendige Ausstattung eines Rechners, damit ein Programm lauffähig wird. Dies stellt jedoch meist nur die Mindestausstattung dar.
Teststärke	Synonym Power; bezeichnet die Wahrscheinlichkeit, dass durch ein statistisches Prüfverfahren ein Effekt entdeckt wird, falls dieser in der Population wirklich vorhanden ist.

Textdaten einlesen	Möglichkeit, ASCII-Daten in das SPSS-Format umzuwandeln.
Treatment	Untersuchungsbedingung oder Intervention, welche vom Versuchsleiter aktiv manipuliert wurde.
Trennschärfe	Part-whole korrelierte Item-zu-Skalen-Korrelation. Hierbei wird die Stärke der Zugehörigkeit eines Items zur zugehörigen Skala ermittelt, wobei das jeweilige Item bei der Skalenberechnung nicht berücksichtigt wird. Eine hohe Trennschärfe ist ein Zeichen für eine gute Passung von Items zur Skala.
t-Test	Prüfverfahren für den Mittelwertsvergleich von intervallskalierten Merkmalen bei zwei Gruppen/Messzeitpunkten.
T-TEST GROUPS	Befehl zur Berechnung eines T-Tests für unabhängige Stichproben. Mit GROUPS wird die unabhängige Variable bzw. Gruppenvariable spezifiziert, wobei in Klammern die Kriterienwerte eingetragen werden, welche die zu vergleichenden Gruppen definieren (z. B. 1 für gruppe1 und 2 für gruppe2). Mit dem Unterbefehl VARIABLES werden die abhängigen Variablen festgelegt (hier variablenliste). *Syntax:* T-TEST GROUPS = gruppenvariable (gruppe1 gruppe2) /VARIABLES = variablenliste.
T-TEST PAIRS	Befehl zur Berechnung eines T-Tests für abhängige Stichproben. *Syntax:* T-TEST PAIRS = variable1 WITH variable2 (PAIRED).
unabhängige Stichprobe	Stichprobe, deren Zusammensetzung nicht von der Zusammensetzung einer anderen Stichprobe abhängt; somit das Gegenteil von abhängigen Stichproben.
ungerichtete Hypothese	Hypothese, welche beispielsweise nicht die eine Richtung einer erwarteten Mittelwertsdifferenz/eines Zusammenhangs vorgibt.
UNIANOVA	Befehl zur Berechnung einer Varianzanalyse. Mit dem Unterbefehl METHOD wird festgelegt, welche Methode der Quadratsummenzerlegung bei der Berechnung verwendet werden soll (hier Typ 3), mit dem Unterbefehl PRINT kann die Anzeige zusätzlicher Kennwerte angefordert werden (im Beispiel werden zusätzlich Eta-Quadrat als Effektgröße, der Test auf Varianzhomogenität und die deskriptiven Kennwerte verlangt). Mit dem Unterbefehl CRITERIA können statistische Kriterien für die Modellbildung festgelegt werden (im Beispiel wird ein Alpha-Niveau von fünf Prozent festgelegt).

Syntax:
UNIANOVA abhängigeVariable BY unabhängigeVariable
/METHOD = SSTYPE(3)
/INTERCEPT = INCLUDE
/PRINT = {ETASQ} {HOMOGENEITY} {DESCRIPTIVE}
/CRITERIA = ALPHA(.05)
/DESIGN = unabhängigeVariable.

Validierung von Daten	Überprüfung der Datenqualität und der Plausibilität mittels verschiedener, meist deskriptiver Verfahren.
Variablenansicht	Menüpunkt innerhalb des Statistikprogramms, welcher erlaubt, Variablen und deren Eigenschaften zu definieren.
Varianz, erklärte	siehe Anteil der erklärbaren Varianz.
Varianzhomogenität	Voraussetzung vieler Verfahren; bedeutet dass die Varianzen verschiedener Gruppen oder die Varianzen zu verschiedenen Messzeitpunkten vergleichbar sind. Innerhalb eines Messwiederholungsdesigns wird von Sphärizität oder Zirkularität gesprochen.
Varimax-Rotation	Rotation der Faktoren mit dem Ziel einer besser interpretierbaren Struktur, wobei die Faktoren orthogonal (rechtwinklig/unabhängig) bleiben.
Wilcoxon	Ein Prüfverfahren zur Testung der zentralen Tendenz für ordinalskalierte Merkmale, welche in zwei abhängigen Stichproben erhoben wurden.
Zusammenhang, kausaler	Voraussetzung für Regressionsberechnung. Belegt durch die Ergebnisse eines Experiments oder durch eine Theorie muss der Schluss A → B gegeben sein, damit die Variable A ein Prädiktor für das Kriterium B sein kann.

Sachregister

A
Ausreißer 74

B
Balkendiagramm 88
Box-Plot 67, 89

C
Chi-Quadrat-Test 137
COMPUTE 45
CORRELATIONS 126
CROSSTABS 145

D
Datenanalyse, explorative 61
DATENBANK ÖFFNEN 96
Dateneingabe 28
Datenexport 96
Datenimport 96
Deletion
  – listwise 55
  – pairwise 55
DESKRIPTIVE STATISTIKEN 110

E
Einschluss 196
EM-Algorithmus 81
Entfernen 197
EXAMINE VARIABLES 63
Excel 24
EXECUTE 45

F
FACTOR 224
Faktorenanalyse 222
Fälle, doppelte 68
FILTER 49
FILTER OFF 49
Filtervariablen 49
FREQUENCIES 111

G
G-Power 24
Grafiken 81

H
H-Test von Kruskal und Wallis 154
Häufigkeitsauszählung 113
Histogramm 87
Hotelling-Spur 182

I
Internet 25
Intra-Klassen-Korrelationskoeffizienten (ICC) 215

K
Kendalls Tau 129
Kolmogorov-Smirnov-Test 65, 142
Kontraste 159, 161
Kontrasttyp 161
Kreisdiagramm 88
Kreuzvalidierung 204

M
Mann-Whitney-U-Test 147
McNemar-Test 170
MEAN 45
MEANS TABLES 122
Median 121
Mehrfelder-Chi-Quadrat-Test 153
Menüsteuerung 16
Messniveau 31
Mittelwertsersetzung 56
Modalwert 121

N
NONPAR CORR 129
NPAR TEST 138, 142

O
OpenCalc 24

P
PDF-Dateien erstellen 104
Pillai-Spur 182
Poisson-Verteilung 142
Polygon 85
Programmerwerb 19
Programmoberfläche 20

R
R 23
RECODE 50, 51
REGRESSION 194
Regression
– einfache 192
– schrittweise 200
Reliabilitätsanalysen 211
RELIABILITY 212
Rückwärts 197

S
S 23
S Plus 23
SAS 22
Scatter-Plot 90
Schrittweise 196
Skalenwert, Ermittlung 44
SORT CASES 70
Sortieren 34
Spearmans Rho 129
SPSS 15
Stata 24
Statistica 23
Stem-and-Leaf-Plots 65
Syntax 16
SYSTAT 23
Systemvoraussetzungen 19

T
T-TEST 141
t-Test für abhängige Stichproben 174
t-Test für unabhängige Stichproben 148
T-TEST PAIRS 175
TEXTDATEN LESEN 97

U
Umkodierung 53
UNIANOVA 166
Untergruppen, Mittelwerte 121

V
Variablenlabels 29
Varianzanalyse, einfaktorielle 156
Varianzanalyse mit Messwiederholung 178
Vier-Felder-Chi-Quadrat-Test 144
Vorwärts 197

W
Werte, fehlende 30, 74
– Umgang mit 53
Wertelabel 30
Wilcoxon-Test 172
Wilks-Lambda 182
WORD-Dokument erstellen 104
Wurzel, größte charakteristische nach Roy 182

Mit HOGREFE erfolgreich durch's Psychologie-Studium ▶

Thomas Rammsayer
Hannelore Weber
Differentielle Psychologie – Persönlichkeitstheorien
(Reihe: »Bachelorstudium Psychologie«)
2010, 271 Seiten,
€ 26,95 / sFr. 39,90
ISBN 978-3-8017-2171-8

- Der Band liefert eine Einführung in aktuelle und klassische Theorien der Persönlichkeit.
- Zahlreiche Kästen mit Beispielen, Definitionen und Zusammenfassungen, Tabellen und Abbildungen sowie Verständnisfragen strukturieren den Text und erleichtern die Prüfungsvorbereitung.

Heinz Holling · Günther Gediga
Statistik 1 – Deskriptive Statistik
(Reihe: »Bachelorstudium Psychologie«)
2010, ca. 260 Seiten,
ca. € 26,95 / sFr. 39,90
ISBN 978-3-8017-2134-3

- Der Band informiert über grundlegende statistische Konzepte der deskriptiven Statistik.
- Das Vorgehen wird hauptsächlich anhand von Beispielen aus der psychologischen Forschung erklärt.
- Zahlreiche Kästen mit Zusammenfassungen, Regeln und Definitionen strukturieren den Text.
- Vertiefende Informationen werden auf der Website zum Buch zur Verfügung gestellt.

Sieghard Beller · Andrea Bender
Allgemeine Psychologie – Denken und Sprache
(Reihe: »Bachelorstudium Psychologie«)
2010, 318 Seiten,
€ 29,95 / sFr. 44,80
ISBN 978-3-8017-2141-1

- Der Band informiert über zwei zentrale kognitive Fähigkeiten des Menschen: Denken und Sprache.
- In 12 Kapiteln werden aktuelle Erkenntnisse und klassische Theorien und Befunde vermittelt.
- Zahlreiche Aufgaben und Übungen dienen zur Prüfungsvorbereitung und dazu, das Gelernte anzuwenden. Die Lösungen finden sich auf der Website zum Buch.

Frieder R. Lang · Mike Martin
Martin Pinquart
Entwicklungspsychologie – Erwachsenenalter
(Reihe: »Bachelorstudium Psychologie«)
2010, ca. 260 Seiten,
ca. € 26,95 / sFr. 39,90
ISBN 978-3-8017-2186-2

- Der Band vermittelt die theoretischen Grundlagen der Entwicklungspsychologie des Erwachsenen- und Seniorenalters.
- Er beleuchtet die Entwicklung in verschiedenen Funktionsbereichen, wie z.B. der kognitiven Leistungsfähigkeit und der sozialen Beziehungen.
- Zahlreiche Kästen mit Beispielen sowie Verständnisfragen erleichtern die Prüfungsvorbereitung.

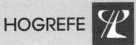

Hogrefe Verlag GmbH & Co. KG
Rohnsweg 25 · 37085 Göttingen · Tel: (0551) 49609-0 · Fax: -88
E-Mail: verlag@hogrefe.de · Internet: www.hogrefe.de

Mit HOGREFE erfolgreich durch's Psychologie-Studium

psychlehrbuchplus
Mehr unter www.hogrefe.de!

Julius Kuhl

Lehrbuch der Persönlichkeitspsychologie

Motivation, Emotion und Selbststeuerung

2010, 584 Seiten, geb.,
€ 49,95 / sFr. 84,–
ISBN 978-3-8017-2239-5

Das Lehrbuch bietet eine umfassende Darstellung der Grundlagen und Forschungsergebnisse der Persönlichkeitspsychologie. Neben Persönlichkeitsfaktoren und -merkmalen werden auch Ergebnisse der Emotions-, der Motivations- und der Neuropsychologie hinsichtlich ihrer Bedeutung für individuelle Unterschiede beleuchtet. Zahlreiche Übungsaufgaben, Zusammenfassungen, Diskussionsfragen, Definitionen, Merksätze und Abbildungen gliedern den Text und erleichtern das Lernen.

Klaus D. Kubinger

Psychologische Diagnostik

Theorie und Praxis psychologischen Diagnostizierens

2., überarbeitete und erweiterte Auflage 2009, XXI/472 Seiten, geb.,
€ 49,95 / sFr. 84,–
ISBN 978-3-8017-2254-8

Die überarbeitete und erweiterte Auflage des Lehrbuches vermittelt inhalts- und methodenkritisch die Theorie und Praxis psychologischen Diagnostizierens. Es zeigt traditionelle Fehler beim Testen und Begutachten auf und illustriert, wie mit fundierten Methoden und neuen Konzepten relevante, interventionsorientierte Diagnosen erstellt werden können.

Franz Petermann
Michael Eid (Hrsg.)

Handbuch der Psychologischen Diagnostik

(Reihe: »Handbuch der Psychologie«, Band 4)
2006, 805 Seiten, geb.,
€ 59,95 / sFr. 95,–
(Bei Abnahme von mind. 4 Bänden der Reihe € 49,95 / sFr. 79,–)
ISBN 978-3-8017-1911-1

Das Handbuch bietet einen Überblick über die Grundlagen und Anwendungsgebiete der Psychologischen Diagnostik. Der Band eignet sich nicht nur für Studierende der Psychologie, sondern hilft in dieser kompakten Form insbesondere auch allen Berufsgruppen, die im Bereich der Klinischen, Pädagogischen oder Arbeits- und Organisationspsychologie tätig sind.

Heinz Holling
Bernhard Schmitz (Hrsg.)

Handbuch Statistik, Methoden und Evaluation

(Reihe: »Handbuch der Psychologie«, Band 13)
2010, 805 Seiten, geb.,
€ 59,95 / sFr. 89,–
(Bei Abnahme von mind. 4 Bänden der Reihe € 49,95 / sFr. 75,–)
ISBN 978-3-8017-1848-0

Statistik, Methoden und Evaluation stellen einen unverzichtbaren Bestandteil empirischer Analysen dar. Das Handbuch bietet mit 70 Beiträgen einen verständlichen Einstieg in die unterschiedlichen Themen der Statistik sowie in die Methoden der empirischen Sozial- und Evaluationsforschung.

www.hogrefe.de

HOGREFE

Hogrefe Verlag GmbH & Co. KG
Rohnsweg 25 · 37085 Göttingen · Tel: (0551) 49609-0 · Fax: -88
E-Mail: verlag@hogrefe.de · Internet: www.hogrefe.de